「ヨコ」社会の構造と意味
方言性向語彙に見る

室山敏昭

和泉書院

目　次

はじめに ……………………………………………………………………… 1
　　　　　付記1（16）　付記2（18）

第1章　方言性向語彙（対人評価語彙）の発見 ……………………… 19

第2章　方言性向語彙と「世間体」 …………………………………… 23
　1．性向語彙の定義 …………………………………………………… 23
　2．性向語彙と「世間体」 …………………………………………… 25
　3．性向語彙における＜負性の原理＞ ……………………………… 36
　4．たてまえと本音 …………………………………………………… 40

第3章　方言性向語彙の構造と意味 …………………………………… 45
　1．方言性向語彙研究の回顧 ………………………………………… 45
　2．方言性向語彙の概念カテゴリー（シソーラス） ……………… 49
　3．性向語彙の量的構造 ……………………………………………… 55
　4．性向語彙における＜過小価値＞＜指向価値＞＜過剰価値＞ … 60
　5．子どもの性向を表す語彙 ………………………………………… 65
　6．性向語彙の構造と社会的秩序 …………………………………… 67
　7．方言性向語彙の成立 ……………………………………………… 70

第4章　方言性向語彙の展開 …………………………………………… 79
　1．「怠け者」と「放蕩者」 …………………………………………… 79
　2．「嘘つき」の地域言語文化史 …………………………………… 86
　　（1）「嘘つき」の語彙の実態 …………………………………… 87

（2）「嘘つき」の語彙カテゴリーの展開 …………………… 90
　　　（3）二次的語彙の史的展開と決定要因 …………………… 96
　　　（4）「嘘つき」の語彙カテゴリーの動的構造 …………… 99
　　　（5）受動的社会意志と生成的社会意志 …………………… 100
　　3．性向語彙と生活環境 ……………………………………………… 102
　　4．性向語彙における比喩と意味の拡張 ………………………… 105
　　　　　付記3 （117）

第5章　性向語彙の基本特性と「ヨコ」性の原理 …………… 119

　　1．社会的規範としての記号システム …………………………… 119
　　2．＜負＞性の原理 ……………………………………………………… 128
　　3．「ヨコ」性の原理 ………………………………………………… 135
　　4．強固な集団主義――＜社会的規範＞の絶対的優位性 …… 152
　　5．＜男性＞性の原理 ………………………………………………… 161
　　　　　付記4 （176）　付記5 （178）　付記6 （180）

第6章　地域文化としての方言性向語彙 ………………………… 185

　　1．地域社会の秩序構成 ……………………………………………… 185
　　2．地域社会の行動価値 ……………………………………………… 191
　　3．地域社会の理想的な人間像 …………………………………… 196
　　　（1）理想的な人間像 ………………………………………………… 196
　　　（2）理想的な人間像と秩序構成との相関 ……………………… 207
　　4．性向語彙と日本人 ………………………………………………… 212
　　　　　付記7 （218）　付記8 （221）　付記9 （223）

第7章　方言性向語彙の変容 …………………………………………… 227

　　1．性向語彙の変容の実態と傾向性 ……………………………… 227
　　2．性向語彙の変容の構造分析 …………………………………… 229

3．性向語彙の将来……………………………………………………238
　　　　　　付記10（242）　付記11（243）

おわりに………………………………………………………………………247
　　　　　　付記12（257）　付記13（264）

付　章　「仕事の遅い人」を表す名詞語彙の生成と意味構造…267
　　　　　──岡山県浅口郡鴨方町方言の場合──

　はじめに……………………………………………………………………267
　１．名詞語彙の生成とパタン………………………………………………268
　　（１）　形容詞を基にするもの……………………………………………268
　　（２）　形容動詞を基にするもの…………………………………………270
　　（３）　オノマトペを基にするもの………………………………………270
　２．名詞語彙の意味構造……………………………………………………271
　３．「仕事の遅い人」の特徴認知と「共同労働」……………………277
　おわりに……………………………………………………………………279
　　　　　　付記14（281）

資料　広島県比婆郡東城町川東大字川東方言の性向語彙……………284

　はじめに……………………………………………………………………284
　当該方言における性向語彙の実態………………………………………285
　　（１）　動作・行為の様態に重点を置くもの……………………………285
　　（２）　言語活動の様態に重点を置くもの………………………………298
　　（３）　精神の在り方に重点を置くもの…………………………………301

　あとがき……………………………………………………………………307

はじめに

　世界の視線が日本に集まる今日、日本文化と異文化間のコミュニケーションをいかにして維持・強化していくかという問題性が、とりもなおさず21世紀における日本人の実存、世界平和（とりわけ、アジアの平和）の実現そのものの問題性である、と言っても過言ではなかろう。

　この問題性に関して、世界のグローバリズムが進めば、それに伴って異文化の理解も進むという見方がなされているが、これはいささか楽観に過ぎると言えよう。なぜなら、異文化を理解するとは、異文化の個別性と多様性を認めることにほかならない。個別性を持たない民族の伝統文化はあり得ない[1]。とすれば、民族の接触が急速かつ濃密に進みつつある現在、強く求められるのは、民族文化の個別性・特殊性との深い対話ではないだろうか。したがって、われわれはまず、「日本」という地域に即して、「日本人」「日本文化」の特殊性と個別性を明らかにし、世界へ向けて発信する必要がある。

＊　　　　＊　　　　＊

　ところで、「日本人」「日本文化」の本質（個別性）をめぐっては、戦後に限っても実に多くの書籍や記事が書かれてきた。そして、その多くは、「恥」「タテ社会」「甘え」「勤勉性」「集団主義」「和の尊重」「間人主義」「縮み志向」「あいまい性」など、実に多様なキー概念に依拠して、ワンワード・スタイルで語られている。しかしながら、後に本書の中で詳しく検証するように、「日本人」「日本文化」の本質は、一つのキー・ワードで語り尽くせるほど単純なものではない。また、井上俊も言うように、何の限定もなしに「日本文化」の本質について論じることは、いささかナイーブな議論のように思われる[2]。

　「日本人」や「日本文化」をめぐっては、上に述べたようにワンワード・

スタイルに依拠して実に多くの書籍が著されてきたが、それらの中にあって最も説得力を持つものの一つは、おそらく日本人が他者の眼差しに依存して自己の行動を決定するという生き方の指標となる、いわゆる「世間体」という概念に焦点を当てて展開された議論であるように思われる[3]。なぜなら、「世間体」という概念は、先に挙げた多くのキー概念を包括するものであり、今日にあってもなおわれわれが日常生活の中にあってしばしば意識的に経験の再構成を行うものだからである。

しかし、その「世間体」も一種のイメージであって、「世間体」の内実が具体的にどのような要件によって構成されており、それらがいかなる関係性をもって人々の行動を規制したり、逆に促進したりする指標として働いているかは、いまだ誰も規定していないし、おそらく今後も規定することはできないだろう。また、「世間」という語の意味の変遷を精確にたどってみても、「世間」という概念の歴史的推移を明かるみに出すことはできても、かんじんの「世間体」の実質と構造は依然として不明のままである[4]。

まわりの人たちから「あいつはナマケモノだ」と糾弾されるのをはばかって、「人なみ」に働こうとすることは、確かに、「世間体」の一つの現れである。同様に、「彼はカタブツだ」と陰口をたたかれるのを察知して、少しでも他者と柔軟な関係性を持とうと努めるのも、「世間体」の現れにほかならない。しかし、ここで、「世間体」というイメージを具体的に表象しているのは、「ナマケモノ」や「カタブツ」という言葉であり、このような言葉の使用と認識によって、人々は「世間体」の内実を具体的に再確認しているのである。

このような、他者の性格や日ごろの振舞いを評価の観点から捉えて表現する言葉のまとまりを、筆者は「対人評価語彙」または「性向語彙」と呼んできた[5]。「世間体」というイメージは、実は、この「対人評価語彙」または「性向語彙」と呼ばれる言葉のまとまりの実態と、その構造と意味に関する多角的な分析、考察を通して、はじめて意味と価値からなる客観的な実像へと変換することが可能となる。しかも、「世間体」は、先にも述べたように、

従来、他者の眼差しに重点を置いて語られることが多かった。しかし、性向語彙の要素は、その運用において、「怠け者」「辛抱人」「おしゃべり」「嘘つき」「無口」「堅物」「偏屈」「意地悪」などのように「対人評価」として他者へ向けられると同時に、他者から自己へも向けられるものであり、そのことを人々は生活経験を通して、明確に認識しているのである。このように、「性向語彙」の運用が、どの社会にあっても「自己→他者」「他者→自己」という双方向性を持つものであることから、「世間体」はおのずから、「性向語彙」の構造・機能に包含され、そこで明確な意味と価値の実体化がなされることになる。

＊　　　　＊　　　　＊

さて筆者は、今日まで、約30年間にわたって、近畿・中国・四国・九州北部を主たるフィールドとして、地域社会に行われる生活語彙[6]の研究に従事してきた。対象化し得た語彙カテゴリーは「自然環境語彙」「生業語彙」「性向語彙（対人評価語彙）」「親族語彙」「身体語彙」などである。そして、これらの語彙カテゴリーの意味システムの構築と解釈を通して、地域生活者[7]が内面化している世界認識のシステムと価値を明らかにすることに努めてきた。その結果、地域生活者が獲得している生活語彙のシステムは、基本的に彼らの世界像認識の全像を示すものであり、その意味で地域文化の表象にほかならないことを、科学的な手法によっておおよそ明らかにすることができた[8]。地域言語、とりわけ語彙システムに表象化される地域文化の特色は、長い生活史を背景とする自然環境・生業環境・社会環境との対話を通して紡ぎ出された「生活的意味」の特色によって彩られており、地域生活者が共通に内面化している「生活の必要性」（「生活の有用性」）という原理によって構成されている。したがって、伝統的な生活語彙とそのシステムは、単純に「中央―周辺」という構造図式に準拠して語ることを許さないものである。

農業社会には農業社会独自の、漁業社会には漁業社会独自の生活語彙のシステムが認められ、雪国には雪国独自の、雪の降らない地域にはその地域独

自の生活語彙のシステムが見出される。しかも、同じ漁業社会であっても、瀬戸内海域と山陰地方とでは、漁民が獲得している「風の語彙」「潮の語彙」「波の語彙」「魚名語彙」などにかなり大きな差異が認められるのである。この差異化現象には、自然環境（生業環境）の違いをはじめとして、漁業規模・漁場・漁法・漁期・主要な漁獲対象魚種などの要因が関与している。このように見てくると、「日本文化」なるものは、中央・周辺の別を問わず、決して一元的なものではなく、多元的かつ複層的なものである[9]。言葉を変えて言えば、「日本文化」は多数体系である。

しかし、従来の「日本文化論」「日本人論」には、地域社会への視線が完全に欠落している。中央に生きた、あるいは現に生きている、ごくひとにぎりのいわゆる知識人を対象化して、「日本文化」の本質が論じられている。これでは、伝統的な「日本文化」の特質をトータルな形で語ることができないばかりか、重要な特質が見落とされることにもなりかねない。本書は、「性向語彙」の構造分析を通して、従来の「日本文化論」「日本人論」の欠落部分を補い、異議申し立てを行い、地域社会に焦点を当てて、伝統的な「日本人」「日本文化」の特質をトータルに、しかも実証的な手法で語ろうとするものである。

*　　　*　　　*

すべての文化論は「比較文化論」である、というのは正しい。しかし、比較文化論を科学的に展開するためには、個々の文化の独自性・特殊性が精確に解明されていることが前提となる。しかも、いかなる文化も伝統的なものであって、伝統と無縁の文化などというものは存在しない。

したがって、多分にアメリカナイズされてしまった現在の日本の状況に即して、「日本文化」の特性を語ることはできない。また、近代以降の一部知識人の言説やテクストによって「日本文化」を語ることも不可能である。彼らは、前近代の日本から逸脱することを志向し、欧米起源の「個人中心」的パラダイムを移植することに最も腐心した人々だったからである。

今日、外国人による「ジャパン・リテラシー」（日本文化理解能力）が進んでいるが、それだけに誤った「日本文化」の核や型をインプットすることは極めて危険である。それによって、いわれなきジャパン・バッシングを受けることにもなりかねないからである[10]。

　まず、日本人が、今日の「日本文化」の根となるものを正しく理解しておくことが必要である。「日本文化一元論」という同化主義的な「日本文化」の理解は、正しいジャパン・リテラシーの獲得という観点から、大きな障害となるおそれがある。

　日本の伝統文化は、従来の「日本文化論」「日本人論」において可視性の極めて低かった、地域共同体に生きてきた、あるいは現に生きている人々の生活文化の中にこそ息づいている。柳田国男が発見した「常民」が、そのままの姿で生きているわけではないが、地域共同体の高年層生活者は、「常民」の生活様式や生活語彙をなお精確に記憶にとどめているのである。しかしながら、そのような前近代から継承されてきた地域社会における生活文化の核や型に即して、客観的なサンプルやデータを踏まえて、日本の伝統文化を解析した試みは極めて少なかったのではなかろうか。

　そのため、日本の伝統文化の多様性は切り捨てられ、一元的、同質的な語り方がなされてきたのである。戦前まで、日本の人口の約7割を占めていたと言われる村落共同体の成員が共有していた「人間観」や「行動原理」はどのような構造をなしているのか、彼らの「労働秩序」や「つきあい秩序」の秩序構成はどのようなシステムとして捉えることができるのか、それが環境の違いによっていかなる多様性を示しているのか。また現に、地域社会における＜集団的規範＞はどのような変容を見せているのか。これら、従来の「日本文化論」からは切り捨てられていた諸問題が、「性向語彙」の構造分析を通して明らかになるのである。言い換えれば、「性向語彙」の多角的な分析を通して、日本人の血となり肉となっている伝統文化の特性が、イメージとしてではなく具体的な姿で明かるみに出されることになる。その再発見によってはじめて、日本はジャパン・リテラシーに正確な情報をイン・プット

することが可能になる、と筆者は考える。

　　　　　　　　＊　　　　　　＊　　　　　　＊

　ここまで筆者は、「性向語彙」という言葉に明確な概念を付与することなく、いわばはだかのままで使用してきた。「性向語彙」とは、日本人の対人評価の実態とその構造的特質を言語の側にあって最も具体的かつ端的に示すものであり、他者の生まれつきの性格や日ごろの態度、振舞いなどを評価の意識に基づいて把握し、表現する言葉のまとまりである。よく働く人を「ガンジョーシ」「ハタラキバチ」「キバリテ」などと言ったり、物事を大仰に表現する癖のある人を「ホラガイフキ」「ラッパコキ」「オーモノイー」などと呼んだり、不精者のことを「ブショータレ」「ビッタレ」「ヒキタレ」「ザマクモン」、せっかちな人のことを「チョロ」「チョロマツ」「キョロ」「キョロスケ」「イラ」「イラサク」（いずれも、中国・四国地方に盛んなもの）などと呼んだりする語彙のまとまりである。

　共通語に例をとるならば、「あの人はなかなかのキレモノだ。」とか、「彼はひどいカタブツだねえ。」における「キレモノ」「カタブツ」などが、それに相当する。

　後に改めて詳しく述べるが、「性向語彙」は、単に、他者の態度や振舞い、あるいは性格を評価する指標、すなわち対人評価語彙として機能するだけでなく、同時に、自らが行動する場合の行動モラルの具体的な指標としても機能するものである。古くから、極めて緊密な集団性をベースとしてきた村落社会にあっては、自らが行動する場合、つねに他者がその行動を社会の規範に即してどのように評価するかを、いやおうなく自覚せざるを得ない立場に、誰しも立たされたのである。したがって、「性向語彙」は、他者に対しては評価として機能し、自己に対しては行動規範として働くという、一見、性質を異にする2種のモラルの具体的な表象ないしはシステムとして存立しているように見えて、実は、それ自身、すべての成員に共通に適用される集団的規範（社会的規範としての指向価値）の記号システムないしは記号的メカニ

ズムであると解される。別の言い方をするならば、方言性向語彙の構造と機能は、村落社会の安定・維持を「善」とする日常的思考——＜労働秩序＞と＜つきあい秩序＞を基軸とする秩序構成と秩序維持の思考——の論理が下す一種の社会的統御の記号システムと記号的メカニズムである、と規定することができる。

＊　　　＊　　　＊

　ところで、日本の地域社会の高年層に行われる「性向語彙」は、言うまでもなく長い地域独自の生活史を背景とするものであって、「近代」になってにわかに生成されたものではない。そこには、前近代から近代以降に及ぶ連続の相が認められ、「前近代」と「近代」との間に大きな断絶は見られない。一見、伝統的な「日本人」や「日本文化」はすっかり地を払ったように見える。しかし、多くの日本人が今日にあってもなお、他者の目を意識し、「世間体」にとらわれ、「ウチ社会」と「ソト社会」を区別し、男性優位の原理から完全には逸脱することができず、健全な「個人主義」よりも「横並び」の「協調的関係主義」を重視して生きている。それは何も、世を騒がせた新潟県警に限ったことではない。それを糾弾する政治家（高級官僚）も、政界という「ウチ社会」に安住し、「協調的な関係主義」を重視して、自主的な改革にはつねに消極的である。

　地域社会に行われている「方言性向語彙」は、一義的には「対人評価語彙」として機能するものであるが、同時に、「世間体」の記号システムとしても働くものである。その方言性向語彙にも、社会構造や生活様式の大きな変動と対応し、あるいはマスメディアの影響を受けて、明らかに変容の相が認められる。しかし、それは語彙量の減少や一部共通語の浸透にとどまり、高年層と壮年層の性向語彙の構造そのものには、大きな変化を見出すことはできないのである。これは、何を意味するかというと、「対人評価」「行動原理」の構造そのものは、実質的にはほとんど変化していないということである。言い換えれば、伝統的な「対人評価」「行動原理」の構造が、今日に

あってもなお確かに継承されているということである。「性向語彙」を構成する事象にはかなり大きな変化が見られても、構造そのものが変化しない限り、地域生活者の生き方は、急激にしかも大きく変化するとは考えられない。それは、都市社会においても、大筋では同じことが言えるだろう。

　近畿から中国、四国地方にかけては、多くのミクロ社会（自然発生的集落）で、700語以上にも及ぶ「性向語彙」が行われている。これらの地方に生きる人々は、「性向語彙」のシステムとその運用によって、ミクロ社会が要請する社会的規範、すなわち労働秩序や人間的秩序を維持・強化してきたのである。より具体的に言えば、かつての村落社会において恒常的に実施されてきた「共同労働の秩序」や、固く閉ざされたミクロ社会における濃密な人間関係を円滑に営むための「つきあい秩序」のコントロール・システムを共有化することによって、ミクロ社会が個々の成員に要請する＜行動原理＞や＜理想的人間像＞を明確に認識してきたのであり、現に中年層以上の成員はそれを確かな形で継承しているのである。

　その意味では、地域社会に生きる人々は、戦後55年を経過した今も、表層的には大きく変化しているように見えて、本質的にはなにほども変化していないと言える。そして、変化していないところに、実は、「日本人」「日本文化」の根源的な価値観が宿されているのである。

　　　　　　　　＊　　　　　＊　　　　　＊

　「方言性向語彙」の構造分析を通して見えてきたのは、従来指摘されてきた「タテ」社会の原理[11]ではなく、強固な「ヨコ」社会（「ヨコ」性）の原理であり、協調的な「関係主義」である。また、地域社会が個々の成員に要請する「指向価値」は人なみ優れた過剰な価値ではなく、基本的に誰もが達成し得る平準的な価値である。その「指向価値」には、「スル」ことを指向する「能力価値」と「デアル」ことを指向する「善悪価値」とが包含され、「能力価値」は「精巧主義・精密主義」よりも「能率主義・効率主義」が重視されたことも明らかになる。さらには、伝統的な「男性社会」の原理も具

体的に見えてくるのである。また、村落社会の成員が＜労働秩序＞と＜人間的秩序＞という二重の秩序世界の中で生きる人々と、それらの秩序から逸脱してムラの周縁部で生きる人々に差異化されてきた事実も知られる[12]。

しかも、一見複雑を極める対人評価の構造と意味は、地域社会が個々の成員に要請する「行動価値」をプラス価値（指向価値）として措定し、それよりも「過小」（たとえば「働き者」に対する「怠け者」）ないし「過剰」（たとえば「人なみ以上の働き者」、ガリ・ガシ・クソガリ・ガリガリ・ガシンコ・ノボセ・ノボセショー・ノボセヤマなど）である「行動価値」をともにマイナス価値として否定することによって、「指向価値」に一元化する＜負のフィードバックによる社会秩序のコントロール・メカニズム＞であることも、客観的な形で見えてきたのである。そして、このメカニズムが「ヨコ」社会の協調的な「関係性」を維持する決定要因となる。

ところで、＜指向価値＞に一元化されて生きることは、一見、与えられた状況に対して全く受け身的に生きることを思わせる。しかし、＜指向価値＞に対して全く受け身的に見えるその受容のあり方こそ、地域生活者の強固な＜集団主義＞による＜秩序構成＞の決定要因であり、前近代から近代以降における権力に対する最もしなやかでしぶとい抵抗となったものと考えられる[13]。なぜなら、地域社会の成員の＜秩序構成＞がたとえ受け身的な形であっても＜指向価値＞に一元化されれば、それは極めて強い求心的な力となり、ソトからの抑圧に対して集合意志という形をとって抵抗できるからである。近世において、たび重なる百姓一揆が発生し得たそのエネルギーの源泉は、まさにこの強固な＜指向価値＞への一元化にあったと言ってよいだろう。

また、「方言性向語彙」の解析によって知られる＜理想的な人間像＞には、従来、ワンワード・スタイルで語られてきた「恥」「甘え」「勤勉主義」「集団主義」「和の尊重」「縮み志向」「間人主義」「あいまい性」などのキー概念がすべて包含されるのである。したがって、「日本人」「日本文化」は、決してワンワードで規定することはできず、これらの複合からなる複合概念として語られなければならないことになる。しかも、注目すべきことは、「甘

え」「縮み志向」「あいまい性」などが単に否定的価値として認識されているのではなく、地域生活者はそこからの逸脱を明確に志向しているという事実である。ここには、他者依存に生きる弱くて壊れやすい生活者の姿を想像することはできない。

　　　　　　　＊　　　　　＊　　　　　＊

　今日的な「日本人」「日本文化」は、すでに述べたように、決して「前近代」と断絶しているわけではない。したがって、「前近代」を継承するものを十分に把握しておく方がはるかに有意義であろう。それゆえ、本論において展開する記述、分析、さらに解釈は、いきおい回顧的な手法となる。また、考察の主眼は、地域生活者が伝統的に維持・継承してきた＜労働秩序＞と＜つきあい秩序・人間的秩序＞の秩序構成を中心とする「社会的規範」の実体性と「理想的人間像」の複合概念を、「性向語彙」という記号システムとその動的メカニズムの解析を通して明らかにすることに置く。
　従来の「日本文化論」「日本人論」に関する議論の多くは、精密なサンプルやデータの観察が不問のままになっていたが[14]、本書は詳細なデータ分析を踏まえて論を展開している。
　その意味で、従来の「日本文化論」「日本人論」の欠を補填し、あるいは補強する役割を果たすことにもなるであろう。
　しかしながら、このような試みは、今日まで全く見られなかったものである。また、筆者は自らの専門領域を大きく逸脱して、人文・社会科学の諸領域を横断するという冒険を行っている。それだけに、なお多くの課題と未消化な部分を少なからず含んでいるものと思われる。読者の皆さんから多くのご教示・ご叱正を得て、さらに考察を深めていくことができるならば幸いである。

　　　　　　　＊　　　　　＊　　　　　＊

　なお、本論の導入として、構成にしたがってそれぞれの章の概要をごく簡

略に記しておくことにしたい。

　地域社会における「性向語彙」の実態と、「性向語彙」が地域社会において果たす役割が、たとえそれがやや素朴な形であっても、まず誰によって取り上げられ、ほめことば（プラス評価語彙）よりもけなしことば（マイナス評価語彙）の方がはるかに多く認められるという事実が、地域社会において重要な意味を持つことを示唆したことの研究史的価値を確認することが第1章の主な課題となる。

　第2章ではまず、「性向語彙」の概念内容を規定し、「性向語彙」が果たしてきた＜社会的規範＞の具体的な内実について言及する。ついで、性向語彙の解析を通して、地域社会におけるいわゆる「世間体」が＜ウチなる世間体＞と＜ソトなる世間体＞の二つに分節されること、性向語彙が「世間体」というイメージを地域社会の成員が具体的かつ客観的な形で認識するための指標であり、記号システムとしての役割を担うものであることを明らかにする。その上で、「世間体」が他者から自己に向かう一方向的な眼差しであるのに対し、「性向語彙」は他者へ向けられると同時に自己へも向ける双方向的な眼差しであることを指摘し、「世間体」が「性向語彙」に包含されることを論証する。さらに、性向語彙そのものの重要な構造的特徴の一つである「マイナス評価語彙」（負性の原理）の絶対的な優位性の実態を明らかにし、そこから導かれる「期待されざる人間像」の複合的概念について述べる。これらの内容を通して、「方言性向語彙」が有する意味と価値の概略が知られるであろう。

　第3章ではまず、「方言性向語彙」に関する研究史を概観し、ついで概念特徴に即して構築した、最上位は三つの、最下位は109のカテゴリーからなる性向語彙の「シソーラス」（概念体系、概念枠の全体的な階層構造）を示し、この性向語彙のシソーラスが構築されるまでの経緯についても簡単に触れる。さらに、性向語彙に見られる量的構造の特性、性向語彙が基本的に＜マイナス評価語彙＞と＜プラス評価語彙＞の二極対立構造を示すこと、また性向語彙によって＜社会的規範＞としての＜指向価値＞が措定され、それに

及ばない＜過小価値＞とそれを越える＜過剰価値＞をともに否定することによって、＜指示価値＞に一元化する構造（負性のフィード・バックによる社会的秩序のコントロール・メカニズム）が明確に認められることなどを明らかにする。これらの分析、考察を通して、方言性向語彙の基本特性が解明され、そのような基本特性の構成に主体的に関わった地域社会の集合意識（社会意志）の内実が、具体的な形をとって明かるみに出されるであろう。

「性向語彙」は前近代において成立したものであり、慶長9年（1603）にポルトガル宣教師を中心として編纂、刊行された『日葡辞書』に300語強の性向語彙が収録されており、その約2割強の語彙が、鳥取県倉吉市方言で現に使用されているという事実が認められる。今日にあっても、近畿、中国、四国、九州北部の村落社会には700語以上もの性向語彙が行われており、それらの中には「アカオーチャクモン」（ひどい怠け者、広島県安芸地方・島根県石見地方・山口県周防地方）、「オーダラズ」（ひどい怠け者、広島県備後地方・岡山県備中地方）、「オーチョレン」（ひどい嘘つき、山口県防府市野島）、「ウトーノットク」（ひどい怠け者、同前）などのように、「アカ」「オー」「ウトー」などの接頭辞をとって、マイナス性向の程度性を強化する語彙がかなり多く認められる。これらの語彙が近世のいつごろ成立し、その成立要因は何であったかを「嘘つき」の意味項目を対象として分析することによって、「方言性向語彙」の形成と展開について考察を加えることが、第4章の前半の課題となる。後半では、性向語彙の形成と展開に生業や自然環境の特質が色濃く反映する事実を、主として比喩によって生成された語彙の構造分析を通して明らかにする。また、比喩語彙の生成が、性向特徴の認識の拡張と方向づけにどのように作用したかについても言及する。

第5章は、本書の中心をなす章である。「性向語彙」に関する多角的な観点からの構造分析を通して、性向語彙が＜社会的規範＞の記号システムであり、＜社会的規範＞の基軸をなすものは＜労働秩序＞と＜つきあい秩序・人間的秩序＞の二つであって、これらの行動秩序と人間的秩序の維持・強化が性向語彙の共有化によって果たされ、村落社会の安定・維持が成員に至上価

値として事前了解されていたこと、村落社会の成員が協調的な＜ヨコ一線＞の関係性（ヨコ性の原理）を指向することによって、強固な＜集団的秩序＞を形成してきたこと、＜ヨコ性の原理＞が強固な形で維持されてきた歴史社会的要因は何かという問題、などが明らかにされる。また、性向語彙の解析を通して見えてくる地域社会における＜理想的人間像＞の中には、従来、著名なライターたちによって語られてきた＜恥＞＜甘え＞＜勤勉主義＞＜集団我＞＜和の尊重＞＜間人主義＞＜縮み志向＞などのキー概念がすべて包含されることが具体的なデータ分析を踏まえて論証される。これによって、「日本人」「日本文化」をワンワード・スタイルで語ることの限界性を指摘し、複合概念としての＜理想的人間像＞を明示する。さらに、性向語彙の上に「男性原理」「理想的家父長像」が認められる事実についても触れ、かつての村落社会の周縁部に生きる人々（ただし、一代限りの）がどのような性向語彙で差異化され、村落社会の秩序構成からどのように逸脱していたかという問題に関しても言及する。

　第6章では、地域文化の表象としての「方言性向語彙」の意味と価値を明らかにし、今後、多様な文化が相互理解を深め、真の共生を構築していくためには、欧米を中心とする「個人主義・進歩主義・過度の競争主義」に一方的に依拠するのではなく、相互信頼に基づく「協調的な関係主義」へパラダイム・シフトを図らねばならないことを論じる。そして、「協調的な関係主義」を科学的な手法で構築していくための一方途として、「性向語彙」の比較対照研究を推進することが有効な戦略となることを述べる。

　長きにわたって継承されてきた「性向語彙」は、現在、構造そのものは別として、その構成要素にはかなり顕著な変容が見出される。中国・四国地方を主たるフィールドとして、変容の実態と変容傾向を明らかにし、性向語彙の将来像を展望するのが、最後の第7章の課題である。

＊　　　　　＊　　　　　＊

　本書で実践しようとすることは、伝統的な「日本人」や「日本文化」の発

明ではない。地域社会に、今なお継承されている「性向語彙」（対人評価語彙）を対象化し、多角的な観点から分析、考察を加えることによって、伝統的な「日本人」「日本文化」を再発見しようとする試みである。

そして、再発見された伝統的な＜ヨコ性の原理＞＜平等主義＞や、＜労働秩序＞＜つきあい秩序＞の秩序構成を基軸とする「協調的な関係主義」は、筆者の見るところ、単に古いものとして否定される価値原理ではない。新しい世紀における世界編成を円滑に進めるためのニュー・パラダイムの役割を果たし得る可能性をはらんでいると考えるのは、筆者の楽観に過ぎようか。

真に「協調的な関係主義」を確立するためには、三つの前提条件が必要とされる。第１は「支配・被支配」の関係を含まない「平等主義」の構築であり、第２は文化多元主義の深い理解に基づく「相互信頼」の樹立である。第３は「ヨコ」性の原理と目標を単に政治意思のみに委ねるのではなく、個々人が世界市民としての自覚を強め、政治意思を自らの手でコントロールすることによって「個人の物象化」を断固として否定することである。この三つの前提条件を包含する柔軟な「協調的関係主義」（協関主義＝共感主義）の確立にとって、日本の伝統的な「ヨコ」性の原理は有効に作用するものと考えられる。その際、伝統的な「ヨコ」性の原理がより高度で柔軟な原理に改変されなければならないことは、言うまでもないことであるが。

なお、読者の皆様にあらかじめお断りしておきたい。それは、本書がいわゆる「日本特殊論」を展開するものではない、ということである。大半の「日本人論」は、世界に西洋と日本しか存在しないかのごとく論述を展開するために、西洋にない要素はすべて日本だけの特徴のように言うが、それは「日本対西洋」という対比の仕方からくる誤りであることが少なくない。たとえば、「甘え」は日本語に独自の概念であると主張されているが、実は朝鮮語でもそれほど事情は変わらない。あるいは、主体が相手との座標の違いによって、「私」「お父さん」「先生」「先輩」などと、日本語の統語法の中で変化する事実（相手との関係によって決定される言語的自己規定）を、日本人の「集団主義」の証として強調することが多いが、実はこのような現象は

朝鮮語やベトナム語などにも認められることが全く考慮されていない[15]）。

　本書は、すでに述べたことではあるが、あくまでも伝統的な「日本人」「日本文化」の根源性を、性向語彙の多面的な解析を通して丹念に掘り起こし、それが現在どのような変容を見せているかを明かるみに出そうとする試みである。

＊　　　　＊　　　　＊

　本書も、和泉書院社主の廣橋研三氏の御厚意によって世にまみえることになった。常に変わらぬ廣橋氏の御厚情に対し、心からなる感謝の意を表したい。

　　　平成12（2000）年8月

室山敏昭

注

1）浜本満「差異のとらえかた―相対主義と普遍主義―」（『岩波講座文化人類学第12巻　思想化される周辺世界』（1996、岩波書店）。
2）井上俊「序　日本文化の社会学」（『岩波講座現代社会学23　日本文化の社会学』1996、岩波書店）。
3）井上忠司『「世間体」の構造―社会心理史への試み』（1977、NHKブックス）、大牟羅良『ものいわぬ農民』（1958、岩波新書）。
4）阿部謹也『「世間」とは何か』（1995、講談社現代新書）。
5）室山敏昭『生活語彙の基礎的研究』（1987、和泉書院）、同『生活諸彙の構造と地域文化―文化言語学序説』（1998、和泉書院）。
6）注5）に同じ。
7）従来筆者は、「地域生活者」というキー・ワードを、次のような概念内容を表すものとして使用してきた。「地域社会にあって、生活の全体性を把握している主体。すなわち、生活にはモノやサービスの消費だけでなく、その前提としての生産や労働があり、またもっと根源的には人間の生死や社会・文化環境との関わりがある。地域生活者ということばは、生活が本来もっている

そうした全体性を、長い歴史を背景とする地域社会の中にあって自ら体現している人々、あるいは自らの手のなかにおきたいと願う主体としての人々を指している。そして彼らは、M. ポランニーも言うように、決して多くのことを語ろうとはしないが、生活の全体性に根ざし、確かな生活実感に裏うちされた豊かな「総合知」を内面化している。その豊かな「総合知」は、「民の文化」の実質であると同時に、表象でもある。

8) 室山敏昭『生活語彙の構造と地域文化—文化言語学序説』(1998、和泉書院)。
9) 注8)に同じ。
10) 浜口惠俊「日本研究の新たなパラダイム」(梅原猛編『日本とは何なのか』1990、NHKブックス)、同「国際化のための日本文化」(『岩波講座現代社会学23 日本文化の社会学』1996、岩波書店)。
11) 中根千枝『タテ社会の人間関係—単一社会の理論』(1967、講談社現代新書)、同『タテ社会の力学』(1978、講談社現代新書)。
12) 木村礎『近世の村』(1980、教育社)、宮本常一『忘れられた日本人』(1984、岩波文庫)、赤坂憲雄『異人論序説』(1992、ちくま学芸文庫)。
13) 小田亮「しなやかな野生の知—構造主義と非同一性の思考—」(『岩波講座文化人類学第12巻 思想化される周辺社会』1996、岩波書店)。
14) 青木保『「日本文化論」の変容』(1990、中央公論社)。
15) ロビン・ギル『反日本人論』(1985、工作社)、杉本良夫／ロマ・マオア編『日本人論に関する12章』(1982、学陽書房)、ハミル・ベフ『イデオロギーとしての日本文化論』(1987、思想の科学社)。

【付記1】

文化概念や文化の理論に関して、それを不透明視する次のような議論がある。

　文化の理論の現状は、おそらく文明の理論以上に貧しいように思われる。なにしろわれわれは、ここで言う意味での文化子を識別したり分類・列挙したりするための標準的な方法や満足な方法をほとんど知らない。文化がどのようにして伝わるのか、あるいは変わるとか、文化はどうすれば変えられる

かということもよく知らない。そもそも文化は変わるものなのかということさえ、あまりはっきりとしていないのである。おそらく、もっとも確実に言えることは、ここで言う意味の文化は、ほとんど定義上、人間が主体的に選択したり変更したりすることのできないものだということだろう。そうしたことは、ここで言う意味での文化が、もともと人間の無意識の領域に属している以上、ある程度当然なのかもしれないが、それにしても、何かうまい反省の方法、自分自身や他人が受け継いで保有している文化をなるべく自覚的、客観的に知る方法は、あってしかるべきではなかろうか。
（公文俊平「ノート：日本は本当に異質・特殊か？」、浜口惠俊『日本文化は異質か』168ページ、1996、NHKブックス）

　言語学や認識人類学においては、言語は文化の表象であるとする考え方が一般的に行われている。この考え方によれば、可視的な文化であろうと不可視的な文化であろうと、およそ文化として把握されるものは、そのすべてが言語シンボルとして表象化されている、と説明される。言語シンボルとして表象化されているからこそ、すべての文化は学習可能、継承可能、伝達可能、伝播可能と考えるわけである。
　そして、言語は文化の表象であると言うときの言語は、直ちに言語体系そのものを指すのではなく、各民族が所有している語彙のシステムあるいは意味の網目を指すと考えるのがより妥当であろう。なぜなら、各民族は自分たちが所有する独自の語彙システムによって、それぞれの民族が生きる外部世界を独自のやり方で分節し、その全体的なシステムによって、独自の世界像を獲得しているからである。この語彙の全体システムに反映する独自の世界像こそ、文化にほかならないものである。
　とすれば、上に示した公文の「文化をなるべく自覚的、客観的に知る方法は、あってしかるべきではなかろうか」という苦渋に満ちた提言は、語彙システムに着目することによって解決されることになる。また、「文化子を識別したり分類・列挙したりするための標準的な方法や満足な方法をほとんど

知らない」と告白しているのも、一々の文化子を語の意味と考えるなら、語彙の意味分類（シソーラス）をもって標準的な方法を確定することが可能となる。そして、その分析操作によって、異文化間の関係性を客観的な手法で検証することも、また可能となるはずである。

【付記2】

　＜方言性向語彙＞は、人間の態度や振舞い、あるいは性格を評価の観点から表現する記号システムの統合体であり、それは地域社会における社会的規範（「労働秩序」と「つきあい秩序」の秩序構成を中心とする）の記号的表象として機能するものである。

　また、＜方言性向語彙＞について、次のように定義することも可能である。すなわち、＜方言性向語彙＞は、地域社会の成員が自らが生きる生活環境（「自然環境と」「社会環境」の両者を含む）にいかに適応すればよいかを具体的に示す、行動価値（「労働秩序」と「つきあい秩序」が中心をなす）の言語的指標とその全体的なシステムである、と。そして、その記号システムは地域社会が必要とし、地域社会の成員が願望するような姿で存在するものである。性向語彙とその使用者の文化志向性とは、強い相関的な動機づけで結ばれているのである。

第1章　方言性向語彙(対人評価語彙)の発見

　日本の地域社会に行われる性向語彙（対人評価語彙）に着目し、この研究の重要性を世界で初めて指摘したのは藤原与一である。藤原は、その著『方言学』(1963、三省堂、577～583ページ)の中で、彼の郷里方言である愛媛県越智郡大三島町肥海の性向語彙を、次に揚げる35の意味項目[1]に分類して記述しており、総語数は335語である。

1. 上人・実直
2. 丁寧家・細心家
3. きれいずき・その反対
4. 計画ずきの人
5. のんき屋
6. 熱中家
7. いちがい者
8. 豪胆家・大胆家・冒険家
9. 小心者・気よわ者
10. いらいらしておちつかない者
11. 沈着な人・ゆっくり屋・ぐすぐすする人
12. 悲観家
13. 不平家・ぶつくさ言い
14. 短気者
15. 気むらの人
16. はらたて・だまり・ひねくれ
17. 意地わる者
18. 性根わる
19. 出しゃばり
20. 人の評判をよくする人
21. おせじ言い
22. 見えぼう
23. 滑稽人・冗談言い
24. お調子者
25. おしゃべり屋
26. 誇大家
27. 虚言家
28. ぬす人
29. なになにそのもの
30. ぶしょう者・どうらく者
31. なまけ者・放蕩者
32. 物もらい
33. 世間知らず

34．横着者・吝嗇家　　　　　　35．物見に行くのがすきな人

このうち、ほぼ反対の性向を表すと見られる、1の「上人・実直」（プラス性向）と18の「性根わる」（マイナス性向）の二つの意味項目に限って、その記述内容を示すと、以下のようである。

1．上人・実直（5語）
　　ジョーニン　　上質温厚な人
　　キヨシ　　本来気のよい人
　　キヨッサン　　同上　＜ただし、時には軽侮にも＞
　　ジバ　　実直
　　ジバナ　　実直な
18．性根わる（22語）
　　コンジョワル　　根性のわるい人
　　コンジョクレ　　根性　＜罵称＞
　　ドショーネ　　性根　＜同上＞
　　ドショーネワル　　性根のわるい人
　　ドショクネ　　性根　＜罵称＞
　　ドショクネワル　　性根のわるい人
　　ドショーボネ　　「ドショクネ」に同じ
　　ワル　　わるいやつ
　　グル　　ワルたちがいっしょになること
　　アットー　　しかえし、意趣がえし
　　グンシ　　わるい策士　策謀家
　　ネセクリ　　人をおとしいれるような、ものの言いかたをする人
　　ネセクリゲナ　　人をおとしいれるようなもの言いの
　　ネセクリコンジョー　　人をおとしいれるような、ものの言いかたをする根性

ネセクル	人をおとしいれるようなものの言いかたをする
オネクリ	「ネセクリ」に同じ　人をいたずらに非難する人
コセクル	同上
コゼクル	人を疎外する行動をとる
キョクル	意地わるく人をけなす
アテコスリ	あてこすり
アテコスル	あてこする
アテコスリゲナ	あてこすりのような

　藤原は上記の意味項目とそれぞれに所属する語彙を、評価を基準として量的観点から分析を行い、『方言研究法』(1964、東京堂出版)の中で次のように述べている。

　　たとえば、「人間語彙」の「人倫関係」のものでは、人をほめることばはすくなく、人をけなすことばは多い。語彙の繁栄の方向がここで問題になる。こういう問題を、その方言社会における社会的事実として見ていけばおもしろかろう。(287ページ)

また、次のようにも指摘している。

　　方言社会の社会的事実として、語彙を考察していくさい、また、語彙の複雑な存在を、一個の動態として見ていくこともいる。すなわち、現実の語彙分野の諸相を、前代から後代に推移していく過渡の、現在時点のものとして見るのである。たとえば、繁栄している下降性人倫語彙の中の、漢語名詞(例、「道楽」ドーラク、「外道」ゲドー)の類は、今後どうなっていくものであるか、というような観測をするのである。(288ページ)

ここには、すでに、性向語彙と地域社会における社会的規範[2]との相関性に着目することの重要性が説かれており、たとえば性向語彙の中の「漢語名詞」の変容を観測することの必要性が指摘されている。藤原が『方言学』において郷里の性向語彙を取り上げて、実態の記述を行い、その社会的事実としての基本的な問題点を『方言研究法』の中で的確に指摘したことにより、はじめて地域社会における「性向語彙」という意味分野が包含する問題性が、研究者の関心を強く喚起することになった。ここに、藤原の「性向語彙」の発見の意味を認めることができる。

注
1) 性向語彙の分類体系(分類枠組)の中で最下位のレベルに設定される類義語のまとまりを言う。ただし、語彙量の多い「意味項目」においては、その内部が弁別的意義特徴によって、さらにいくつかの小さなまとまりに分節されることになる。
2) 社会的に一般化された行動様式を、社会学では普通、＜社会的規範＞と呼ぶ。ここでは、当然のことであるが、＜社会的規範＞を価値概念を内包するものとして使用している。

第2章　方言性向語彙と「世間体」

1．性向語彙の定義

　ここで方言性向語彙というのは、地域社会の成員の生まれつきの性格や日ごろの振舞い、人柄などを評価の観点から捉えて表現する言葉のまとまりを指す。したがって、＜性向語彙＞は、一義的には＜対人評価語彙＞というメタ言語を用いて表現することも可能である。よく働く人を「ガンジョーシ」「ハタラキバチ」「シゴトシ」「キバリテ」などと言ったり、ものごとを大仰に表現する癖のある人を「ホラガイフキ」「ホラガイ」（法螺貝吹き）「オーズツ」（大砲）「ラッパコキ」「オーモノイー」などと呼んだり、不精者のことを「ブショータレ」「ビッタレ」「ヒキタレ」（「ビッタレ」「ヒキタレ」の語源は未詳）などと呼んだりする語彙（いずれも中国・四国地方に盛んなもの）のまとまりである[1]。共通語に例をとるならば、「彼はなかなかのキレモノだ」「彼女はアイキョーがある」「あの人はひどいカタブツだねえ」における、「キレモノ」「アイキョー」「カタブツ」などがそれに相当する。
　ところで、渡辺友左は『社会構造と言語の関係についての基礎的研究（3）』（1973、『国立国語研究所報告47』、秀英出版）の中で、性向語彙の概念内容を次のように規定している。

　　人間の態度や振舞い、または性格を評価記述するのに使う語、またはそのように評価記述される態度を示したり振舞ったりする人間、ないしはそのように評価記述される性格をもっている人間を指し示すのに使う語の総体。

この概念規定は、性向語彙を「評価記述」という観点からほぼ余すところなく捉えて示した客観的規定と言ってよかろう。しかし、実際に性向語彙を用いて他者を評価する場合、話者は程度の差こそあれ、何らかの具体的な批判意識をそこにこめて用いることがきわめて多いのであって、その点についての言及が必要であろう。また、性向語彙は、単に他者の態度や振舞い、あるいは性格を評価する言語的指標のシステム、すなわち対人評価語彙のシステムとして機能するだけでなく、それと同時に、自身の態度や振舞い、あるいは性格を他者の眼差しに依拠して認識する言語的指標のシステムとしても機能するものである。

　日本における自然発生的な集落、言い換えればムラ社会が、古くからきわめて緊密な集団性をベースとして維持されてきたことは周知の事実である。このようなムラ社会にあっては、人々が行動する場合、常にその行動を他者がどのように評価するかをいやおうなく自覚せざるを得ない立場に、誰しも立たされることになったであろう。すなわち、他者に対する評価が同時に自らの行動を規制する力としても働くわけである。たとえば、稲刈りなどの共同労働の場で、いくらか離れたところで仕事をしないで無駄話をしている人を見つけて、隣で一緒に稲刈りをしている人に、

　　○アイツワ　ナエトーサクジャ。
　　　あいつは働く気力のない怠け者だ。（老男）＜広島県廿日市市地御前＞

と話しかけたとする。この時、当の話者は、自分が同じような場面で仕事の手を抜けば、必ず他者から間接的に（稀に直接的に）、

　　○アイツワ　マコト　ノークレジャ　ノー。
　　　あいつは本当に怠け者だねえ。　　（老男）＜広島県廿日市市地御前＞

と糾弾されることを十分承知しているのである。

したがって、性向語彙は、他者に対しては評価モラルとして機能し、自らに対しては行動規制モラルとして働くという、一見、性質を異にする2種の行動規範の記号システムないしは記号的メカニズムとして存立しているように見えて、実はそれ自身、すべての成員を公共的に拘束する＜集団的規範＞（＝社会的規範）の記号システムないしは記号的メカニズムとして存立しているのである。それが、運用のレベルにおいて、他者に対しては評価（見る側の意識）、自らに対しては行動規制モラル（見られる側の意識）として使い分けられることになるのである。そして、＜性向語彙の構造＞をもっぱら見られる側の意識に焦点化するならば、それはそのまま＜世間体の構造＞に変換されることになる。井上忠司のことばを借りるならば、「＜世間の眼＞から自分を恥じる」（『「世間体」の構造―社会心理史への試み』1977、NHKブックス）という日本人に固有の社会心理の構造が具体的な実質を帯びて浮かび上がってもくるのである。

　渡辺の概念規定には、このような点に関する明確な問題意識が欠落していることを、ここで指摘しておきたい。

2．性向語彙と「世間体」

　性向語彙の構造分析を通して見えてくる、地域社会の生活者が共通に内面化している行動原理、すなわち社会的規範の基本的原理である＜ヨコ性の原理＞と＜理想的人間像＞に関する具体的な検証は、後に改めて詳しく行うことにして、まず性向語彙と「世間体」との関係性について検討してみたい。

　「世間体」について、井上は先にあげた著書の冒頭部分で、次のように述べている。

　　わが国の人びとは、おおむね、「世間」に準拠して、はずかしくない行動をすることを、社会的規範の基本においてきたからだ。＜世間の眼＞から自分を恥じるという独特の社会心理を、わが国の人びとの多くは、個人の内面につちかってきた。「世間体」は、いわば、私たち日本人の行動原

理の基本であった（もっとも、日本人にのみ特有の行動原理であったと、断ずるつもりはない）。いまでもそうであろう。（ⅱページ）

　そして、井上は、「私たち日本人の行動原理の基本」である「世間体」の内実を究明するために、「世間の意味」と「世間の構造」の二つの側面から、多くの先行文献を援用しつつ分析を加え、論を展開している。世間の「意味」の分析も、また世間の「構造」の分析も明晰そのものであるが、それでは「社会的規範の基本」である「『世間』に準拠して、はずかしくない行動をする」という「はずかしくない行動」とはどのような行動か、「はずかしくない行動」は何によって人々に明確に認識されてきたのか、といった根本的な問題については、明確な答えが用意されていない。「『世間なみ』に生きる」（31ページ）ことが「はずかしくない行動」だと言ってみたところで、「世間なみ」を具体的に規定する指標が何であり、その指標がいかなるシステムを構成しているかが明らかにされないかぎり、依然としてファジーな点が残る。

　筆者は、すでに触れたように、「世間なみ」という＜社会的規範＞は、性向語彙（対人評価語彙）の実相とその構造的特質、ならびに運用のメカニズムを解明することによって、はじめて具体的かつ客観的に規定することが可能になると考える。

　井上は、『「世間体」の構造』の序の中で、大牟羅良の『ものいわぬ農民』（1958、岩波新書）を引用して、次のように述べている。少し長くなるが、以下にそれを記す。

　　大牟羅氏ほど、農村の「世間体」について、内部からするどく告発してきた人は少ない。『ものいわぬ農民』(1958)のなかでも、山村における「世間体」の、いくつかの実例をあげている。たとえば、これは昭和20年代のことなのだが、岩手県の農民がいして、農閑期でも早起きだった。「そんなに早く起きないと間にあわないのか」と聞くと、「いや、じゅうぶ

ん間にあうのだが、早く起きて雨戸を開けておかないと、隣近所から怠け者だと思われるから」という返事がかえってきた。（5ページ）

　この引用の中で、岩手県の農民の世間体は、「隣近所から怠け者と思われる」という返事の中に見られる「怠け者」という性向語彙を構成する一要素に端的に表象化されているのである。すなわち、「怠け者」という「世間なみ」から逸脱した性向を表す言葉によって、世間の眼差しを明確に認識しているのである。ここには、「隣近所→自己」という他者依存的な一方向性の評価の受けとめ方が認められる。

　このように、世間体は、他者の眼差しに依存して自らを規制する行動原理である。それに対して、性向語彙の構造と運用は、基本的に＜人なみ＞というヨコ性の原理に依拠するものではあるが、他者からの一方向的な眼差しだけではなく、次の例からも分かるように、他者への眼差しという二つのベクトルが認められるのである。そして、後者が基本的な価値をになっている。

○トナリノ　ヨメワ　ヒキタレジャケー　ソージモ　シャーヘン。
　隣の嫁は不精者だから掃除もしやしない。(老男)＜広島県比婆郡東城町＞
○アントーナ　ナエトージャー　ヤクニ　タタン　デ。
　あのような怠け者では役に立たないよ。　　　(中男)＜山口県岩国市＞
○アノ　ヒトワ　コマメナケー　ヌケメノナー　シゴトオ　シンサル。
　あの人はよく気がついてまめに動く人だから抜けめのない仕事をしなさる。　　　　　　　　　　　　　(老女)＜島根県那珂郡金城町今田＞

　したがって、性向語彙の運用における社会的機能は双方向的であって、次のように図示することができる。

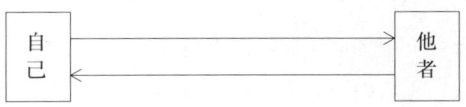

それゆえ、性向語彙という記号システムとその運用には、「世間体」の複雑な概念内容とその社会的機能がほぼ包含されていると言うことができる。このように、「世間体」はおのずから、性向語彙の構造・機能に内包され、そこで明確な価値の実体化がなされることになる。

ところで、性向語彙には、「セケン」あるいは「ショケン」（ともに、「世間」の意）という語を含む「セケンシ」のような複合語、ないしは「セケンガ　ヒロイ」「セケンガ　セマー」のような慣用句が、主として「見識の広い人」「賢い人」「世間知らず」（世間知らず・人づきあいの悪い人）などの意味項目の中に現れるのである。

以下には、島根県那珂郡金城町今田集落の成員（主に老年層）が使用する語ないしは慣用句に即して、彼らが共通に内面化している「セケン」（世間）の空間的意味と価値について、検証を試みてみることにしたい。

今田集落の成員（主に老年層）にとって、「セケン」（世間）はまず、自分たちが生きている今田集落というウチなる環境であった。これを今、仮に、＜ウチなる環境＞と呼ぶことにする。＜ウチなる環境＞は、次のような言葉によって表現される。

A.　＜ウチなる環境＞

（＋a）
　セケンガ　ヒロイ（世間が広い、集落内でのつきあいがよく、物事をよく知っている）
　セケンガ　ヒロイ　ヒト（世間が広い人、集落内でのつきあいがよく、物事をよく知っている人）

（－a）
　セケンガ　セマイ[2]（世間が狭い、集落内でのつきあいをあまりせず、物事を知らない）
　セケンガ　セマー（世間が狭い、集落内でのつきあいをあまりせず、物事を知らない、この言い方が最も多用される）

セケンガ　セバイ（世間が狭い、集落内でのつきあいをあまりせず、物事を知らない）

セケンガ　セバー（世間が狭い、集落内でのつきあいをあまりせず、物事を知らない、主に古老が使用する）

ついで、主に＜他郷＞＜世の中＞の意味を表すが、その意味の中に＜今田集落＞という＜ウチなる環境＞という意味も包含するものがある。これを仮に、＜クロスゾーン＞と呼ぶことにする。＜クロスゾーン＞は、次のような言葉によって表現される。

B.　＜クロスゾーン＞
（＋b）
　セケンシ（世間師、世の中のことを何でもよく知っている人）
（－b）
　セケンシラズ（世間知らず、世の中の常識が分からない人）
　セケンオ　シラン　ヒト（世間を知らない人、世の中の常識が分からない人）
　セケンノ　ワカラン　ヒト（世間の分からない人、世の中の常識の分からない人）

今田集落の老年層の多くが、＜世の中＞の内には「今田集落内部のことも含まれる」「今田集落内部のしきたりや人づきあいの仕方に関する知識が含まれる」という説明を行っている。したがって、「セケンシラズ」や「セケンシ」の「セケン」を、単純に＜他郷＞＜ソトなる環境＞と理解することはできず、Aの＜ウチなる環境＞とクロスする意味内容を表すものと解さなければならないことになる。

それでは、いわゆる＜他郷＞、今田集落の成員にとって直接関係のない＜広い社会＞は、どのような言葉で表現されているのだろうか。＜広い社会＞

は、主に次に示すような言葉で表現されており、それを今、仮に＜ソトなる環境＞と呼ぶことにする。

C. ＜ソトなる環境＞
（＋c）

 セケンオ　スル（世間をする、広い世間に出て、いろいろの経験を積み、見識を広げる）

  ○セケンオ　スル　コトガ　イチバン　タイセツ。コノ　ムラオ　デテ　タビー　セニャー　イケン　ノー。
  世間をすることがいちばん大切だ。この村を出て、（広い世間を）旅をしなければいけないねえ。　　　　　　　　　　　　（老男）

  ○セケンオ　スル　ユー　コトワ　セケンニ　デテ　イロンナ　コトー　ケーケンスル　ユー　コトデス　ノー。
  世間をするということは、世間に出て、いろいろのことを経験するということですねえ。　　　　　　　　　　　　　　　（老女）

 セケンオ　シトル（世間をしている、広い世間のことによく通じている）

 セケンニ　デル（世間に出る、広い世間に出て、いろいろの経験を積み、見識を広げる）

  ○セケンニ　デテ　シコミオ　シテ　モラウ。
  世間に出て、しっかり教育してもらう。　　　　　　　　　（老女）

  ○セケンニ　デテ　イロンナ　コトー　シリ　ニンゲンシュギョーセニャー　ケンシキノ　アル　ヒトニ　ナレン　ネー。
  世間に出ていろいろのことを知り、人間修行をしなければ、見識のある人にはなれないねえ。　　　　　　　　　　　　　（老男）

（－c）

 セケンオ　シトラン（世間をしていない、広い世間のことによく通じていない）

セケンニ　デン（世間に出ない、広い世間に出て、いろいろの経験を積もうとしない）

このように見てくると、今田集落の老年層の人々は、「セケン」（世間）の空間的意味を、家族・親族を「ミウチ」とするならば、その外にある［A＋B＋C］からなる複合的意味と認識していることが知られる。すなわち、＜ウチなる環境＞と＜ソトなる環境＞、そして、この両者とクロスする＜クロスゾーン＞の三者からなる複合的意味として捉えていることが分かる。また、［A：B：C］のうち、C（「＜ソトなる環境＞に出て、広く世の中を旅して、いろいろの経験を積み、見識のある人」になる）に最も卓越した価値を認めていることも理解される。

ここで、今田集落の老年層の人々がほぼ共通に内面化している「世間」という複合的な意味内容を、「ミウチ」を核として表示するならば、次のような構造図として示すことができるだろう。

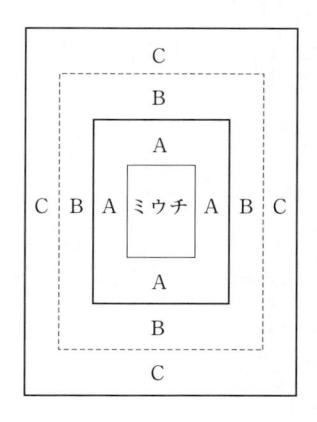

A：〈ウチなる環境〉
B：〈クロスゾーン〉
C：〈ソトなる環境〉

また、現在でも稀に＜世間教育＞ということを言うが、今田集落の老年層カテゴリーが明確に認識している＜世間教育＞とは、＜ウチなる環境世界＞（集落内でのつきあいがよく、集落内で生きていくための生活規範）と＜ソトなる環境世界＞（広く世の中を旅して、いろいろの経験を積み、見識を身

につける）という両者の価値をしっかりとわきまえて、常に＜人なみ＞の常識ある行動をとれる人間になることである。しかし、「セケンオ　シトル」が＜苦労人＞の意味項目にも出現し、「世間に出てもまれた結果、世間のことによく通じており、酸いも甘いも噛みわけたしっかり者」という説明が5人の老年層話者から得られているので、今田集落の近代以降の「世間教育」においてはまず、＜ソトなる環境世界＞を体験することに重点がおかれていたものと解される。

　さらに注目されることは、今田方言において「セケンシ」（世間師）が、世の中のことを何でもよく知っている人」という、プラス評価を表す意味に用いられているということである。この事実は、ひとり今田方言に限られることではなく、中国・四国地方の広い地域にわたって認められ、「セケンシ」「シェケンシ」「ショケンシ」はすべてプラス価値をになう人と認識されている。

　たとえば、広島県比婆郡東城町でも、主に「セケンシ」という語形を使用し、老年層が稀に「ショケンシ」という語形を用いるが、ある老年層男性の話者は、「ショケンシ」の意味を今田方言の場合と同じく「プラス価値をになう人」として捉え、

　○アノ　ヒトワ　ショケンシジャケー　ヨノナカノ　コトー　ナンデモ　ヨー　シットラレル。
　　あの人はショケンシだから、世の中のことを何でもよく知っておられる。
のように説明している。また、鳥取県倉吉市生田集落の老年層話者も、
　○アノ　ヒトワ　シェケンシダケー　ナー。ヨノナカノ　コトー　ナンデモ　ヨー　シットンナハル　ワイ。
　　あの人はシェケンシだからねえ。世の中のことを何でもよく知っていなさるわい。
　　　　　　　　　　　　　　　　　　　　　　　　　　　　　　（老男）

のように語ってくれた。これは、今日の国語辞典で、

世間師　世渡りがうまくて、ずるく立ち回る人。「なかなかの──だ」
(『新明解国語辞典』第4版)
世間師（名）[俗]　世わたりがうまくて、ずるく立ちまわる人。
(『三省堂国語辞典』第4版)

などと、ネガティブにあしらわれているのとは極めて対照的である。

　芳賀登の『民衆史の創造』(1974、NHKブックス)によれば、ムラ人たちに「世間」の豊かな知恵や経験をもたらす、旅わたらいの商人や職人、ときには行脚僧や修験者、旅芸人などが、ムラ人たちから「セケンシ」と呼ばれ、ポジティブな存在だったのである[3]。

　今田集落では、「セケンシ」は、外部からやって来る人ではなく、同じ今田集落という＜ウチなる環境＞に存在する人を指して用いられるが、ポジティブな存在と見なされている点では、昔と同じである。「セケンシ」がムラ人から尊敬される存在であったことは、土地の老年層女性から得られた次のような説明によっても明らかである。

〇アノ　ヒトワ　セケンシデ　ナンデモ　ヨー　シットラレル。
　あの人はセケンシで何でもよく知っておられる。

　「セケンシ」は、今田集落においては、尊敬表現を用いて待遇されるような人であり、それは広く中国・四国地方の老年層カテゴリーにあって、共通に指摘される事実であると言える。
　＜ウチなる環境＞(ウチなる世間)に関して、今ひとつ注目されることは、「人づきあいが良い(悪い)」「人づきあいが広い(狭い)」ことが、「世間」の意味の重要な特徴と認識されているという事実である。このことから何が分かるかというと、＜ウチなる世間＞にあっては、「人づきあいの良さ・悪さ」「人づきあいの広さ・狭さ」が＜社会的規範＞として、極めて重い意味を持っていたということである。言い換えれば、＜つきあい秩序＞を円滑に

維持することが、個々の成員が一応は自足し得るミクロコスモスであったかつての村落社会における成員間の＜人間的秩序＞を保持するために、欠かすことのできない価値をになっていることを、地域生活者たちは明確に認識していたということである。このような一種の善悪価値の基準[4]が、いわゆる＜内輪意識＞＜密室主義＞の強固な形成要因の一つとなったであろうことは、改めて指摘するまでもあるまい。

　それでは、地域生活者にとって、どのような人が村落社会の＜つきあい秩序＞を乱す人の典型と認識されているのであろうか。今田集落の老年層について見ると、次のような性向および性向語彙（ただし、名詞のみ）によって指示される人を、そのプロトタイプと認識している。

《乱　暴　者》──ゴンゾー（権蔵）・ゴンゾ・ゴンタレ・ゴンター・アバレモン（5語）
《頑　固　者》──ホガ・ホガモノ・ホガモン・ホガッポー・ホガッポーモノ・ホガッポーモン・ホガブツ・ホガジン・ホガパチ・カタクワ（片鍬）・カタクワモノ・カタクワモン・ガンコ・ガンコモノ・ガンコモン・ガンジー・ガングリ・ガングイモン・ガングイジーサン・ガングイバーサン・ワカラズヤ・イジハリ・イジバリ・イジッパリ・ゴージョッパリ・イッテツモノ・ヨコザベンケー（横座弁慶）・イップーリュー（一風流）・イップリュー・ヘンクツ・ヘンクツジーサン・ヘンクツバーサン・ヘンクツジン・ヘンクー・ヘンコツ（35語）
《ひねくれ者》──ネジ・ネジレ・ネジレモン・ネジクレ・ネジケモン・ヒネクレ・ヒネクレモン・ヒネクレヤ・ヘンクー（偏屈）・ハズレモン（10語）
《性悪な者》──コンジョーワル・ジョーワル・コンジョクサレ・シネワル（心悪か？）・ショーワル・アクショー・アク

ショーモン・イジクサレ（8語）

　《乱暴者》《頑固者》《ひねくれ者》《性悪な者》という四つの意味項目に所属する語彙は、＜優劣価値＞ではなく、明らかに＜善悪価値＞を表すものである。これら＜善悪価値＞を表す語彙は、一義的には＜他者の性格の悪さ＞を意味するが、その運用による社会的機能は＜性格の悪さ＞ゆえに、成員間の＜つきあい秩序＞をはなはだしく乱す記号的表象として措定し得よう。したがって、性向語彙のシステムによって明示される＜善悪価値＞は、基本的に＜社会的規範＞のうちの＜つきあい秩序・人間的秩序＞に関与するものとして位置づけることができる。

　また、中国・四国地方の広い範囲で、村落社会の＜つきあい秩序＞を乱す性向として、《嘘つき》の意味項目をあげる地点が少なくなかった。確かに、《嘘つき》は、村落社会内部の複雑に交差し合う人と人、人と集団とのネットワークの中で、円滑な人間関係を阻害する要因として作用したであろう。とりわけ、他者を騙すことを明確に意図して発された＜嘘＞が、濃密な人間関係と均質的な情報を基盤としていたかつての村落社会にあって、人の和を乱し、社会全体を混乱に陥れる要因として作用したであろうことは、容易に推測されることである。

　さらに、村落社会における＜つきあい秩序＞の維持がいかに重視されていたかを具体的に示すものとして、次のような事実を上げることができる。すなわち、本来、生まれつきの固定的な性格を表す「小心者・臆病者」「内弁慶な人」の二つの意味項目に、「オンビン・オンビンクソ・オンビンサク・オンビンナ」（岡山県小田郡矢掛町方言）のような、「穏便」を語源とする要素が認められるという事実である。この事実は、対人関係における＜つきあい秩序＞の円滑な推進がいかに強く意識されていたかを、明確に表象化するものであると言ってよかろう。

3．性向語彙における＜負性の原理＞

　方言性向語彙は、プラス評価対マイナス評価という二極対立構造を基軸として、中国・四国地方の多くの村落社会で100項目に近い性向に分節されており、評価の点で完全にニュートラルな性向を表す語彙は全く認められない[5]。そして、性向語彙の全体は、著しくマイナス評価の語彙を栄えさせるという方向へ展開しており、この現象を藤原が＜下降性＞という言葉を用いて説明したことは、すでに指摘したところである。その割合は、方言ごとに多少の異同が認められはするものの、プラス評価に所属する語彙に対して、マイナス評価に所属する語彙は、4ないし5倍量を示す。また、性向語彙を名詞に限定して、その量的な対立関係を見てみると、マイナス評価を表すものの割合がさらに高くなり、7ないしは8倍量を示すという事実が認められる。当然のことながら、それらの現象と並行して、マイナス評価の性向を指示する意味項目の数が極めて多くなっているのである。

　鳥取県倉吉市生田方言について見ると、プラス評価を表す意味項目の数は19項目に過ぎないが、マイナス評価を表す意味項目の数は67項目を数え、マイナス評価を表す意味項目が著しく卓越しているのである。しかも、マイナス評価の意味項目に限って、評価の程度性を拡大方向へ細分化するという現象が、広く中国・四国地方の全域に認められるのである。そのプロトタイプは、離島でわずか1集落しか存しない山口県防府市野島方言に求めることができる。野島集落の中年層以上の男女は、たとえば「嘘つき」を指示する意味項目のうち、最も盛んに使用する①「チョレン」を基本として、②「アカチョレン」（チョレンよりも程度のひどい嘘つき）⟶③「イキチョレン」（「アカチョレン」よりもさらに程度のひどい嘘つき）⟶④「オーチョレン」（最も程度のひどい嘘つき）のように、嘘つきの程度性を4段階に分節しているのである[6]。

　したがって、性向語彙がプラス評価対マイナス評価という二極対立構造を基軸とするといっても、それは均質的に張り合う単純な二極対立の関係構造

を示すものではなく、負の方向へ著しく傾斜した＜負性の原理＞を示すものである。

このような現象が認められるのは、おそらくマイナス評価の性向に関して、それだけ明確な概念化の集合意識が働いたものと解することができるであろう。また、その前提として、集団的規範（社会的規範）に適合する態度や振舞いは当然のことと解釈されて無標となり、社会的規範から逸脱する性向が焦点化されて有標となるという、認識の基本モデルが働いたものと理解することができよう。

このように理解することが可能であるとして、それではなぜ、著しいマイナス方向への傾斜を示す性向語彙が、村落社会における＜社会的規範＞としての価値体系として機能し得たのか、という大きな問題が残る。この問題を＜ヨコ性の原理＞と関連づけて検証することは後の章にまわし、ここでは「仕事に対する態度に関する」性向語彙を取り上げ、＜ウチなる世間体＞との関係性について言及してみることにしたい。

＋Ａ．仕事に対する意欲・能力のある人	−Ａ．仕事に対する意欲・能力に欠ける人
（1）働き者	（1）怠け者・仕事をしない人
（2）仕事の上手な人	（2）仕事の下手な人
（3）仕事の速い人・要領のよい人	（3）仕事の遅い人・要領のわるい人
（4）仕事を丁寧・丹念にする人	（4）仕事を雑にする人
（5）丁寧すぎる人	（5）仕事を投げやりにする人
（6）辛抱強い人	（6）仕事の役に立たない人
（7）人一倍仕事に熱中する人	（7）放蕩者

中国・四国地方の村落社会で使用される「仕事に対する態度に関する」性向語彙は、意味的観点から基本的に、上に示したような分類枠に整序することができる。

この分類枠の中に、「働き者」「怠け者」をはじめとして、「仕事の速い人・要領のよい人」「仕事の遅い人・要領のわるい人」、さらには「仕事を投げ

やりにする人」「仕事の役に立たない人」などを指示する意味項目が含まれていることが注目される。これらの性向を意味する語彙が、中国・四国地方や九州北部の村落社会に共通して認められるということは、近世から近代にかけて長く続いた村落社会における共同労働の慣行がその背景に存したことを意味するものであろう。農作業や漁労をはじめとして、道普請、屋根葺き、橋の架けかえ、さらには晴の場における儀礼にいたるまで、すべて集落の成員が共同で行ったという事実を看過するわけにはいかない[7]。なぜなら、仮に、家単位に労働に従事していたのであれば、仕事に対する意欲や能力をこれほどまでに細かく分節して呼び分け、それによって成員個々の意欲や能力の違いを共通に認識する必要性は全くなかったはずである。

したがって、「仕事に対する態度に関する」性向語彙とその分類枠は、共同労働を基盤として形成されたものであり、＜労働秩序＞の維持という社会的規範の記号的システムとして作用するものである、と考えられる。言い換えれば、個人や個々の家を越えて、村落社会の成員全員が共通に獲得し、認識している、明文化されざる社会制度である、と言うこともできる。

さて、「仕事に対する態度に関する」性向語彙も、マイナス性向を表す語彙が栄えており、たとえば広島県比婆郡東城町川東集落においては、プラス性向とマイナス性向の語数が次のような割合を示している。

　　「仕事に対する意欲・能力のある人」——50語
　　「仕事に対する意欲・能力のない人」——84語

また、「働き者」と「怠け者」の二つの意味項目について、名詞語彙に限定して比較するならば、次に示すように「怠け者」の語数が「働き者」のそれよりも3倍も多くなっている[8]。

　　「働き者」——7語
　　「怠け者」——21語

共同労働の場で、「ダラズ」「ダラズモン」「ダラヘー」「クソダラズ」「ズボラモン」「ズボラコキ」「オーチャクタレ」「グーダラ」「グーダラベー」（いずれも「怠け者」の意、川東方言）などの語彙によって、「人なみ」以下

の仕事しかしないのを一度ならず糾弾されることを経験すれば、誰しも「怠け者」ではいられなくなることを強く自覚したはずである。その際、重要なポイントになったのは、まわりの人々の眼差しを意識して＜恥じる＞という、日本人に普遍的に浸透している「恥」の意識であったと考えられる。とりわけ、人間関係の濃密であったかつての村落社会にあっては、＜世間体＞の主要な形成要因である「恥」の意識が格段に強く働いたものと推測される。たとえ、親しい人から冗談まじりに次のように言われたとしても、まわりに何人かの人がおれば、当の本人は単なる冗談やからかいとして軽く受けとめることはできなかったであろう。

○オマエワ　ダラヘージャ　ノー。
　お前はダラヘーだねえ。　　　　　　　　　　　　　　　　（老男）
　＜「ダラヘー」の「ヘー」は男性の名前である「兵助」「平衛門」などの「兵」「平」に由来するものと考えられる＞
○グーダラベーガ　アサ　ハヨーカラ　シゴト　ショール　ノー。
　グーダラベーが朝早くから仕事をしているねえ。　　　　　（中男）

ましで、これらの語彙は、共同労働の場よりもむしろ日々の生活において、いわば陰口として使用されることの方がはるかに多かったと言う。それゆえ、戦前までのいわば擬似家族的とも言ってよい村落社会に生きていた成員は、常に他者からの評価の眼差しを直接的ないしは間接的な形で意識せざるを得なかったのである。しかも、それは単なるイメージとしてではなく、成員が共有している性向語彙を通して、具体的かつ明確な形で意識せざるを得ない状況に置かれていたのである。
　＜負性の原理＞を示す性向語彙とそのシステムが、濃密な人間関係を損なうことなく、＜社会的規範＞として機能し得た要因の一つは、「世間」の眼を恥じて、社会制度としてのプラスに評価される態度や振舞いを誰しも指向せざるを得なかったという点に求められるであろう。そして、そのような指

向性が強く作用することによって、＜つきあい秩序＞や＜労働秩序＞が維持され、村落社会の安寧が保持されたものと考えられる。その意味で性向語彙は、地域社会の成員が等しく共有化していた、自らが生きる社会環境（村落社会）にいかに適応すればよいかを具体的に示す、言語的指標とその全体的システムである、と規定することもできる[9]。

木村礎は、近世において領主の秩序は行政的秩序であり、「掟」として成文化されたが、＜村の秩序構成＞はついに成文化されることがなかった理由について、次のように述べている。

　　共同体の秩序において中心をなすものは、＜生産を維持するための秩序＞と＜ツキアイに関する秩序＞であった。こうした秩序は、成文化する必要もないほど周知のものであった[10]。

木村も言うように、「秩序そのものは成文化する必要もないほど周知のものであった」としても、問題はその秩序がなぜ成文化する必要もないほど周知のものとなり得たのか、そして何によってその秩序が長年にわたって円滑に維持され、機能し得たのかということである。＜生産を維持するための秩序＞と＜ツキアイに関する秩序＞を円滑に維持し、機能させるためには、個々の成員が実に多くの知識を共有化することが必要とされたはずである。しかし、この点について、木村は何も指摘していない。

筆者は、村落に生きる成員が性向語彙という記号システムを等しく獲得し、それが日常化し得ていたからこそ、独自の機能と運動を持つ社会的有機体としての村落が、大きな混乱をはらむこともなく、今日まで存続し続けてきたものと考える。

4．たてまえと本音

ところで、方言性向語彙が顕著な＜下降性＞の実態と構造を示す別の要因として、他者の眼差しを明確に意識し、自らの態度や行動を謙遜して表現す

るという、いわゆる＜たてまえ＞の発現において、マイナス評価の性向語彙が実に巧みな効果を発揮したということが考えられる。

たとえば、広島県備後地方に盛んな「ザマクモン」（仕事の仕方が雑な人）や広く中国・四国地方の全域で聞かれる「ブチョーホーモン」（「ブチョーモン」とも、不器用な人・家の内外の後かたづけがわるい人）などの言葉を、＜ウチなる世間＞や＜ソトなる世間＞の他者に対して次のように使用するとき、これらの言葉の本来的なマイナス評価のニュアンスは極めて希薄となり、限りなくプラス評価に接近する。

○ワシャー　ザマクモンデ　シゴトオ　スルタンビニ　ホカノ　シューニ　メーワクバー　カケトリマス　ワイ。
　　私はザマクモンで、仕事をするたびに他の人たちに迷惑ばかりかけていますわ。　　　　　　　　　　　　（老男）＜広島県府中市本谷＞
○ワシャー　ブチョーホーモンデスケー。イエンナカー　コガイニ　チラカシトリマス　ワイナー。
　　私はブチョーホーモンですから。家の中をこんなに散らかしておりますわねえ。　　　　　　　　　　　（老女）＜鳥取県倉吉市生田＞

また、次のような例も同様である。

○ワシャー　タノモトガエルジャケー　ノー。セケンノ　コトガ　ヨーワカラン。
　　私はタノモトガエル（ウチなる世間からソトへあまり出たことのない人を、いつも同じ田の側にいる蛙に見立てた隠喩）だからねえ。世間のことがよく分からない。　　　　　　　（老男）＜島根県那珂郡金城町今田＞
○ワシワ　オトコノクセニ　シャベリジャ　ユーテ　ミナカラ　ユワレマス　イネ。
　　私は男のくせにシャベリ（おしゃべり）だと皆から言われますよ。

(老男)＜山口県防府市野島＞

　これらの言葉が差し向けられた＜受け手＞は、それが本音ではなくたてまえに基づく＜謙遜＞や＜へりくだり＞であることを十分承知しながらも、そこから決して本来的なマイナス性向の意味を理解することはしないであろう。話し手と聞き手の間に、このような性向語彙の使用と理解、すなわち一種の解釈学的アプローチが成立するところにも、地域生活者、ひいては日本人が＜世間体＞の中で生きてきた、そして現に生きていることの具体的な証が認められるのである[11]。

注
1）室山敏昭『生活語彙の構造と地域文化―文化言語学序説―』（1998、和泉書院）。
2）兵庫県明石市大久保西島方言では、「集落内での人づきあいをしない人」を「セケン　セマイ　ヒト」と呼び、沖縄県国頭郡伊江村西江上方言では「シキングトゥ　ツァーヌ　チュー」（世間ごとをしない人）と言う。これらの事実から、今田集落における「セケンガ　セマイ」「セケンガ　ヒロイ」の「セケン」（世間）が＜ウチなる環境＞を指示することばであることが、より明確となる。なお、山形県東田川郡三川町方言で、「人づきあいのわるい人」を「ツドメ　ワリ　ヤツ」（世話になった家につきあいとして＜仕事の手伝い＞をしない奴）と表現し、広島市安佐北区白木町で、
　　○ツキアイデ　イチバン　タイセツナノワ　テマガエジャッタ　ノー。
　　　つきあいでいちばん大切なのはテマガエ（共同労働での手伝い）だったねえ。　　　　　　　　　　　　　　　　　　　　　　　　（老男）
という説明が得られているところから、かつての村落社会においては、＜つきあい＞と＜仕事の手伝い＞とが緊密に連関していたことが分かる。＜仕事の手伝い＞＜共同労働＞は、村落社会の成員がどうしても果たさねばならない公的なつきあいであり、いわゆる＜義理＞の世界に属するものであったと考えられる。
3）井上忠司『「世間体」の構造―社会心理史への試み』（1977、NHKブックス）。

4) 森口兼二によると、「罪」は「善悪価値の基準」に基づき、「恥」は「優劣価値の基準」に基づく、と定義されている（「自尊心の発達段階における罪と恥」『京都大学教育学部紀要』9、1963）。
5) 注1）に同じ。なお、室山敏昭『生活語彙の基礎的研究』(1987、和泉書院) も参照されたい。
6) 室山敏昭「瀬戸内の一島嶼における生活語彙と環境―環境言語学の一つの試み―」(室山敏昭・藤原与一編『瀬戸内海圏　環境言語学』1999、武蔵野書院)。
7) 木村礎『近世の村』(1980、教育社)、富永健一『社会学講義―人と社会の学』(1995、中公新書)、鈴木栄太郎『日本農村社会学原理』(1968、未来社)、宮本常一『ふるさとの生活』(1986、講談社学術文庫)、塚本学他編『日本歴史民俗論集4　村の生活文化』(1993、吉川弘文館) などを参照されたい。
8) 室山敏昭「広島県比婆郡東城町川東大字川東方言の性向語彙」(広島大学文学部内海文化研究施設『内海文化研究紀要』第17号、1989)。
9) 注1）に同じ。
10) 木村礎『近世の村』(159ページ、1980、教育社)。
11) また、このような性向語彙の使用は、基本的に自己抑制として働き、多様な場面において他者との好ましい人間関係の形成・維持のために機能することになる。逆に、プラス評価の性向語彙を自己言及的に使用する場合は、聞き手に尊大な感じを与えることになるため、よほどくだけた場面を除いて、意識的に避けられる。要するに、相手依存の自己規定である。方言性向語彙は、＜社会的規範＞の言語的表象という価値的意味システムを基本とするものの、その一方で＜相手依存＞の言語的自己規定という意味機能をになうものである。これを仮に、＜性向語彙の両義性＞と呼ぶことにする。

第3章 方言性向語彙の構造と意味

1. 方言性向語彙研究の回顧

　藤原与一が＜方言性向語彙＞を発見した後、どのようなプロセスを経て方言性向語彙の構造と意味が明らかにされることになったかを、まず最初に研究史を回顧する形で簡単に説明しておきたい。

　藤原が『方言学』[1]において、郷里方言の性向語彙を分類し、簡潔な記述を踏まえて性向語彙研究の意義を示唆したことに呼応する形で、広島大学方言研究会は、その機関誌である『広島大学方言研究会会報』の第13号（1969）、第14号（1969）、第15号（1970）、第16号（1970）の4号にわたって、「各地の性向語彙」を特集した。これは、藤原の分類体系に即して、日本各地の性向語彙を詳しく記述したものであって、各地の差異性と共通の特性を同一の基準によって客観的に把握、究明することを意図して編まれたものである[2]。

　この調査データに即して、筆者は「方言性向語彙の研究―『期待されざる人間像』の語彙への反映―」（『季刊人類学』第8巻第4号、1977、講談社、後に拙著『生活語彙の基礎的研究』に収録）という小論をまとめ、方言性向語彙に認められる生成・構造・運用に関する基本的な特性を抽出し、大略次の9項目に整理して示した。

(1) 性向語彙は人をけなす方向（マイナス評価）へ著しく展開している。
　　──→下降性傾斜の原理（負性の原理）
(2) 性向語彙は基本的に「プラス評価⇔マイナス評価」の二極対立構造を示すものであって、中間的な無色透明の評価に属する語彙は認められない。──→二極対立構造の原理

(3) マイナス評価語彙は、その場に居合わさない他者の性向を評価する場合に使用することが一般的である。そのことによって、話し手と聞き手とは他者を低く評価する分だけ心理的に親密になり、また上昇することになる。──→間接的運用の原理、話し手・聞き手の一体的上昇志向性

(4) マイナス評価語彙は相手がとりわけ親しい人、心を許せる人であることを前提として使用される。──→相手依存型の甘え、親密な人間関係の維持・強化

(5) ごく親しい人に向かって、プラス評価語彙を他者を評価するために使用する場合には、意味作用がマイナス方向へ転移することが少なくない。──→意味作用の下降性転移の傾向

(6) 多くの方言において、「出しゃばり」「誇大家」「冗談言い」「滑稽人」の意味作用がマイナス評価に所属し、しかも多くの語彙を栄えさせていることによって、対人評価意識は人目に立つ言動、積極的な言動を抑制する方向へ作用しがちであることが知られる。──→「出る杭は打たれる」「謙譲の美徳」

(7) 地域社会の人々が特に強くマイナスに評価している性向は、次の四つのグループである。①「なまけ者・横着者・放蕩家」「不精者」「ゆっくり屋・ぐずぐずする人」、②「意地わる・性根わる」「はらたて・ひねくれ」「ふへい家・ぶつくさ言い」、③「誇大家・滑稽人・冗談言い」「出しゃばり・見えぼう」、④「吝嗇家・欲ばり」「いちがい者」。

(8) (7)から理解することのできる「期待されざる人間像」(社会的規範から逸脱する人間像)のうちには、実は、「勤勉実直な性格で、人づきあいがよく、上質温厚で、万事に控え目な人」という、地域社会が長年にわたって理想としてきた＜理想的人間像＞が隠匿されている。──→勤勉主義・和の尊重・強い集団主義・謙譲志向

(9) 対人評価意識は客観的・論理的方向へは拡大されにくく、主観的・情緒的方向へ拡大されやすい。──→擬似家族的心理・パトス的展開

その後も、中国・四国地方を中心として、広島大学方言研究会、広島大学

文学部内海文化研究施設、ならびに筆者などの調査、研究活動が継続的に推進され、以下のような研究成果が学界に公表された。

1．渡辺友左「親族語彙と親族名称―福島北部方言のオジ・オバ名称の場合―」(野元菊雄・野林正路監修『日本語と文化・社会』2、三省堂、1974)
2．室山敏昭「方言性向語彙の意味構造についての一試論」(拙著『方言副詞語彙の基礎的研究』所収、1976、たたら書房)
3．同　　　『中国地方方言の性向語彙研究序説』(『広島大学文学部紀要』第39巻、特輯号1、1979)
4．広島大学方言研究会『島根県那珂郡金城町今田方言の性向語彙』(『広島大学方言研究会会報』第26号、1981)
5．室山敏昭「中国地方方言における性向語彙の地域性」(『土井忠生先生頌寿記念論文集　国語史への道』上、三省堂、1981)
6．同　　　「中国地方方言の性向語彙―『短気者』の意味分野について―」(『国語国文』第48巻第12号、1982)
7．同　　　「中国地方山陰方言と山陽方言の性向語彙の地域性―『仕事に対する態度』に関する意味分野について―」(『方言研究年報』第28巻、和泉書院、1985)
8．同　　　『生活語彙の基礎的研究』(1987、和泉書院)
9．同　　　「広島県方言の性向語彙資料」(広島大学文学部内海文化研究施設『内海文化研究紀要』第15号、1988)
10．同　　　「中国地方方言における性向語彙の接尾辞の構造」(『方言研究年報』第30巻、和泉書院、1988)
11．同　　　「広島県比婆郡東城町川東大字川東方言の性向語彙の構造」(『内海文化研究紀要』第17号、1988)
12．井上博文・上野智子・室山敏昭「瀬戸内海域方言における性向語彙の地域性と変容に関する調査研究（その1）」(『内海文化研究紀要』第17

号、1988)

13. 広島大学方言研究会『岡山県浅口郡鴨方町六条院方言の性向語彙』(『広島大学方言研究会会報』第30号、1991)
14. 佐藤虎男「瀬戸内海東部域の言語流動に関する一考察―性向語彙に注目して―」(『瀬戸内海における東西、南北交流の総合的研究』平成元年度科学研究費補助金＜総合A＞『研究報告書』1991)
15. 藤原与一『小さな語彙学』(1991、三弥井書店)
16. 井上博文「大分県東国東郡姫島村方言に於ける方言性向語彙資料」(『内海文化研究紀要』第21号、1992)
17. 室山敏昭「方言性向語彙の派生構造とその規定要因―山口県防府市野島方言について―」(『小林芳規博士退官記念 国語学論集』1992、汲古書院)
18. 同 「方言性向語彙における比喩の生成と構造―山口県防府市野島方言の場合―」(『国文学攷』第132・133合併号、1992)
19. 同 「中国地方方言の性向語彙資料（Ⅰ）―広島県方言の性向語彙（その一）―」(『内海文化研究紀要』第22号、1994)
20. 同 「中国地方方言の性向語彙資料（Ⅱ）―広島県方言の性向語彙（その二）―」(『内海文化研究紀要』第23号、1995)
21. 同 『生活語彙の構造と地域文化―文化言語学序説』(1998、和泉書院)
22. 同 「瀬戸内の一島嶼における生活語彙と環境―環境言語学の一つの試み―」(室山敏昭・藤原与一編『瀬戸内海圏 環境言語学』1999、武蔵野書院)
23. 上野智子「四国南部方言の性向語彙―高知県安芸市方言と愛媛県宇和島市方言との比較―」(室山敏昭編『方言語彙論の方法』2000、和泉書院)
24. 灰谷謙二「島根県隠岐郡五箇村方言の性向語彙における造語法（2）―形容詞と形容動詞の語形成法―」(『国文学攷』第165号、2000)

一方、渡辺友左は、国立国語研究所在任中、主に東京語や福島県下の性向

語彙を対象として、評価意識、使用意識、意味変化などを中心に、言語社会学的見地から精緻な分析、考察を行い、『社会構造と言語の関係についての基礎的研究（1）』(1970、秀英出版)、『社会構造と言語の関係についての基礎的研究（3）』(1973、秀英出版)にまとめて、その研究成果を公表した。そして、日本人の対人評価意識の解明、ひいては日本人の人間観を科学的な手法で客観的に究明するためには、性向語彙を対象化して研究を推進することが重要であることを強調したのである。

2．方言性向語彙の概念カテゴリー（シソーラス）

　これらの研究成果の蓄積によって、藤原が『方言学』の中で提示した性向語彙の分類システム（カテゴリー化）は大幅に拡張され、概念体系を骨格とするより整合的な分類システムに改変されることになった。その第一次案が、先に研究成果の4に挙げた「今田方言の性向語彙」の記述に適用された分類システムである。この分類システムは、66の意味項目のうち18の意味項目について、50の下位項目（サブ項目）が設定され、上位項目と下位項目とを合わせると、全体が116の意味項目からなる重層的な分類システムとなっている。これは、今田方言の調査結果に基づいて構築された概念カテゴリーであり、その構築には主として上野智子、久木田恵の両名と筆者が当たった[3]。

　ところで、概念体系としてのシソーラスは、可能なかぎり多くの項目を、科学的な方法によって立てられた分類原理にしたがって分類し、全体の階層構造の中に矛盾なく、しかも合理的に位置づけることができるような体系の枠組として構築されなければならない。調査を重ねることによって、さらに多くのデータが得られ、新しい意味項目を設定する必要が生じた場合、その意味項目の位置が合理的に定められるような全体システム（全的な有機的構造）でなければならない。

　今田方言の性向語彙の分類体系は、下位の意味項目においてはその全体が漏れなく尽くされている。しかも一々の意味項目が、たとえば、［1］働き者、［2］怠け者、［3］おおざっぱな人、［4］ていねいにする人、あるい

は［15］大胆な人、［16］親分肌の人、［17］世話ずきな人、［18］冒険家のように、類義と対義を二つの基本軸として、前後に意味項目相互の緊密な関連性をたどることができるように配列されている。また、プラス評価の意味項目を先に、それと対義関係を形成するマイナス評価の意味項目をすぐその後に挙げて、評価の観点からも意味項目相互の緊密な関係性が理解できるように配慮されている。したがって、示された意味項目全体の関係性をたどることによって、今田集落の成員の対人評価の着眼点（関心の焦点）、言い換えれば、他者と自己に関わる性向認識の細密なカテゴリーの全体性を具体的に理解することが可能なものとなっている。

しかしながら、今田方言の性向語彙に認められる分類体系の最大の問題点は、性向語彙の全体が意味項目を単位として、基本的には一元的なシステムとして示されているため、プラス評価語彙とマイナス評価語彙の二極対立構造のシステムや、性向語彙が大きくはいくつの意味分野に分節されるかといった、全体的な構造枠組が見えにくいという点であろう。

筆者が『内海文化研究紀要』第15号に示した「性向語彙のシソーラス」は、このような難点を解消するために、意味と評価の二つを基軸として統合化を図り、全体をまず「Ⅰ．動作・行為の様態に関するもの、Ⅱ．言語活動の様態に関するもの、Ⅲ．精神の在り方に関するもの」という三つの意味分野に大きく分節し、各意味分野の内部を４段階からなる階層構造に組み替え、全体を立体的な構造体として構築したものである。

次に示すものは、その後の調査結果に基づいてさらなる検討を加え、かなり大幅な修正を施したものである[4]。

Ⅰ．動作・行為の様態に関するもの
　Ⅰa．仕事に対する態度に関するもの
　　A．仕事に対する意欲・能力のある人
　　　（1）働き者
　　　（2）仕事の上手な人
　　　（3）仕事の速い人・要領のよい人
　　　（4）仕事を丁寧・丹念にする人
　　　（5）丁寧すぎる人
　　　（6）辛抱強い人
　　　（7）人１倍仕事に熱中する人
　　B．仕事に対する意欲・能力に欠ける人
　　　（8）怠け者・仕事をしない人
　　　（9）仕事の下手な人

(10) 仕事の遅い人・要領のわるい人
(11) 仕事を雑にする人
(12) 仕事を投げやりにする人
(13) 仕事の役に立たない人
(14) 放蕩者
Ⅰb．具体的な動作・行為の様態を踏まえた恒常的な性向に関するもの
　A．対人関係を前提としないもの
　　＜きれいずきな人＞
(15) きれいずきな人
(16) 特別にきれいずきな人
　　＜汚くしている人＞
(17) 片付けのわるい人
(18) 不精者
　　＜ものごとに動じない人＞
(19) 沈着冷静な人・落ち着いた人
(20) のんきな人
(21) 大胆・豪胆な人
(22) 図太い人
(23) 横柄な人・生意気な人
　　＜ものごとに動じやすい人＞
(24) 落ち着きのない人
(25) じっとしていられないであれこれする人
(26) 気分の変わりやすい人
(27) 小心な人・臆病な人
(28) 内弁慶な人
(29) 外では陽気だが家では無口な人
(30) 極端に遠慮する人
　　＜乱暴な人＞
(31) いたずらもの
(32) 乱暴な人
(33) 腕白小僧・始末に負えない子
(34) お転婆
(35) わがままな子
　　＜軽率な人＞
(36) 調子乗り・おっちょこちょい
(37) 滑稽なことをする人
　　＜好奇心の強い人＞
(38) 物見高い人
(39) 冒険好きな人
(40) 出歩くのが好きな人
　　＜感情表出に偏向のある人＞
(41) 怒りっぽい人
(42) 涙もろい人
(43) よく泣く人
(44) いつもにやにやしている人
　　＜気温に対して偏向のある人＞
(45) 寒がりな人
(46) 暑がりな人
　　＜飲食に偏向のある人＞
(47) 大食漢
(48) いじきたない人
(49) 食べるのが特別早い人
(50) 大酒飲み
(51) 酒を飲まない人
(52) 酔っぱらってからむ人
　　＜金品に執着する人＞
(53) 欲の深い人
(54) けちな人・しみったれ
(55) 倹約家
(56) 浪費家
(57) 道楽者
　B．対人関係を前提とするもの
(58) 世話好きな人
(59) 出しゃばり・お節介焼き
(60) 愛想のよい人
(61) 無愛想な人
(62) 見栄を張る人
(63) 自慢する人
(64) 気がきく人
(65) 気がきかない人
Ⅱ．**言語活動の様態に関するもの**
　Ⅱa．口数に関するもの
(66) 口数の多い人・おしゃべり
(67) 無口な人

　　　　(68) 口の達者な人・能弁家
　　　　(69) 口下手な人
　Ⅱb．言動活動の内容に関するもの
　　　＜真実でないことを言う人＞
　　　　(70) 嘘つき
　　　　(71) 口のうまい人・口からでまか
　　　　　　せを言う人
　　　　(72) 誇大家
　　　　(73) 冗談言い
　　　＜心にもないことを言う人＞
　　　　(74) お世辞言い
　　　　(75) お追従言い
　　　＜性悪なことを言う人＞
　　　　(76) 悪意のあることを言う人・毒
　　　　　　舌家
　　　　(77) 口やかましい人
　　　　(78) 他人のことに口出しする人
　　　　(79) 不平を言う人
　　　　(80) 理屈っぽく言う人
　Ⅱc．言語活動の在り方に関するもの
　　　　(81) 評判言い
　　　　(82) 言葉使いが乱暴な人

Ⅲ．精神の在り方に関するもの
　Ⅲa．固定的な性向に関するもの
　　　　(83) 堅物
　　　　(84) 強情な人・頑固者
　　　　(85) 厳しい人
　　　　(86) 優しい人
　　　　(87) 陽気な人
　　　　(88) 陰気な人
　　　　(89) 勝ち気な人
　　　　(90) すぐに泣き言を言う人
　Ⅲb．知能・知識の程度に関するもの
　　　＜賢明な人＞
　　　　(91) 賢い人・思慮分別のある人
　　　　(92) ずる賢い人
　　　　(93) 見識の広い人
　　　＜愚かな人＞
　　　　(94) 馬鹿者
　　　　(95) 世間知らず
　　　　(96) 人づきあいのわるい人
　Ⅲc．人柄の善悪に関するもの
　　　＜人柄のよい人＞
　　　　(97) 人格の優れた人
　　　　(98) あっさりした人
　　　　(99) 誠実な人・実直な人
　　　　(100) 穏和な人・いわゆる善人
　　　＜人柄のわるい人＞
　　　　(101) 不親切な人
　　　　(102) ひねくれ者
　　　　(103) しつこい人
　　　　(104) 厚かましい人・図々しい人
　　　　(105) 気難しい人
　　　　(106) 情け知らずな人

　さて、上に示した「性向語彙のシソーラス」は、次のような操作方法によって構築したものである。
　(1)　広島県下の13地点および鳥取県下、愛媛県下の各2地点で採録し得たデータを、すべて均質の資料として処理した。個々の言語社会、方言社会の性向語彙は、それぞれの地域社会の生活史を背景とする独自の社会環境、生活環境の特性に即して、あくまでも得られたかぎりの語彙について、全体の構造を構築し、その特色を語らなければならない。調査を

行った17地点は、生活環境も異なり、得られた語彙量や意味項目の数にも多少の異同が認められる。にもかかわらず、17地点のデータをすべて均質のものとして処理したのは、概念体系は個々の言語社会、方言社会の差異性を超えた、一般的、普遍的な共通性に重点を置くとする、通念にしたがったわけである。

(2)　まず、17地点で得られたデータの総体を対象とし、先に説明した今田方言の意味項目を参照して、意味項目レベルでの全体的な分節を行い、各意味項目におけるプロトタイプの要素に共通する意義特徴を確認した。ついで、複数の意味項目に共通する連合的意義特徴（統合的意義特徴）に注目して、第一次の類化を行った。この手続きをすべての意味項目にわたって繰り返し適用することによって、全体の意味項目を統合するための、それぞれのレベルにおける概念枠（意味分野）を設定した（第二次の類化）。すなわち、すべての意味項目を、いわゆる上昇的統合の方法[5]によって、立体的に構造化したわけである。さらに、このようにして構造化された概念体系を、プラス評価の性向とマイナス評価の性向の対立関係に即して、全体的な整合化を図った。

(3)　これによって、「動作・行為の様態に関するもの」「言語活動の様態に関するもの」「精神の在り方に関するもの」という三つの概念枠を最上位とし、全体がプラス評価・マイナス評価によって、基本的には二極対立の関係を形成する、4段階のレベルからなる階層構造を構築することができたのである。

　さらに多くの地域言語を対象化して、このような試みを実践し、より高度の一般性と普遍性、さらには客観性に支えられた「性向語彙のシソーラス」を構築することができたならば、単に、日本語方言における性向語彙の体系比較のための公準が得られるだけでなく、世界の諸言語の性向語彙との比較対照研究への途を開くことが可能になると考えられる。それによって、各民族の集合的パーソナリティーの社会的規範や労働に対する価値観などに関して、相互の差異性や類同性を単に客観的なだけでなく、精緻なレベルにおい

て究明するための確かなメジャー（概念枠組と分析枠組）が得られることになると考えるのである[6]。

しかし、ここで注意しておかなければならないことは、個々の方言社会における性向語彙の意味体系は、先に示した「性向語彙のシソーラス」の中に、得られたデータを単に位置づけることによって、ただちに帰納されるものではない、ということである。単に位置づけるだけでは、語彙の分類は果たされても、意味体系を骨格とする語彙体系は得られない。個々の方言の具体的で精密なデータに即して、概念度の高い分類体系の内部をさらに細分化し、経験的・個別的な意味体系へと改変しなければならない。その分析操作を経てはじめて、個々の方言社会における性向語彙の意味体系を構築することが可能となるのである。この点に関して筆者は、すでに『生活語彙の構造と地域文化―文化言語学序説』(1998、和泉書院) に収録した「方言性向語彙のシソーラスと意味体系」によって、今田方言の「おしゃべり」の意味項目を対象化して、詳しい検証を試みている。また、本書の最後に加えた「付章」も併せ参照されたい。

それともう一点は、「性向語彙のシソーラス」というスタティックなシステムを、一々の意味項目が最上位の概念枠の内部で、あるいは各概念枠の別を超えて、他の意味項目といかなる意味的連関性を示すかという、意味項目相互の複層的かつ動的なネット・ワークに変換するということである[7]。

各意味項目が、最上位の概念枠の別を超えて、他の意味項目といかに緊密に連関するかを見ることによって、人々がカテゴリーを異にする性向をどのように連関づけており、その背景にどのような生活史的現実が存したのかという、興味深い問題の解明に我々を誘ってくれるのである。その1例を今、広島県比婆郡比和町古頃方言に求めることにしよう。

古頃方言では、「仕事の役に立たない人」を表す意味項目に所属する15語のうち、次に示す7語（46.7％）が「馬鹿者・知恵の足りない人」の意味項目にも共通して現れるのである。

ボンヤリ・ボンヤリサン・ボヤスケ・ボケ・ボケナス・ウスノロ・ボンクラ

　また、山口県防府市野島方言では、「ヤクタタズ」（役立たず、仕事の役に立たない人）という語が、「仕事の役に立たない人」と「馬鹿者・知恵の足りない人」の二つの意味項目に共通して出現するのである。
　これらの事実は、二つの意味項目が緊密にリンクしており、「知能の劣る人」も村落社会における共同労働の場に参加するものの、平準的な能力の欠落した成員として認識されていたことを明確に物語るものであろう。さらに注目されることは、村落社会における共同労働が、後に改めて詳しく検証するように、「能率主義・効率主義」を至上価値とし、「仕事の役に立つ／立たない」という準拠枠によって成員が弁別されていたことを示唆するという事実である。そして、この事実は、たとえ、「仕事に対する意欲・能力に欠ける人」であっても、＜仕事の役に立つ人＞はすべて動員され、それぞれに適した役割を割り当てなければ、かつての共同労働を維持することが困難であったという事情を端的に物語るものであろう。
　かつての農業社会や漁業社会にあっては、田植えや共同で行う網漁において、「猫の手も借りたい」ほどの忙しさを乗り切るためには、「仕事の役に立たない人」をも組み入れて、すべての成員が共同労働という村落社会における秩序構成の維持に参加しなければならなかったのである。その歴史的慣行の表象が、「仕事の役に立たない人」と「馬鹿者・知恵の足りない人」の二つの意味項目の緊密なリンクに顕現していると言ってよいのではなかろうか。

3．性向語彙の量的構造

　性向語彙の量的構造について検討を加える前に、方言性向語彙が先に示したように106もの意味項目に分節し得ることの要因について、簡単に言及しておくことにする。方言性向語彙が106もの意味項目に分節し得るということは、地域生活者にとって、＜社会的規範＞としての＜労働秩序＞や＜つき

あい秩序＞が、成員が共有している性向語彙という記号システムに即して、いかなる状況下にあっても遵守可能なように、細分化しておく必要性の存したことを、明確に意味する事実であると見なすことができる。106もの意味項目からなる性向語彙という存在は、地域生活者が生きてきた村落社会を維持、存続させるための、極めて細密な＜書かれざる公準＞であったと言うことができよう[8]。

　近代以前の村落社会の中で生きてきた成員のほとんどは、周知のごとく漢文体で書かれた文章語とは無縁の生活を送ってきた。それゆえ、村落社会の成員を拘束する＜労働秩序＞や＜つきあい秩序＞をたとえ触書のような形に明文化して成員に示したとしても、それはほとんど意味をなさなかったものと考えられる。この点に関して、詳しくは藪田貫の「話しことばと古文書」（塚本学・福田アジオ編『日本歴史民俗論集4　村の生活史』1993、吉川弘文館）を参照されたい。

　方言性向語彙のシステムとその運用のメカニズムは、その意味で、ついに明文化（文書化）されることのなかった＜社会的規範＞であり、＜社会的公準＞であったと言ってよかろう。前近代において、極めて多くの村落社会が崩壊することもなく維持、存続し得たのは、すでに第2章においても触れたように、成員がそれぞれの村落社会に行われる方言性向語彙を共有化することによって＜社会的公準＞に従い、村落社会の存続を成員全員の至上価値と見なして生きてきたからにほかならない[9]。

　さて筆者は、過去25年来、部分的調査も含めると、中国・四国地方を中心とする約40地点で、性向語彙の調査を実施してきた。その中で、最も多くの性向語彙を採録することができたのは、島根県那珂郡金城町今田集落という、85戸からなる農業集落であり、総語数は約1300語である[10]。おそらく、100戸前後の伝統的なコミュニティにおいては、調査を徹底すれば、少なくとも1000語近くの語彙が得られるものと思われる。

　この10年間、先に示した106の意味項目からなる「性向語彙のシソーラス」に準拠して、ほぼ体系的な調査を行うことができた10地点と各地点で採

録し得た語数を示すと、以下のとおりである。
  (1)鳥取県倉吉市生田方言（教示者は老年層男性4名）————734語
  (2)鳥取県東伯郡赤碕町大字赤碕（老年層男性3名）————845語
  (3)広島県比婆郡東城町川東方言（老年層男性1名）————570語
  (4)広島県比婆郡比和町古頃方言（老年層男女6名）————820語
  (5)広島県三原市西野方言（中年層男性1名）————543語
  (6)広島県三次市向江田町和田方言（老年層男性2名）————734語
  (7)広島県賀茂郡河内町上河内方言（老年層男女4名）————876語
  (8)広島県廿日市市地御前方言（中年層以上の男女7名）————920語
  (9)山口県防府市野島方言（青年層以上の男女17名）————656語
  (10)愛媛県宇和島市川内薬師谷方言（老年層男性1名）————540語

　教示者の人数にかなりの出入りが存するため、地点によって語彙量のばらつきが大きくなっているが、わずか1名の教示者について調査した地点においても、500語をかなり上回る語数の得られている点が注目される。なぜ、地域社会においては現在もなお、これほどまでに多くの性向語彙が認められるのであろうか。

　この問題について考える前に、このように多くの語彙が「性向語彙のシソーラス」の中でどのような分析状況を示しているかを見ておくことにする。広島県三次市向江田町和田方言においては、以下に示すような分析状況が見て取られ、また他の9地点においてもほぼ同様の傾向性の存することが指摘される。

  Ⅰ．動作・行為の様態に関するもの（430語）
　　Ⅰa．仕事に対する態度に関するもの（138語）
　　　A．仕事に対する意欲・能力のある人（49語）
　　　B．仕事に対する意欲・能力に欠ける人（89語）
　　Ⅰb．具体的な動作・行為の様態を踏まえた恒常的な性向に関するもの
　　　　（292語）

Ａ．対人関係を前提としないもの（225語）
　　　Ｂ．対人関係を前提とするもの（67語）
　Ⅱ．言語活動の様態に関するもの（119語）
　　Ⅱａ．口数に関するもの（21語）
　　Ⅱｂ．言語活動の内容に関するもの（38語）
　　Ⅱｃ．言語活動の在り方に関するもの（60語）
　Ⅲ．精神の在り方に関するもの（185語）
　　Ⅲａ．固定的な性向に関するもの（30語）
　　Ⅲｂ．知能・知識の程度に関するもの（72語）
　　Ⅲｃ．人柄の善悪に関するもの（83語）

　ついで、和田集落で採録し得た性向語彙の実態に即して、プラス評価の意味項目数とマイナス評価の意味項目数の関係について見てみると、次のとおりである。

　　プラス評価の意味項目数―――19項目（19.8%）
　　マイナス評価の意味項目数――77項目（80.2%）

　また、プラス性向を表す語彙量とマイナス性向を表す語彙量の対立関係も、意味項目数の対立関係に即応して、マイナス性向を表す語彙量が圧倒的に多くなっている。

　　プラス性向を表す語彙量―――150語（20.6%）
　　マイナス性向を表す語彙量――584語（79.4%）

　さらに、プラス評価の意味項目とマイナス評価の意味項目は、基本的に二極対立構造を示しており、とりわけ、１ａの「仕事に対する態度に関するもの」と３ｂの「知能・知識の程度に関するもの」、３ｃの「人柄の善悪に関

するもの」の三つの意味的カテゴリーにおいては、緊密な対立関係が見て取られるのである。

　以上見てきたとおり、どの村落社会においても多くの性向語彙が認められ、全体がプラス評価対マイナス評価の二極対立構造を示すものの、語彙量・意味項目数のいずれも著しくマイナス評価の方向へ傾斜する＜負性の原理＞を示しているのである。

　それではなぜ、このような＜負性の原理＞による価値システムが、＜労働秩序＞と＜つきあい秩序＞を中核とする＜社会的規範＞として機能し得たのであろうか。この＜負性の原理＞という価値システムが、そのままの形で認識され、運用されるのであるならば、決して高い労働価値や複雑な人間関係における望ましい秩序維持の指標やシステムとして機能し得るはずはないであろう。そこには、おそらく＜負性の原理＞が地域社会にとって望ましい＜社会的規範＞として機能し得る、不可視的な構造や巧妙なメカニズムが埋めこまれていると考えるのが筋ではなかろうか。

　この問題に確かな答えを示すことは第5章の課題とし、性向語彙が評価軸によって基本的にプラス評価（望ましい性向）とマイナス評価（望ましくない性向）とに二分され、しかもマイナス評価の語彙量や意味項目が圧倒的に多く認められる理由について考えてみることにしたい。

　それは、性向語彙とそのシステムによって具体的に表象化される＜社会的規範＞は、＜労働秩序＞と＜つきあい秩序＞の維持において、＜望ましくない＞という行為選択を回避させるという形で機能しているのではなかろうか、ということである。その際、＜社会的規範＞は、成員に＜望ましくない＞行為選択が、成員に共通して＜望ましくない＞結果をもたらすという事前了解が、性向語彙の共有化によって形成されており、＜望ましくない＞選択を回避するように、行為選択を制御する。すなわち、性向語彙に見られる＜望ましくない＞行為選択の構成が、＜望ましい＞行為選択の現実性を常に保証するという仕方で、選択可能性が制御させているのではなかろうか。

　＜社会的規範＞においては、抑圧によって成員の意志を挫くというのでは

なく、相互に連関し、依存し合う＜集団我＞としての持続的な意志を育成する方向に、＜秩序構成＞は作動していると言われる。したがって、＜社会的規範＞は個々の成員に対して超越的に働き、自然、個々の成員の行為選択の＜自由度＞は低くなる。しかし、行為選択の無規制な＜自由＞を制限することによって、より＜統一的＞で＜安定した＞行為選択を可能にしているのである[11]。

すなわち、性向語彙とそのシステムによって、一定の行為選択が＜秩序構成＞＜秩序維持＞にとって＜望ましくない＞結果を生み出すことが事前に指示され、了解されていることから、行為選択のたびにあらゆることを顧慮する必要がなくなり（複雑性の縮減に適切に作用し）、成員相互が安定した条件のもとでより＜統一的＞な行為選択を可能にする基盤が、事前に保証されていることになる。

地域社会の成員にほぼ共有化されている性向語彙とそのシステムは、＜望ましくない＞という行為選択を客観的な基準により＜統一的＞に回避させるために、＜負性の原理＞という基盤を構成し、それが地域社会の＜秩序構成＞＜秩序維持＞に適切に作動することによって、村落社会の維持あるいは強化を保証してきたのである。この＜負性の原理＞による＜事前の保証＞という成員間の了解があったからこそ、成員個々の意志は常に＜社会的規範＞に収斂されてきたのだ、と言ってよかろう。

4．性向語彙における
＜過小価値＞＜指向価値＞＜過剰価値＞

先に示した「方言性向語彙のシソーラス」は、すでに述べたように、その全体が基本的にはプラス評価とマイナス評価という評価軸によって、二極対立の構造を示すものである。しかし、広島県下の13地点および鳥取県下、愛媛県下の各2地点で調査したデータを詳しく解析すると、方言性向語彙のネット・ワークの全体が単純に＜二極対立の構造＞からなっていると理解するのには問題の存することが分かってきた。

```
┌─────────────────────────────────────────────────────────────┐
│ A．仕事に対する意欲・能力のある人    B．仕事に対する意欲・能力に欠ける人 │
│ ＋1．働き者                       －1．怠け者・仕事をしない人      │
│ ＋2．仕事の上手な人                －2．仕事の下手な人            │
│ ＋3．仕事の速い人・要領のよい人      －3．仕事の遅い人・要領のわるい人  │
│ ＋4．仕事を丁寧・丹念にする人        －4．仕事を雑にする人          │
│ ＋5．丁寧すぎる人                  －5．仕事を投げやりにする人       │
│ ＋6．辛抱強い人                    －6．仕事の役に立たない人        │
│ ＋7．人１倍仕事に熱中する人          －7．放蕩者                  │
└─────────────────────────────────────────────────────────────┘

　今、この問題を、「性向語彙のシソーラス」の全体について、一挙に検証する余裕がないので、Ｉaの「仕事に対する態度に関する性向語彙」の意味分野と「きれいずきな人」（意味項目番号15・16）と「汚くしている人」（意味項目番号17・18）の四つの意味項目の対立関係に限定して、検討を試みることにしたい。

　広島県下の13地点で統一調査を実施するに当たって、筆者は「仕事に対する態度に関する」性向語彙の概念枠組を上に示したように規定していた。

　ところが、調査を進める過程において、プラス評価に位置づけた「丁寧すぎる人」「人一倍仕事に熱中する人」という二つの意味項目においては、「アンゴーテーネー」「アホーテーネー」「バカテーネー」「バカテーナ　ヒト」（以上、「丁寧すぎる人」）、「ガリ」「ガリガリ」「クソガリ」「ガシ」「ガシンタレ」「ノボセ」「ノボセモン」「ノボセショー」（以上、「人一倍仕事に熱中する人」）などにおける「アンゴー」「アホー」「バカ」「クソ」「タレ」「ショー」といった形態素の意味からも容易に理解されるように、所属するすべての要素がマイナス評価を表すものであることが明らかになってきたのである。このことを裏づけるように、調査を実施したどの地点の教示者からも、これらの言葉を使用する際には、必ず揶揄や皮肉、あるいは非難の意識が伴うという説明が得られた。

　調査を進める過程で明らかになったことは、どの地域社会においても、共
```

同主観的に措定された平準的な労働、別の言い方をすれば＜人なみの労働＞を＜指向価値＞と見なす前提が事前に了解されており、それを越える＜必要以上＞の労働は＜過剰価値＞として否定的に捉え、マイナス評価に変換するという実に巧みなメカニズムが作動しているという事実であった。すなわち、「仕事に対する意欲・能力」がありさえすれば、成員の誰もが協働できる＜労働価値＞が、「共同労働」に対する＜指向価値＞として了解されていたということである。また、B枠に所属する意味項目は、すべて仕事に対する意欲・能力に欠ける＜過小価値＞を表すものばかりで、これらの意味項目に属する語彙の個々の要素は、実際の運用にあっては、否定的な文脈（否定表現ないしは否定的な意味を表す表現）の中で用いられることが一般的である。

このような巧みなバランス指向によって、地域社会における＜共同労働＞の集合的一体性が維持されてきたのである。そのバランス指向とは、誰もが協働できる＜平準的な労働＞を地域社会における労働秩序の規範（指向価値）として位置づけ、それから逸脱する＜過小価値＞と＜過剰価値＞を設定し、それをともに否定することによって、地域社会の成員に共通して課せられる＜指向価値＞を鮮明に焦点化し、そこへ収斂するという、実に巧みなメカニズムである。

したがって、当初、評価を軸として設定したA対Bという二つの概念枠は、さらにCとして「仕事に対して必要以上に意欲のある人」という概念枠を新たに設定しなければならないことになる。今、A：B：Cの三者の関係を構造化して示すと、次ページのように図示することができる[12]。

この構造図において、B・Cの概念枠に属する語彙の使用が、＜指向価値＞であるAの概念枠に収斂・統合されることを意味するものであることは、次に挙げるわずか四つの例文によっても、ただちに理解することができるであろう。

○アガーナ　ナイトーサクジャー　シゴトニ　ナリャーヘン　ヨ。
　あんなナイトーサク（仕事をする気力のない怠け者）では、（一緒に仕

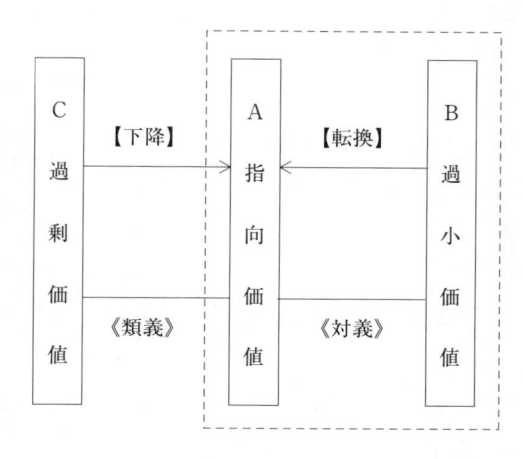

第3章 方言性向語彙の構造と意味　63

```
┌─────┐         ┌─────┐         ┌─────┐
│  C  │ 【下降】 │  A  │ 【転換】 │  B  │
│ 過  │ ───→    │ 指  │ ←───    │ 過  │
│ 剰  │         │ 向  │         │ 小  │
│ 価  │         │ 価  │         │ 価  │
│ 値  │ 《類義》 │ 値  │ 《対義》 │ 値  │
└─────┘         └─────┘         └─────┘
```

A：カイショーモン・シゴトシ・シンボーシ・キバリテ・シンビョーナ

B：ダラズ・ナイトーモン[13]・ノラ・グーダラベー・テレサク

C：ガリ・クソガリ・ガシンタマ・ノボセ・ノボセショー

（語彙はすべて広島県方言）

事をしても）仕事になりはしないよ。　　　　　（地御前、老男）
○アイツワ　グーダラベージャケー　ノー。ナカナカ　スミャーヘン　デ。
　あいつはグーダラベー（怠け者）だからねえ。なかなか（仕事が）済みはしないよ。　　　　　　　　　　　　　　　　　（西野、中男）
○アリャー　ネンシャモンジャケー　マイチガェーガ　ナェー。
　あの人はネンシャモン（仕事を丁寧にする人）だから、間違いはない。
　　　　　　　　　　　　　　　　　　　　　　　（川東、老男）
○アイツワ　クソガリジャケー　ノー。イッショニ　シゴトー　スリャー　コッチガ　ノークレチョルヨーニ　イワレルケー　ノー。
　あいつはクソガリ（人一倍仕事に精を出す奴）だからねえ。一緒に仕事をすれば、こちらが怠けているように（他の人から）言われるからねえ。
　　　　　　　　　　　　　　　　　（広島県佐伯郡玖島、老男）

　地域社会の成員は、方言性向語彙を共有していることによって、共同労働の場において複雑性を一挙に縮減することができ、社会的規範としての＜労働秩序＞の構成、すなわち＜指向価値＞への一元化を容易に果たすことが可能となるのである。上に示した構造図は、その意味で、＜労働秩序の構成原

理＞のモデルと呼ぶことができるであろう。なお、この構造図は、中国・四国地方と九州地方に限定するならば、極めて普遍性の高いモデルであると言うことができる[14]。

次に、「きれいずきな人」と「汚くしている人」の意味項目においても、「仕事に対する態度に関する」意味カテゴリーと同様の＜秩序構成の原理＞が認められることを、簡単に検証しておきたい。

＜人なみのきれいずき＞は、広島県下にあっては「キレーズキ・キレーズキシャ・キレーズクシャ・コマメナ　ヒト」などの語彙によって表現される。それに対し、＜人なみはずれたきれいずき＞は、「ケッペキ・ケッペキシャ・ケッペキビョー・ケガレ」などの語彙によって表現される。また、「汚くしている」は「ブショー・ブショーモン・ブショータレ・ヒキタレ・ヒキタレモン・ビッタレ・ジダラク・ジダラクモン」などの語彙によって表現されるのである。このうち、＜人なみのきれいずき＞が＜指向価値＞に相当し、＜人なみはずれたきれいずき＞が「ケッペキビョー・ケガレ」などによって指示されることからも分かるように、マイナスに評価される性向と認識されており、＜過剰価値＞に相当する。また「汚くしている人」が＜過小価値＞に相当することは、改めて指摘するまでもなかろう。したがって、「きれいずきな人」と「汚くしている人」は、

　　A：人なみのきれいずき
　　B：汚くしている人
　　C：人なみはずれたきれいずき

の三つの性向に分節されることになり、A対B対Cの三者の関係は「仕事に対する態度に関する」場合と同様に、次ページのような構造図として示すことができる。

さて、この場合、＜指向価値＞とされる＜きれいずきな人＞が、具体的にどのような状態を実現することを指向する人であるべきかは、明確に規定されているわけではない。したがって、＜指向価値＞を表す個々の語の意味だけを対象化して分析する際には、無視することのできない性差・個人差が現

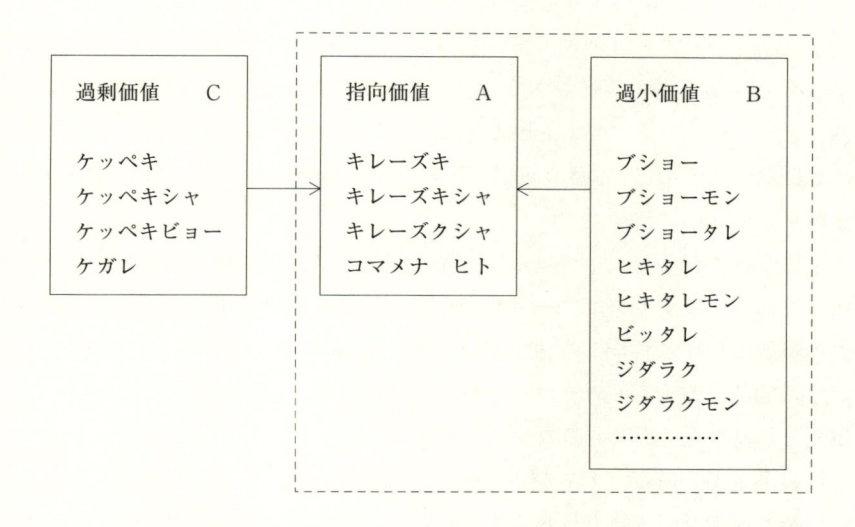

第3章　方言性向語彙の構造と意味　65

```
┌─────────────────┐ ┌──────────────────┐ ┌──────────────────┐
│ 過剰価値    C   │ │ 指向価値    A    │ │ 過小価値    B    │
│                 │ │                  │ │                  │
│ ケッペキ        │ │ キレーズキ       │ │ ブショー         │
│ ケッペキシャ    │→│ キレーズキシャ   │←│ ブショーモン     │
│ ケッペキビョー  │ │ キレーズクシャ   │ │ ブショータレ     │
│ ケガレ          │ │ コマメナ　ヒト   │ │ ヒキタレ         │
│                 │ │                  │ │ ヒキタレモン     │
│                 │ │                  │ │ ビッタレ         │
│                 │ │                  │ │ ジダラク         │
│                 │ │                  │ │ ジダラクモン     │
│                 │ │                  │ │ ……………            │
└─────────────────┘ └──────────────────┘ └──────────────────┘
```

れる。＜指向価値＞そのものは、村落社会の成員が経験的に獲得している、＜秩序構成＞のための一定のイメージといったものである。そのイメージが、＜過剰価値＞＜過小価値＞と相対化されることによって明確度を獲得し、個人や家を超えた集合意識として定着することになる。言い換えれば、＜過小価値＞＜過剰価値＞との相対化によって、＜指向価値＞の位置と内実が明確に決定し、性差・個人差を超えた価値の一元化が図られることになるのである。

5．子どもの性向を表す語彙

　鳥取県倉吉市生田方言の性向語彙を見てみると、子どもにだけ使用される語彙が認められる。たとえば、次のような語彙である。

a．ショーカラゴ・ショーカラ・ヤンチャゴ・イケズゴ・テンバゴ
b．ナキビソ・ナキミソ・ビータレ
c．カバチタレ・シャーマケナ・シャーマケナ　コ[15]

aに属するものはいずれも、「親の言うことを聞かないやんちゃな子・親の手に余るいたずらっ子・男まさりの女の子」などのように、気性の激しい子どもの性向を表す語彙である。また、bに属するものはいずれも、「何かあるとすぐに泣く子」で、aとは逆に気弱な子どもに対して使用する。さらにcに属するものは、「頭の回転が速く、大人顔負けの生意気なもの言いをする子」について使う。

上に挙げた語彙は、a・bが「具体的な動作・行為の様態を踏まえた恒常的な性向」を表すカテゴリー（概念枠）に属するものであり、cは「言語活動の様態に関する性向」を表すカテゴリーに属するものであって、「仕事に対する態度に関する」カテゴリーや「精神の在り方に関する」カテゴリーに属する語彙は全く認められない。

この事実から何が言えるかというと、当該社会の人々は、基本的に子どもたちを共同労働の成員とは考えず、また個人や家の関係性を維持する役割も課していなかったということである。すなわち、いまだ社会化していない子どもたちは、当該社会の成員ではあっても、あくまでも周辺的な存在―子ども社会に属する存在―と見なしていたのである。

したがって、大人社会と子ども社会は、一応明確に区別されていたと考えることができる。しかし、自分たちの子どもが＜子ども社会＞の中で人間関係を乱すことによって、孤立することを未然に防ごうとする親たちの思い―予防モラル―が、先に示した語彙に明確にうかがえることは、ここに指摘しておいてもよかろう。

それでは、生田集落の人々は、伝統的にどのような行動原理を子どもたちに要求してきたのであろうか。それは、先に示した語彙のまとまりから帰納される意義特徴を統合することによって、客観的に知ることができる。

その意義特徴は、次のように記述することができる。

【a．いたずらや乱暴をせず＋b．弱虫ではない＋c．親に口答えをしない素直な子】

要するに、大人たちの眼から見て、【親に迷惑をかけない、おとなしくて素直な子】が理想的な子どもだということになる[16]。ここには、子どもたちの個性を自由に、しかものびやかに育てようとする視線とは、逆のベクトルが働いている。日々忙しく立ち働いていた大人たちは、子どもに手を取られることを避けたかったからであろうが、それ以上に子どもたちが将来、他者に迷惑をかけることのない＜人なみの人間＞になることを望む集合意識が強く働いたものと解される。

6．性向語彙の構造と社会的秩序

　性向語彙の構造枠組は、先に提示した「性向語彙のシソーラス」によって、大略次のような形に標示することができる。なお、（　）内の数字は意味項目の数を表す。

Ⅰ．動作・行為の様態に関するもの（65）
　Ⅰa．仕事に対する態度に関するもの（14）
　　A．仕事に対する意欲・能力のある人（7）
　　B．仕事に対する意欲・能力に欠ける人（7）
　Ⅰb．具体的な動作・行為を踏まえた恒常的な性向に関するもの（51）
　　A．対人関係を前提としないもの（43）
　　B．対人関係を前提とするもの（8）
Ⅱ．言語活動の様態に関するもの（17）
　Ⅱa．口数に関するもの（4）
　Ⅱb．言語活動の内容に関するもの（11）
　Ⅱc．言語活動の在り方に関するもの（2）
Ⅲ．精神の在り方に関するもの（24）
　Ⅲa．固定的な性向に関するもの（8）
　Ⅲb．知能・知識の程度に関するもの（4）
　Ⅲc．人柄の善悪に関するもの（6）

Ⅰaの「仕事に対する態度に関するもの」が、村落社会における＜生産を維持する秩序＞＜労働秩序＞の構成に巧みに作動するものであることは、先に検証したところである。また、Ⅲの「精神の在り方に関するもの」とⅡの「言語活動の様態に関するもの」の一部について、それが村落社会における＜つきあい秩序＞の構成に作用するものであることは、第2章の2の最後の部分で、指摘したところである。したがって、性向語彙の構造と運用は、「望ましくない」行為選択を共通して回避するという＜負性回避＞＜負性排除の原理＞を基盤として、基本的に＜労働秩序＞と＜つきあい秩序＞の秩序構成に作動し、それによって＜社会的規範＞である＜指向価値＞が維持、強化され、村落の維持・存続が果たされるという記号システムとメカニズムである、と規定することができるであろう。

　ところで、意味項目数の最も多い「具体的な動作・行為を踏まえた恒常的な性向に関するもの」の中に、「対人関係を前提としない」意味項目が43も認められる事実をどのように理解したらよいものであろうか。

　確かに、ⅠbのＡに含まれる＜きれいずきな人＞＜汚くしている人＞の概念（意味）カテゴリーは、それ自身「恒常的な性向」であって、「愛想のよい人」「無愛想な人」「見栄を張る人」のような、常に「対人関係を前提」とする性向とは性質を異にするものである。しかし、＜きれいずきな人＞も＜汚くしている人＞も、＜ウチなる世間＞の眼差しから決して無縁のものではない。＜乱暴な人＞も＜つきあい秩序＞の構成に著しく違反する性向であって、世間から厳しい眼差しを向けられる性向である。したがって、ⅠbのＡに含まれる性向も、その大半が村落社会の＜秩序構成＞に関与するものであると解さなければならないことになる。

　このように解することができるならば、性向語彙の全体は、地域社会の成員が継承してきた＜社会的規範＞のシステムそのものであると言うことができるであろう。

　それでは、＜きれいずきな人＞と＜汚くしている人＞のうち、＜過小価値＞を表す＜汚くしている人＞が、＜ウチなる世間＞の眼差しをどのような形で

第3章　方言性向語彙の構造と意味　69

受けているかを、広島県比婆郡東城町川東方言を対象として見てみることにしよう。

　この意味項目に所属する語彙は全部で11語を数えるが、それらは弁別的意義特徴の対立関係によって、次に示す5つの最小意味枠[17]に分節される。

①からだを動かすのを嫌がって、家の中や家の回りを汚くしている人（男女とも）
　　――ブショー・ブショーモン・ブショータレ
②家の中を散らかして、掃除や食事の後かたづけをしない人（女性、とりわけ嫁）
　　――ヒキタレ・ヒキタレモン・ヒキタレル・シビッタレ（「シビッタレ」は「ヒキタレ」よりも程度性が大）
　○トナリノ　ヨメワ　ヒキタレテ　ソージモ　ジャーヘン。
　　隣の嫁はヒキタレて、掃除もしやしない。　　　　　（老男→老女）
　○ウチノ　ヨメワ　ヒキタレジャケー　ノー。イエジュー　チラカシトリマス　ワイ。
　　うちの嫁はヒキタレだからねえ。家中散らかしていますわ。（老女）
③自分の部屋を汚したり、身なりのだらしない人（男女とも、とりわけ嫁）
　　――ジダラク・ジダラクモン
　○アソコノ　ヨメワ　ジダラクジャケー　ジブンノ　ヘヤノ　ソージモ　シャーヘン　ヨ。
　　あそこの嫁はジダラクだから、自分の部屋の掃除もしやしないよ。
　　　　　　　　　　　　　　　　　　　　　　　　　　　　（老男）
④後かたづけをしないで、ちらかしっぱなしの人（特に男性）
　　――サンジラカシ（程度性が大、古い言葉）
⑤食事をした後、きまって食卓や服を汚す人（男女とも）
　　――ジータレ

○オマエワ　ジータレジャケー　ノー。ヨー　フク　ヨゴス　ワイ。
　お前はジータレだからねえ。よく服を汚すわい。　　　（老男→老男）

　このうち、①と②は、主として家のウチとソトとの関係において機能するものであり、③以下は、主として家のウチにおける個人と個人との関係において機能するものである。前者は直接＜社会的機能＞と関与し、後者は＜家庭内機能＞を介して＜社会的機能＞と関与するものである。したがって、＜ウチなる世間＞の眼差しは、①②に対してより厳しく働き、③以下に対しては主に家族の眼差しが強く働くことになる。しかし、いずれも＜社会的規範＞である＜指向価値＞を他者化した＜世間体＞に対するおもんばかりが作動しているという点では同じである。

7．方言性向語彙の成立

　ところで、田中圭一は、近世の村落社会が土地を所有することによって、中世の封建的な身分的秩序にかえて、経済的な力関係に依拠する新しい秩序構成の原理をつくったとして、以下のように述べている。

　　江戸時代の村は、土地を所有するという点で、対等な立場をもつ家の結束によって構成された。村はそれまでの身分的秩序にかえて、新しい経済的秩序である「村掟」をつくって運営された。それは、家と家との関係を対等と平等の関係につくりかえていく過程であった。地主が生まれるということは対極に小作人が成立することであったが、地主と小作人との関係は経済的な力関係であって、それはもはや身分で説明すべきものではない。（中略）
　　江戸時代とは、身分関係にかえて経済関係が秩序をつくった時代だと言ってよいのだ。　（『百姓の江戸時代』35ページ、2000、ちくま新書）

　後に、改めて詳しく述べるが、方言性向語彙の構造分析を通して客観的に

検証される、徹底した「ヨコ」性の原理（＝平準化の原理）に基づく秩序構成のあり方、とりわけ＜労働秩序＞の構成に顕著な形で見られる＜負＞のフィードバックによるコントロール・メカニズムは、田中が指摘する「家と家の関係を対等と平等の関係につくりかえ」、さらにその関係性を維持・強化するために、極めて有効に作用したものと考えられる。

　それだけではなく、村落社会そのものが平等主義に貫かれた「経済的秩序」を基盤とする機能体として存続することを可能にする、コントロール・メカニズムでもあったと言うことができるだろう。

　だからこそ、村落社会の成員は、戦後になってもなお、性向語彙を共有化することによって、秩序構成の内実を相互了解し、近世とは異なる新しい「経済的秩序」を基盤とする「平等社会」の維持に努めたのである。戦後50年以上を経過した今日にあっても、地域社会の老年層カテゴリーが実に多くの性向語彙を使用し、また記憶にとどめているのは、まさにその証であると考えてよかろう。

　そして、村落社会の秩序構成の原理が「封建的な身分的秩序」から「経済的秩序」へと大きく変化したということは、「タテ」社会から「ヨコ」社会へと変化したことを意味するものであり、それに対応する形で、中世においては＜対人評価語彙＞として機能していたものが[18]、「経済的秩序」を基盤とする＜社会的規範＞の維持・強化にもっぱら機能する＜性向語彙＞へと変容したことを意味するものであると考えることができる。そのように考えられるのは、「経済的秩序」を基盤とする「平等主義」の徹底に、性向語彙のシステムやメカニズムが巧みに作用したということにとどまらない。

　近畿地方をはじめとして、中国・四国地方の全域、さらには九州の福岡県・佐賀県・熊本県・大分県など、極めて広い地域において、性向語彙を構成する個々の要素の形態や意味に地域差は認められるものの、性向語彙のシソーラス（概念カテゴリーの全体構造）や＜負＞性の原理に関しては、全くと言ってよいほど地域差を見出すことができない、という事実をあげることができる。

仮に、性向語彙の成立が、中世以前に求められるとしたら、たとえば中国地方の山陰方言と山陽方言との間に、性向語彙のシソーラスや＜負＞性の原理に関して無視することのできない地域差が認められてよいはずである。なぜなら、周知のごとく山陰方言は山陽方言に比べて古い時代に源を求めることのできる言語事象が多く遺存し、少なくとも20年ほど前までは中世末期以前に中央で盛んだった話しことばに関する事象を老年層カテゴリーの生活語にかなり多く見出すことができたのである[19]。それに対し、山陽方言においてはそのような事象がほとんど消滅してしまっていたのである。同様のことは、四国地方における北部方言と南部方言との間にも指摘することができる。

したがって、江戸時代に入って、近世の村落社会が基本的に「経済的秩序」を基盤とする共同体へと変化し、その共同体の秩序構成と維持を成員が共通の尺度によって認識するための言語的指標とシステムが必要とされるにおよんで、中世以前から盛んに使用されていた＜対人評価語彙＞が、共同体の成員を等しなみに拘束する＜性向語彙＞へと変容していったものと考えることができるのである。

こうして、性向語彙の成立は、近世の徳川幕府成立後に求めることができる。同時に、「ヨコ」性の原理による行動モラルが地域社会に定着していったものと考えられる。＜性向語彙＞の成立が徳川幕府成立後であったからこそ、広い地域においてシステムやメカニズムに大きな地域差が生じることがなかったのである。それとともに、語形や意味の上にも、他の語彙カテゴリーに比べて顕著な広域共通性を見出すことができるのである[20]。

ただし、西日本のほぼ全域においては、性向語彙の共通の枠組と多くの語彙が認められるが、関東以北、とりわけ東北地方においては性向語彙のシステムが単純で、語彙量も少ないことが、野林正路の報告によって明らかにされつつある。また、琉球列島においても東北地方と同様に、性向語彙のシステムが単純で、語彙量（とりわけ、名詞語彙の語数）の少ないことが、町博光の調査・研究によって明らかになってきている。

なぜ、本州の西部域や四国、九州において性向語彙が顕著な発展を見せているのに対して、東北地方や琉球列島においてはそれが見られないのか。この問題は、中世から近世にかけての日本における村落社会の構造や環境の差異、またそれに根ざす秩序構成の原理の違いに、その決定要因を求めることができると推定されるが、それを客観的に検証することは現在の筆者の手に余る、あまりにも大きな課題である。今後、日本史学、農村社会学、民俗学等の研究成果を参照して、この課題になんとか明確な答えを導きたいものと考えている。

　この課題について、一般的に考えられることは、民俗学の研究によって明らかにされている東日本の「同族結合」（タテの関係）、西日本の「年齢階梯制」（ヨコの関係）のような村落、家族の形態の差異がベースに存するのではないかということである。そして、この差異は、網野善彦（『「日本」とは何か』2000、講談社）によると、中世にまで遡ることになる。網野は「西国の国御家人たちが、先述したように横に連帯して行動したのに対し、東国の郡地頭は総領としてその一族や従者を動員して戦陣に加わって」おり、また「荘・郷里の中心的な百姓たち自身の横の連帯、相互の結びつき」が西国では顕著であった、と述べている。そして、このような差異が、東日本の「同族結合」、西日本の「年齢階梯制」という差異を根底に持っていると推定して「大きな誤りはあるまい」と述べているのである。

　しかし、西日本にあっても、「同族結合」の極めて強い村落社会が存していることは否定し難い事実であって、性向語彙の語彙量やシステムにおける「東西対立」や「西日本と沖縄列島の対立」の要因を、「同族結合」と「年齢階梯制」の対立にだけ帰するわけにはいかないように思われる。

　確かに、「同族結合」（タテの関係）においては、同族であるがゆえに他者の眼差しを強く意識する必要がなく、秩序構成も＜権力＞という「タテ」の関係によって構築しやすかったことが考えられる。それに対し、「年齢階梯制」（ヨコの関係）においては、相互の円滑な関係性を構築し、「ヨコ」の結びつきを強化するためには、他者の眼差しに強く配慮する必要があり、＜権

力＞とは異なる＜秩序構成の原理＞が求められることになったものと推定される。そして、その＜秩序構成の原理＞が性向語彙のシステムにほかならなかったと解することもできる。

しかし、このような推定を明確に検証するためには、まず東北地方や琉球列島の性向語彙のデータを徹底的にすくい上げ、西日本の性向語彙と精緻な比較研究を行う必要がある。その後で、隣接諸学の研究成果との深いコミュニケーションを展開しなければならないだろう。

さらに、ここで注目しておきたいことは、性向語彙のカテゴリーに関しても、自然環境語彙・生業語彙（農業語彙・漁業語彙）・親族語彙・屋号語彙・衣食住語彙・感情語彙等のカテゴリーに認められるのと同様、ひとつの日本文化ではなく、いくつもの日本文化の併存が確認されるという事実である[21]。

最後に、田中圭一が『百姓の江戸時代』の中で述べている文章を引用することによって、この章を終えることにする。

> 共同作業にみんなが協力することによって、はじめて水田を開くことができた。個人ではとうてい開発できないところが水田になった。それが江戸時代の開墾の特徴である。むろん用水を引きあげる時期、大水で用水から水があふれたときどうするか、さらに水不足のときどのような配分を工夫するかなどの対応策もきちんと考えられた。個々の家の利害をそのままにしておいたら開墾一つできるものではない。江戸時代の村は個々の家と家の利害を調節する機能をもたせることから開始された。そこにこの時代の村の特徴がある。（104ページ）

注
1）『方言学』（1963、三省堂、577〜583ページ）。
2）各号に収録されている調査報告の県名と調査報告者の氏名は次のとおりである。第13号（新潟県2地点、押見虎三二、大橋勝男）、第14号（福井県・吉

田則夫、石川県・愛宕八郎康隆)、第15号 (三重県・佐藤虎男、和歌山県・村内英一、大阪府・山本俊治、兵庫県淡路島・服部敬之)、第16号 (岡山県・室山敏昭、広島県2地点、清瀬良一、神鳥武彦、島根県・神部宏泰、熊本県・白石寿文)。

3) 今田方言では、全部で2805の要素が採録されているが、その中には「トロイ　ヒト」(仕事の遅い人)、「トトロカン　ヒト」(物事に動じない人)、「キモッタマガ　エー」(大胆である) のような連語形式、句構造のものや、「イヌガ　ヘオ　ヒッテデモ　デテ　イク」(犬が屁をふってでも出て行く、物見高い人) のような慣用文もかなり多く含まれている。

4) 広島県廿日市市地御前方言を対象とする調査によって採録された語彙に即して構築したものである。

5) 上昇的統合の方法によって構築された「性向語彙のシソーラス」を、最終的には下降的分析の手法によって全体の整合化に努めた。上昇的統合の方法と下降的分析の方法との往復運動が多くの構成要素からなる全体システムの構築にとって重要であることは、すでに早くR.ヤコブソンが指摘しているところである。

6) レヴィ＝ストロースが最後に取り上げようとした研究テーマは、「世界の諸民族の労働観」における個別性と普遍性を探究する課題性であったという。

7) この作業を徹底して行うことにすれば、「性向語彙のシソーラス」という静的システムを動的な構造体に変換することが可能となる。しかし、相互にリンクする意味項目はかなり多く認められるので、作業が難行することは容易に予測される。

8) 木村礎『近世の村』(1980、教育社)。

9) 注8) に同じ。村落社会の成員が、自らが生きる村落の存続を絶対的な至上価値として、主体的に構成したものが＜性向語彙＞であり、成員はこの＜性向語彙＞の意味の網目を日常生活における一種の＜掟＞として、過剰な自己主張をせず、妥協と和を尊重して生きてきたと考えられる。このような生き方は、日本人の血となって、今日まで続いているといっても過言ではなかろう。欧米の個人主義が容易に日本社会に根づかない理由の一つが、ここにある。個人の自由と権利を国や政府を相手にして、わずかひとりであっても強く主張し続けるという勇気を、はたして日本人は獲得することができるであろうか。また、真の意味で、＜自我＞を身につけることができるであろうか。なお、地域社会の成員が、自らが生きる村落社会の存続を絶対的な価

値として等しなみに認識してきたのは、徳川幕府によって村の境界が厳しく定められ、個々の村落社会の＜土地と富＞が有限化されたためである。この点に関しては、第5章で詳しく検証している。

10) 注3）に同じ。

11) 橋爪大三郎「権力の可能条件」（『岩波講座現代社会学16　権力と支配の社会学』1996、岩波書店）を参照されたい。

12) 室山敏昭「中国地方方言の性向語彙資料（Ⅱ）―広島県方言の性向語彙（その二）―」（『内海文化研究紀要』第23号、1995）を参照されたい。

13) 「ナイトー」の語源は「ナエトー」（萎え党、仕事に対する意欲に萎えた人々）である。なぜなら、「ナエトー」の語形は主に山口県の東部域に盛んで、「ナイトー」は広島県の西部域沿岸部から内陸部にかけて行われており、周圏分布の法則から「ナエトー」の語形の方が古く、「ナイトー」はその音訛形であると解することができるからである。「ナイトー」の後部要素である「～トー」は「党」で、たとえば佐賀県下の老年層が今も使用する「シガトー」（「シガ」は椋鳥、「トー」は「党」でその群れを表す、まとまりのない人間の集団、烏合の衆を意味する擬自然法のメタファーである）などに、その類例を求めることができる。このことから、「ナエトー」「ナイトー」はもともと、特定の個人を指して使用される語ではなく、「仕事に対する意欲の萎えた複数の人間」を指示する語であったと考えられる。この事実から何が分かるかというと、村落社会において長年にわたって継続されてきた「共同労働」の慣行にあっては、それに参加する個々の成員の行為や態度を多様な観点から見分けて評価することがあくまでも基本ではあったが、それと同時に複数の人々を一括して評価することも行われていたのではなかろうかということである。このような推定が許されるならば、「共同労働」という集団の内部に＜サブ集団＞（村組）を認めるという認識の方向性を指摘することが可能となる。

14) このモデルは、近畿地方の村落社会や北陸地方の村落社会についても適用可能な構造モデルである。

15) 「シャーマケナ」の「シャーマ」の語源は「サイハイ」（采配）である。「サイハイ」＞「サイバイ」＞「サイバ」＞「サイマ」＞「シャーマ」と変化したものである。語形の変化に応じて、意味もプラス価値からマイナス価値に変化した。

16) 「おとなしい子」が日本の子供の理想の姿であるという点に関して、国広哲

弥氏から次のような御教示を賜った。「『おとなしい子』が日本の子供の理想の姿であるのはその通りで、それは幼児期の育て方を通じて子供に押しつけられる（imprint される）というアメリカの学者 William Caudill の研究がある。3分刻みで、その時家人（たいてい母親）と赤ん坊が何をしているかを長時間にわたって観察・記録するということを、同じ条件のアメリカと日本の家庭で行い、比較分析した結果、アメリカの母親は赤ん坊の発声（verbalization）にすぐ応じるのに対して、日本の母親はそうせず、発声は無意味な行動であることを赤ん坊に imprint するということである。」詳しくは、国広氏の「日本人の言語行動と非言語行動」（『岩波講座日本語　言語生活』24～25ページ）を参照のこと。

17) 意味項目を分節して得られる、最小の意味のまとまり（カテゴリー）である。

18) 鳥取県倉吉市生田方言に認められる次の64語が『日葡辞書』（1603年に本篇、翌4年に補遺が成った）にも見出され、語形・意味用法ともにほぼ完全に一致するものと考えられる。「ガンジョー（頑丈）・ガンジョーモノ・ガンジョーナ・ガンジョーナヒト・キヨージン（器用）・キヨーナ・ナマケモノ（怠け者）・ナマケタヒト・オーチャクナ（横着）・ゴクツブシ（穀潰）・ニブイ（鈍い）・ジダラクモノ（自堕落）・シダラクナ・オーヘーナ（横柄）・オードー（横道）・オードーナ・ブショーナ（無精）・ブチョーホー（無調法）・ブチョーホーナ・ソサーモノ（粗相）・ソソーモノ・ソソクラシー・シェワシナイ（忙しない）・キムラナ（気むら）・アブレモノ（溢れ者）・ゲドー（外道）・ウソイー（嘘）・ウソイ・ウソツキ・トッパー・トッパナ・トッパーナ・ジャレゴト（戯れ）・トンキョーナ（頓興）・ヒョーゲモノ・ヒョーゲタヒト・スネモノ（拗ね）・オクビョーモノ（臆病）・ノミテ（呑み手）・シワイ（吝い）・ムクチ（無口）・ムクチナ・アヤナ（綾）・アヤガナイ・ブショーズラ（無精）・ツイショー（追従）・ツイショーニン・ツイショニン・シミタレ・クジクリ（公事繰り）・イチガイモノ（一雅意）・オゾイ・カシコイ（賢）・シェケンジャ（世間）・ユーチョーナ（悠長）・オーヨーナ（鷹揚）・ホーケモノ（耄け）・ジントーナ（順当）・ジントーナヒト・インギンナ（慇ぎん）・ユーナ（悠）・ネツイ・ネツイヒト」。このことからも、中世末期の畿内においては、日常の話しことばの中で、多くの対人評価語彙が使用されていたものと推測される。

19) 山陰方言においては、たとえば「ニョーバー・ニョーバ」（女房）、「バー

ズ」(坊主)、「ハーキ」(箒)、「アハー」(阿呆)、「ハーテ」(這って)、「アカンナル」(明るくなる)、「〜ダラー」(〜だろう)などの開音現象をはじめとして、「シェナカ」(背中)、「シェミ」(蝉)、「ジェニ」(銭)などの〔ʃe〕〔ʒe〕音、「イカナ」(いかなる)、「ソコナ」(そこなる)などの語末の／ru／音節の脱落、「イヌル」(帰る)、「シヌル」(死ぬ)のナ行変格活用、「イキテ・イキタ」(行って・行った)などの非促音便形、打消の助動詞の終止・連体形の「ノ」(「ヌ」の母音が／o／に転じた)、「女房」の意味(他人の奥さんについてもこの語を使用する、ちなみに年頃の娘を「ニョーバノコ」と言うが、これも他人の娘についても使う)、「オーカン」(大通り)、「サガイ」(坂・山道・石段等が急なさま)等の事象が、老年層カテゴリーにおいては普通に行われていた。

20) 拙著『生活語彙の構造と地域文化—文化言語学序説』(1998、和泉書院)の第Ⅲ部を参照のこと。また、本書の【付記5】を参照されたい。なお、山本真吾は、「≪滑稽な人≫を表す『ひょーひゃく』成立の史的背景」(『国語語彙史の研究』20、2001、和泉書院)と題する論文において、東北地方から九州地方までの広い範囲に分布する「ひょーひゃく」(表白)が、「おどけ者、冗談言い、滑稽な人」の意に変化し、性向語彙の一要素として使用されるようになったのは近世以降に至ることを、詳しく検証している。

21) 拙著『生活語彙の構造と地域文化—文化言語学序説』(1998、和泉書院)を参照されたい。

第4章　方言性向語彙の展開

1.「怠け者」と「放蕩者」

　「怠け者」と「放蕩者」は、一見、相互にリンクする性向のように思われる。しかし、それぞれの意味項目に所属する語彙を見てみると、村落社会の成員は、決してこの二つの性向を同一のカテゴリーに属するものとは見なしていないことが分かる。たとえば、広島県備後地方の村落社会では、「怠け者」のことを次のような語彙を用いて表現する。

　　ダラズ・ダラ・ダラコキ・ダラクソ・ダラヘー・オーチャクモン・オーチャクボー・オーチャクビョー・グータラ・グーダラ・ズーダラ・ズボラ・ズボラコキ・ヒキタレモン・ナマケモン・ノラ……

これに対して、「放蕩者」は次のような語彙によって指示される。

　　エースキ・ドラ・ドラコキ・ドラツキ・ドラボー・オナゴドラ・カネグイムシ・アソビニン・ゴクドーモン・ナグレモン・ノラ……

　そして、「怠け者」と「放蕩者」の二つの意味項目に所属する語彙は、備後地方の全域で明確に区別され、「ノラ」の1語を除き決して混用されることがない。すなわち、「怠け者」の意味項目に所属する語彙のある要素が「放蕩者」の意味項目にも現れるとか、あるいはそれとは逆の状況を示すといった現象は認められない。要するに、二つの意味項目がクロスすることは全くないと言ってよい。

「怠け者」と「放蕩者」の差異性は、所属する語彙の語源や意味の違いによっても検証することができる。たとえば、広島県備後地方方言において、「怠け者」のプロトタイプと見なされる「ダラズモン」[1]の語源は「タラズモノ」（足らず者）であって、何が足りないかというと、＜仕事に対する意欲・能力＞が足りないのである。

　「ダラズモン」はそれゆえ、＜共同労働＞の速やかな進行を妨げたり、家族内労働にとって支障を来す人間ではあっても、しかし共同労働の組織から排除されたり、村落内での＜つきあい＞から締め出されたりすることはなかったという。暗に非難されたり、嘲笑されることはあったが、一応＜人なみ＞の人間として遇されたのである。なぜなら、「ダラズモン」は＜仕事に対する意欲・能力＞に欠けるところはあっても、日中は皆と一緒に仕事をし、世帯をはって子どもをもうけ、村落社会の＜つきあい秩序＞や＜労働秩序＞を守って生きていたからである。

　足りないのは＜仕事に対する意欲・能力＞だけであって、村落社会における＜一人前＞の人間としての資格は十分備えていたわけである。

　それに対して「放蕩者」は、「ドラ・ドラコキ・ドラツキ・ドラボー・オナゴドラ」（道楽・道楽こき・女道楽）に象徴されるように、村落社会の成員が野良で働いている昼の時間に、全く仕事をしないで遊び歩き、女道楽をするような人間なのである。村落社会の＜労働秩序＞を守らず、＜時間秩序＞さえも乱すような人間が「放蕩者」として糾弾されたのである[2]。

　宮本常一の『忘れられた日本人』（1984、岩波文庫、初版は1960）の一節に、次のような表現が見られる。

　　百姓ちうもんはかたいもんぞな、昼は二人ではたらき、夜はまた夜で夫婦で納戸に寝る。そういう中で浮気をするのはよっぽど女好きか男好きじゃで……。わしらみたいに女をかまうもんは大方百姓しておらん人間じゃ。みんなにドラといわれた人間じゃ。

第4章　方言性向語彙の展開　81

　まさに、「放蕩者」は、「ドラ」という言葉で遇されるような人間だったのである。広島県比婆郡比和町古頃の老年層男性は、「ドラコキ」という言葉で指示される人間のことを次のように説明している。

　〇ドラコキ　ユーンワ　ヒルマ　ミンナガ　シゴトー　ショール　トキデ
　　モ　フーラフーラシテ　ノー。オナゴン　トコロエデモ　アソビニ　イ
　　ク　オトコノ　コト　ヨ。シゴト　シャーヘンケー　ダーレモ　アイテ
　　ニ　セン　デ。
　　ドラコキというのは皆が仕事をしている時でもフーラフーラしてねえ。
　　女のところへでも遊びに行く男のことさ。仕事を全くしはしないから、
　　誰も相手にしないよ。

　「放蕩者」は、多くの場合、世帯を持たず、子どももうけず、他者とともに仕事をすることもなかった。それゆえ、＜共同労働＞の組織に加えられることも、また村落社会の公ごとに参加を許されることもなかったという。すなわち、村落社会からも家からも排除された一代かぎりのアウトローであった。言い換えれば、二重の意味で排除された人間だったのである[3]。
　そして、15〜16歳未満の「放蕩者」は、家にとって「カネグイムシ」（金食い虫、仕事をしないでお金を浪費するだけの若者）にほかならなかった。
　広島県備後地方における「ドラ・ドラコキ・オナゴドラ」よりもさらに程度のひどい「放蕩者」を、鳥取県倉吉市生田集落の老年層は「ゲドー」（外道）、「ゲドサレ」（外道され）と表現する。「ゲドー」は村落内の鼻つまみ者で、誰からも相手にされない、いわば村落の周縁部に生きる人間のことである。「ゲドー」も一代かぎりのアウトローという点では、広島県備後地方の「ドラ・ドラコキ・オナゴドラ」と同様であるが、差別の眼差しは一段と厳しかったようである。

　〇ゲドーッチューノワ　ムラノ　ハナツマミモンデ　ナー。ダーレモ　ア

イテニ　センシ　コドモラガ　ミッケタリスルト　イシー　ナゲテ
ボーテ　イキョーッタ　ナー。シゴトー　セズニ　アスンデバッカリ
オッテ　ムラノ　ヤッカイモンダッタデス　ワイナー。
　ゲドーというのは村の鼻つまみ者でねえ。誰も相手にしないし、子ども
たちが（ゲドーを）見つけたりすると、石を投げて追っかけていきよっ
たねえ。仕事をしないで遊んでばかりいて、村の厄介者だったですわね
え。　　　　　　　　　　　　　　　　　　　　　　　　　　（老男）
○ゲドーッチューノワ　コジキノ　トナリダ　ナー。
　ゲドーというのは乞食の隣（乞食にごく近い存在）だねえ。　（老男）

　これらの説明からも分かるとおり、「ゲドー・ゲドサレ」という言葉で指
示される人間は、村落社会の＜労働秩序＞や＜つきあい秩序＞の埒外に生き
る、完全なアウトローだったと言ってよかろう。
　それでは、「放蕩者」は、村落社会のウチなる環境から完全に排除され、
ムラの成員は「放蕩者」を扶助することは全くなかったのであろうか。この
点に関して、次のような事実の認められることが注目されるのである。
　岡山県浅口郡鴨方町の老年層カテゴリーは、「放蕩者」（この意味項目のプ
ロトタイプは「ドラ」「ドラコキ」「ドラツキ」）のことを、「ムラヤシナイ」
（村養い）とも呼んでいる。
　当該社会の老年層が共通に認識している「放蕩者」の性向特徴（意味特
徴）は、≪①仕事をしない、②昼日中から遊び歩く、③金を使って女遊びを
したり賭事をする、④財産を無くす、⑤家を継がない≫であり、そのような
特徴を恒常的に示すような人間が「放蕩者」であった。したがって、当該社
会の＜労働秩序＞や＜つきあい秩序＞の成員として扱われることなく、家を
滅亡させる、あるいは家を持たないような人間として差別されていたのであ
る。
　しかし、そのような「ドラ・ドラコキ・ドラツキ」（ウチなる世間の鼻つ
まみ者になり、陰の暮らしをする、またゆすり・たかりをして他者にひどい

迷惑をかける）であっても、当該社会の成員は彼らを村の外へ追い出すことをしないで、「村」全体の共同責任として養っていたのである。家族や家を持たない「フーレージン」（風来人）、「ハグレモノ」（はぐれ者）も、成員が協力して、芋や野菜、果物などを与えて養っていたのである。

「ムラヤシナイ」（村養い）ということばは、その意味で、かつての当該社会における＜差別＞と＜扶助＞との共生のあり方、考え方を典型的に表示するものであると言うことができるだろう。

しかも、「放蕩者」を村全体で養うという慣習は、鴨方村が鴨方村になった昭和30年以降もなおしばらくは続き、それゆえ老年層カテゴリーにおいては、「ムラヤシナイ」ということばとともに、「マチヤシナイ」（町養い）ということばも併用されているのである。

「怠け者」と「放蕩者」とを明確に区別したところには、決して多くいたわけではない「放蕩者」というカテゴリー（階層）を設けることによって、「怠け者」に強い圧力をかけると同時に、救いをも与えるという、実に巧妙なメカニズムが隠匿されている、と解することができる。

ここまで述べてきたことをふまえて、「怠け者」と「放蕩者」の差異性を一覧できる形に表示すると、次のようになる。

	社会的規範			家族	
	共同労働に参加	つきあい秩序を守る	公ごとに参加	家を構える	子どもをもうける
怠け者	＋	＋	＋	＋	＋
放蕩者	－	－	－	＋／－	＋／－

＋：その特徴が認められる
－：その特徴が認められない
＋／－：その特徴が認められる場合と認められない場合とがある

先に引用した、宮本常一の『土佐源氏』の一節には、次のような表現も見られる。

わしも一人前の人間になりたいと思うた。隣近所のつきあいもし、世帯をはって子供ももうけて……。しかしのう、わしは子供の時からまともに働いたことがない。若衆仲間にはいったこともない。村の中へはいってみると、何一つ村の掟の守れる人間ではない。

　このような人間が、まさに「ゲドー」「ゲドサレ」という言葉で呼ばれるような人間だったのである。
　熊本県下で聞かれる「ドラ」「ドラクモン」「ドグラ」「ホイトー」「ホイトーツキ」（いずれも、「放蕩者」の意）などの語で指示される人間もまた、村落社会の埒外に生きる一代限りのアウトローだったようである。
　このことから、方言性向語彙は、基本的には村落社会の内部に生きる成員に課せられる＜社会的規範＞の記号的表象であり、村落社会の周縁部に生きる人々には適用されなかったものであることが知られるのである。しかし、先にも指摘したように、「ノラ」という１語だけは「怠け者」と「放蕩者」という二つの意味項目に現れるのであり、この事実をどのように説明したらよいかという問題が残される。
　この問題は、以下に述べるように、中世にあっては＜対人評価語彙＞として機能していたものが、近世に入って＜性向語彙＞にパラダイム・チェンジした、その展開構造の一つの証を示す事実であると解されるのである。
　伊東久之の「『ノラ』の語義変遷をめぐって――村の領域認識における中世と近世――」（塚本学・福田アジオ編『日本歴史民俗論集４　村の生活誌』1993、吉川弘文館）を見ると、次のような記述が目にとまる。

　　定着的漁民が殺生人といわれながらも、鮎の献上と引きかえに網漁の漁業権を獲得し、そのことの証として人別帳に記載されているのに対し、この野良坊は乞食的処遇によって権利を放棄し、かわりに登録からはずれ、諸義務からのがれているのである。したがって、「ノラ」には無主の意味が、人をさす用例にも見出されるのであって、これは地域をあら

わす「ノラ」と全く同じであり、その間に差異はまったくみられない。
　相模川でみた無主の漁民である「野良坊」にはもう一つの派生した意味がある。乞食とかなまけものというものである。こうした意味に「カワボウ」「ノアイ」「アゲ」にもほぼ共通して存在し、全国に共通する現象といえよう。(中略) これは定着した側（人別帳に記載された百姓、筆者注）が、無主の人、あるいは漂泊する人をみる、ある種の差別であって、「なまけもの」「放蕩」「ならずもの」といった表現があらわれてきたものであると考える (67〜68ページ)。

　伊東は、領域をあらわす「ノラ」には中世を境として、語義に変化があり、古い用法の「ノラ」は無主の村地であり、新しい用法は村の耕作地であるとし、古い用法は主がいない、もしくは「乞食」「放蕩」といった派生的用法で現代にも残っていると結論づけている。そして、こうした変化をもたらした要因として、近世における「内野の耕作化という新しい波」を想定しているのである (72ページ)。
　伊東にしたがえば、「なまけもの」「放蕩」「ならずもの」という派生的用法は、中世の古い用法を残すものということになるが、しかしこの用法は、定着した側の漂泊民に対する一方向的な差別の眼差しを意味するものであって、村落社会の成員を拘束する行動モラルの記号的表象にはなっていないことが明らかである。
　本来は無主の地を表すことばから、やがて「乞食」「なまけもの」「放蕩」「ならずもの」といった意味が派生し、村落社会の＜社会秩序＞を構成、維持するための記号的表象に変化したのは、伊東が指摘する「近世における内野の耕作化という新しい波」が起こる時期であったと考えることができる。なぜなら、伊東も述べているように、近世に入ると「家と人口」の増加にともなって、中世とは異なる耕地化に対するトラブルが新たに発生し、それまで村内のものとしての無主の地であった「ノラ」がほとんど耕作化されて開発者の有主の地になったからである。

中世末期にあっては、完全に村落社会の埒外に位置するアウトローについて使用されていた「ノラ」が、「内野の耕作化」が進められる時期に、村内にあってその耕作化に積極的に関わろうとしなかった人々を指して使用されるようになる。それによって「ノラ」は、村落社会の中に取りこまれ、やがて成員が共同で行う「耕作」をはじめ種々の「共同労働」に参加しても、意欲・能力を欠いたり（怠け者）、あるいは全く参加する意志を持たない人々（放蕩・ならずもの）に対して使用されるようになる。こうして「ノラ」は、＜社会的規範＞の記号的表象としての「怠け者」「放蕩」「ならずもの」「乞食」（これに該当するのが先にあげた熊本県方言の「ホイトー」「ホイトツキ」である、中央から遠く離れた熊本県下により古い意味用法が残っていると考えることができようか）といった意味を獲得することになったと考えられる。

　「ノラ」ということばが、今日、中国・四国地方を中心とする多くの村落社会において、「怠け者」のカテゴリーに現れたり、「放蕩者」のカテゴリーに現れたり、また同じ村落社会において二つの意味項目に現れたりするのは、もともと「ノラ」が権力の埒外に生きる無主の人々と、村内の＜社会的規範＞の中に取りこまれた人々という時期を異にする「両義的性格」を持っていたからではなかろうか。

　いずれにしても、本来＜対人評価語彙＞であったものが＜性向語彙＞にパラダイム・チェンジし、村落社会の＜社会的規範＞の記号システムとしての機能が定着したのは、近世以降のことであったと考えて、まず間違いあるまい。

　そして、＜性向語彙＞は、近世以降もさまざまな展開構造を示すことになる。その１事例を、次の節で検証することにする。

２．「嘘つき」の地域言語文化史

　地域社会に行われる生活語彙の史的構築によって、地域文化の重層化のプロセスや地域社会の構造・機構の史的変動のメカニズムを明らかにし、相互

の緊密な連関性を究明する問題群―地域社会言語文化史―は重要であるばかりでなく、興味をそそられる課題性でもある[4]。

そこで、山口県防府市から東南の方向へ約15km離れた海上に位置する野島という、一島一集落からなる漁業社会に行われる性向語彙のうち、「嘘つき」という意味項目を対象として、上に述べた問題について考察を試みてみることにする。

(1)「嘘つき」の語彙の実態

野島集落に行われる「嘘つき」という意味項目に所属する語彙を、中年層(50歳)以上の男性10人が使用するものに限って見ても、以下に示すように20語もの語彙が認められるのである。なお、それぞれの語の後に記した数字は、使用すると答えた人の数を表し、各語の後の括弧内に記した内容は、土地人から得られた説明を筆者が共通語に改めたものである。

①ウソツキ5（嘘つき、嘘をつく人、誰にも嘘と分からないことを本当のことのように言う人、嘘を言う回数が多く信用できない）、②ウソイー10（嘘言い、誰にも嘘と分かることを言う人、ウソツキのように強い非難の意識を伴わない、ウソツキよりも古い言葉）、③ウソイ8（嘘言い、誰にも嘘と分かることを言う人、ウソイーから変わった言葉で、ウソイーの方をよく使う）、④アカウソ4（赤嘘、ひどい嘘、またはひどい嘘つき）、⑤チョーリキ4（嘘つき、嘘を言う回数が多く全く信用できない、語源は分からないが、古い言葉）、⑥アカウソノチョーリキ3（赤嘘のチョーリキ、ひどい嘘つき、アカウソよりも程度が大、言うことがすべて嘘）、⑦センミツ8（千三つ、千に三つしか本当のことを言わない人、嘘つきの誇大表現）、⑧スラリ6（すらり、何食わぬ顔をしてすらりと嘘を言う人、言うことがすべて嘘）、⑨テンクラ3（嘘つき、口先上手で人を騙すのに巧みな人、語源は分からないが古い言葉）、⑩テンスラ8（嘘つき、何食わぬ顔をして嘘をつき、人を騙すのが巧み

な人、語源は分からない)、⑪アカスラリ3（赤スラリ、ひどい嘘つき）、⑫チョレン10（嘘つき、語源は分からないが最もよく使う）、⑬アカチョレン6（赤チョレン、ひどい嘘つき）、⑭イキチョレン6（ひどい嘘つき、アカチョレンよりも程度が大）、⑮オーチョレン7（大チョレン、大変な嘘つき、イキチョレンよりもさらに程度が大で、最もよく嘘を言う人、言うことがすべて嘘）、⑯チョレンボーシ5（嘘つき、揶揄の意識を伴う）、⑰チョレンケツ5（嘘つき、卑しめて言うときに使う）、⑱オーテンクラ2（大テンクラ、ひどい嘘つき）⑲トッパイー3（嘘つき、語源は分からないが、でたらめばかり言う人、信用できない、古い言葉）、⑳カオソ（獺、嘘つきを獺に見立てた、揶揄の意識を伴う）

なお、上記の20語以外に、「アカウソノ　タイショー」2、「オーウソノ　タイショー」2という連語が認められる。これらの連語はともにほぼ同義であって、「最もひどい嘘つき（嘘の内容・回数とも）」を意味し、程度性は「オーチョレン」「アカウソノチョーリキ」よりも大である。これらの連語は厳しい批判意識を伴うため、使用対象や使用状況が極限されるので、以下の考察からは省くことにする。だが、語基がともに「ウソ」であることに注意しておきたい。

土井忠生訳の『ロドリゲス　日本大文典』（三省堂、1955）には、36ページ、238ページの二箇所に「Vsotçuqi（うそつき）。虚言者」が見られ、『醒酔笑』巻一に「そらごと」の語源解釈に関して「うそつき」が用いられており、さらに『国字本伊曽保物語』に「うそ人」（『日本古典文学大系』429ページ、岩波書店）が、「虚言をのみ言ふ人」の類義語として使用されていることなどから、「ウソ」系の言い方は、古く国の中央において成立したものと推定される。

さて、上記の語彙の一々の要素について、中年層以上の男性の歴史意識から明らかにし得ることは、

(1)「ウソツキ」よりも「ウソイー」の方が古い。
(2)「テンクラ」「チョーリキ」「トッパーイー」はいずれも古い言葉。
(3)「ウソイー」＞「ウソイ」と変化した。

という3点であり、「センミツ」「カオソ」の語源が明らかになったということである。また、歴史は未来への展開をも含むものであるという点では、

(4)「チョレン」を最もよく使う。

という説明も、重要な情報とされよう。
　しかし、わずかこれだけの情報から、当該方言の「嘘つき」の意味項目に関して、史的プロセスを見出し得るような構造（＝動的構造）を描くことは、とうてい不可能である。それゆえ、土地人の説明以外に、上記の語彙について、語形態の上から容易に推定することのできる史的関係を帰納しなければならない。帰納し得る史的関係は、次の1点である。

(5)「テンスラ」＝「テンクラ」×「スラリ」

　「テンスラ」というコンタミネーション（混淆）が成立していることから、「スラリ」は「テンクラ」とほぼ同時代に併存していた古い言葉ということになる。井上博文の「瀬戸内海沿岸部第二周辺＜少し奥まった地帯＞調査の意義」（『瀬戸内海圏　環境言語学』武蔵野書院、1999）によると、「センスラ」が福岡県豊前市の奥地に認められる（愛宕八郎康隆によると、長崎県下でもこれが聞かれる）。「センスラ」は「スラリ」と「センミツ」とのコンタミネーションによって成立した可能性も想定できる。また、「テンスラ」が「テンクラ」「スラリ」よりも成立の新しい言葉であることは、改めて指摘するまでもなかろう。
　さらに、現在、広い年層において最も盛んに使用されている語は、基礎語

彙を別にするならば、一般に最も成立が新しいと考えることができるので、「チョレン」は当該方言における「嘘つき」のカテゴリーの中では、最も遅れて使用されるようになった言葉である、と考えることができる[5]。

ところで、土地人の歴史意識の信憑性についてはどのように考えたらよいのであろうか。以前は、インフォーマントの説明は全く信頼できないとする考え方が大勢を占めていた。しかし最近では、インフォーマントが示す直感的な反応には信頼すべき実質があり、研究者が行う解釈に、インフォーマントから得られた情報を積極的に援用すべきだ、とする考え方が一般的になっている。筆者も、「謙虚に土地人の説明に耳を傾ける」ことがフィールドワークでは何よりも大切なことである、と考える。ただし、その一方で、無条件に「フィールドに入ると、インフォーマントは全て神様なのだから」と、ことごとく鵜呑みにすることにも問題があるのは確かである。

(2)「嘘つき」の語彙カテゴリーの展開

したがって、正確を期するためには、インフォーマントから得られた情報を、何らかの方法で客観的に検証することが必要とされる。これを、今、当面の問題に限定するならば、次の二つの方法が考えられる。

1．近代以降に成立した正確度の高い「方言辞典」「言語地図」等による検証
2．近世以前（近世を含む）に成立した文献資料による検証

1については、野島が瀬戸内に位置していることから、『瀬戸内海言語図巻』[6]による検証が最も有効であろう。幸い、『瀬戸内海言語図巻』には「嘘つき」（項目番号172）の分布図が収録されている。ついで、参考になるのが徳川宗賢・佐藤亮一編『日本方言大辞典』（1989、小学館）と国立国語研究所編『日本言語地図』（1966～74、国立国語研究所）である。さらに、山中六彦編『山口県方言辞典』（1967、山口県地方史学会）、柳井図書館編『柳井

の方言』(1992、市立柳井図書館)、村岡浅夫編『広島県方言辞典』(1981、南海堂) 等も、参考になろう。

　2 については、土井忠生・森田武・長南実編訳『邦訳　日葡辞書』(1980、岩波書店)、土井忠生他編『時代別国語大辞典　室町時代編一』(1985、三省堂)、中田祝夫著『古本節用集六種研究並びに総合索引』(1968、風間書房)の他、『虎明本狂言』、抄物類等が最も信頼度の高い資料とされよう。近世語に関する資料としては、『物類称呼』『増補俚言集覧』のほか、前田勇編『江戸語大辞典』(1974、講談社)、鈴木勝忠編『雑俳語辞典』等が参考になる。

　そこでまず、『瀬戸内海言語図巻』によって、土地人から得られた説明の当否を検証してみることにする。

　1 の「ウソツキよりもウソイーの方が古い。」という説明であるが、『瀬戸内海言語図巻』を見てみると、「ウソイー」は和歌山県・大阪府・岡山県には分布が見られず、広島県の安芸地方以西に濃い分布が見られ、特に九州国東半島 (大分県) 以南は、これがほとんどである。これに対し、「ウソツキ」は主に岡山県以東に分布している[7]。この分布状況は、「ウソイー」が先に行われていたところへ、後に東 (中央) から「ウソツキ」が広まってきたことを明示するものであって、土地人の説明の正しいことが知られる[8]。また、「テンクラ」の分布状況を見てみると、分布地点数は少ないものの、岡山県・広島県・山口県・福岡県の広域にわたって分布が見られ、特に山口・福岡両県の分布密度が高くなっている。分布の粗密を別にするならば、「テンクラ」は「ウソイー」とほぼ同様の分布傾向を示していると解され、しかもより典型的な周辺分布の様相を呈している。その点で、東京都八丈島に「テンクラ」が存している事実 (『日本方言大辞典』による) は注目してよかろう。なお、『日本方言大辞典』によると、「テンクラ」(嘘つきの意を表すもの) は次に記す 7 県にも認められる。

　　島根県・岡山県・大分県・徳島県・愛媛県宇和郡・高知県・長崎県

また、島根県那珂郡金城町今田でも「テンクラ」が聞かれる[9]。
さらに、「テンスラ」は、山口県佐波郡で「無節操なこと。軽薄。」の意で、同じ山口県阿武郡で「おてんば娘」の意で、それぞれ用いられている（『日本方言大辞典』）。また、市立柳井図書館編『柳井の方言』にも、次のような記述が見られる。

「てんくら　①うそ。嘘。②うそつき。『てんすら・てんげん・てんご・せんみつ』などとも。」

バルトーリ[10]の言う「周辺地域の基準」（離れた周辺地域に分布する語の方がふつう中央の語よりも古い）に照らして、「テンクラ」は「ウソイー」と同様、古く成立したものであることが明らかとなる。また、「トッパイー」の「トッパ」(Toppa) は、後に改めて触れるように、すでに『日葡辞書』に「ウソイー」「ウソイ」「ウソツキ」などとともに記載されているところから見て、やはり古く成立した語であることが知られる。このことは、『瀬戸内海言語図巻』の分布状況からも確認することができる。すなわち、「トッパコキ」が兵庫県淡路島と広島県走島という相互に遠隔の地に、それぞれ1地点ずつ分布しており、野島の「トッパイー」を加えると、いわゆる孤立分布の状況を見せているからである[11]。しかし、『日本方言大辞典』を見てみると、「トッパ」類の言い方は、次に記すように、

兵庫県・奈良県・鳥取県・岡山県・徳島県・香川県・高知県・長崎県・宮崎県

など、ほぼ西日本の全域に認められるのである。さらに筆者の調査データによると、広島市白木町・広島県比婆郡西城町・同東城町・福山市に「トッパー」が、愛媛県宇和島市に「トッポ・トッポサク」がそれぞれ行われている。これからすると、「トッパ」類の言い方は決して「孤立分布の状況」を

見せるものではなく、国の中央から西日本の広い地域に波及したものであることが分かる。このことから逆に、「トッパ」類の言い方は、室町時代以前に中央で生成され、それが東へは波及せずもっぱら西へ向けて波及していき、ついに西日本のほぼ周辺域にまで達したものと解すべきことになる。「トッパ」類の西日本における分布域は、「テンクラ」よりもさらに広くなっているのである。

　しかし、先に触れた『日葡辞書』に見える「トッパ」の意味は「軽はずみな（者）、不注意な（者）」であって、野島集落における「トッパイー」の意味とは明らかに異なる。野島集落にあっては、「言語行為」の意味分野に属する「嘘つき」の意味項目に位置づけられる意味に変化しているのである。このように見てくると、「トッパイー」の成立は「ウソイー」よりも遅れたことになる。ちなみに、「トッパイー」（瀬戸内海域沿岸第二次周辺調査の結果によると、「トッパイー」の言い方が大分県高田市内でも採録されている）の言い方は、『日本方言大辞典』には記載されていない。

　以上の検討によって、土地人の「テンクラ・チョーリキ・トッパイーはいずれも古い言葉」とする歴史意識の正しいことは、「チョーリキ」を除いてほぼ検証することができたと考える。

　さらに、土地人が新古関係について全く言及していない「センミツ」の分布状況を『瀬戸内海言語図巻』によって確かめてみると、東部に密な分布が見られ、山口県周防以西ならびに愛媛県下には全く見られない。「センミツ」は周辺域には及びかねているのである。このことから、「センミツ」は明らかに「ウソイー」「テンクラ」などに遅れて、西漸してきた事象であると解される。この解釈の妥当性は、過去の文献によっても検証することが可能である。「センミツ」の初出文献を『第二版新潮国語辞典　現代語・古語』（1995）に依って確かめてみると、安永年間（1772〜81）に成立したとされる『曽我五人兄弟　三』であって、「但し例のせんみつか」という例が挙がっている。日常の口頭語においては、それ以前から用いられていたものであろう[12]。

ついで、過去に比較の対象を求め、語彙の存立時限と位相を明らかにするために、『日葡辞書』に限定して探索を試みると、野島方言の「嘘つき」の意味項目に所属する20語のうち、「Vsoiy」「Vsoi」「Vsotçuqi」「Toppa」の４語を見出すことができる。したがって、これらの４語は遅くとも、室町末期以前から京都において口頭語として使用されていた可能性が大きい。したがって、「ウソイー・テンクラ・トッパイー」を古い言葉と捉えている土地人の歴史意識の正しいことを、『日葡辞書』によっても確定することができるのである。

　『日葡辞書』に記載されている４語を、『邦訳日葡辞書』によって示すと、以下の通りである[13]。

　　○Vsoi.1, vsotçuqi. ウソイ．または，ウソツキ（嘘い．または，嘘吐き）虚言者。　※Vsoiy（ウソイイ　嘘言ひ）とあるべきもの．
　　○Vsotçuqi. ウソツキ（嘘吐き）　虚言者．──Vsoi
　　○Toppa.1, toppana. トッパ．または，トッパナ（とつぱ．または，とつぱな）　軽はずみな（者）．または，不注意な（者）．例，Toppana mono（とつぱな者）同上．

　ただし、『日葡辞書』によっては、「ウソイー」と「ウソツキ」の先後関係を確認することはできない。だが、『瀬戸内海言語図巻』の分布状況から、「ウソイー」が「ウソツキ」に先がけて波及、西漸したと推定されることは、すでに指摘したとおりである[14]。また、「テンクラ・チョーリキ・スラリ」の３語については、『日葡辞書』をはじめとして、先に挙げたいずれの文献にも、その所在を確認することができない。
　二次的語彙（二次的派生語のまとまり）を別にすれば、残るのは「カオソ」（語源は「獺」）の１語ということになる。「カオソ」は「チョーリキ」「チョレン」とともに『瀬戸内海言語図巻』には見えない語であるが、類似語形として「カボソ」が香川県小豆島の２地点に見出される[15]。「カボソ」

第 4 章　方言性向語彙の展開　95

が「カオソ」と語源を同じくするものであれば、孤立分布を示す事例ということになり、成立の古い語と解される。しかし、ここで注意しなければならないことは、「カオソ」は「嘘つき」を「カワウソ（獺）」に見立てた比喩語であって、香川県小豆島においても野島方言とは全く関係なく、このような比喩発想による意味の拡張が成立したことが容易に予測される。したがって、この事例は孤立分布を示すものではなく、単なる偶然の一致とも考えられる。それゆえ、「カオソ」がいつごろ成立したかについては、確定的なことは言えないことになる。

　以上の検討結果を統合するならば、野島方言の「嘘つき」の意味項目に所属する語彙（ただし、二次的語彙は除く）は、次のページに示すような 4 段階からなる＜重層的な史的展開＞を内包するものと解釈することができるだろう。

　なお、40歳以下（40歳代10人：30歳代 9 人：20歳代 7 人）の男女で、「ウソイー」と「チョレン」を使用すると答えた回答者数を示すと、以下の表のようになる。

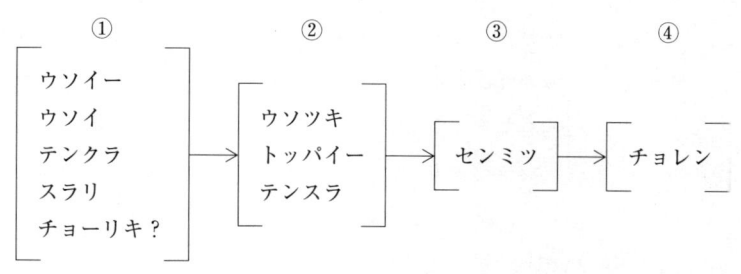

① ウソイー／ウソイ／テンクラ／スラリ／チョーリキ？　→　② ウソツキ／トッパイー／テンスラ　→　③ センミツ　→　④ チョレン

	40歳代	30歳代	20歳代
ウソイー	3人	2人	1人
チョレン	7人	7人	6人

　これによって、近世以降、当該社会において「嘘つき」の意味項目のプロトタイプとして使用されていた「ウソイー」は、40歳代以下にあっては急速に衰微しつつあることが理解される。すでに当該社会にあっては、「嘘つ

き」の意味項目のプロトタイプが「ウソイー」から「チョレン」に変化しているると言ってよかろう。

（3）二次的語彙の史的展開と決定要因

ところで、当該社会の「嘘つき」の意味項目に所属する語彙の中には、「テンクラ」に対する「オーテンクラ」、「スラリ」に対する「アカスラリ」、「チョレン」に対する「アカチョレン」「イキチョレン」「オーチョレン」「チョレンケツ」「チョレンボーシ」のような、接辞をとる二次的語彙が8語も見出されるのである。これらの二次的語彙は、いずれも「テンクラ」「スラリ」「チョレン」などの造語基の存在を前提とすることによってはじめて成立し得るものであって、両者の先後関係は自明である。

今、造語基をもとに生成された二次的語彙を全体にわたって類化すると、

a．テンクラ　──→オーテンクラ
b．ウソ　　　──→アカウソ
c．スラリ　　──→アカスラリ
d．チョレン┬─→アカチョレン
　　　　　├─→イキチョレン
　　　　　└─→オーチョレン

　　　　　　─→チョレンケツ
　　　　　　─→チョレンボーシ

上のような階層構造を帰納することができる。

それでは、これらの二次的語彙は、先に示した4段階からなる＜史的構造＞のうち、どの段階において成立したものと考えることができるであろうか。この問題を客観的に検証することは極めて困難である。なぜなら、これらの二次的語彙は、『瀬戸内海言語図巻』『日本方言大辞典』『日本言語地図』を

はじめ、県別の方言辞典によっても、また過去の文献をひもといてみても、全く見出すことができないからである。

しかし、二次的語彙の成立を、近世農村史の展開という観点から考えてみるならば、その成立時期をある程度の客観性をもって推定することが可能になるのではなかろうかと思われる。すなわち、「嘘つき」の程度性を弁別するためには、当該社会の成員間に極めて濃密なネット・ワークが張りめぐらされていることが前提とされるであろう。また、「嘘つき」の程度性を二次的語彙の生成によって成員共有の＜社会的規範＞とする要請は、野島という集落における＜秩序構成＞を一段と強化する必要性が生じたことを要因とするものと考えるのが筋であろう。だが、野島集落においていつごろ＜社会的規範＞のたががゆるみはじめ、したがって＜社会秩序＞の再構成が必要とされたかは、野島集落にほとんど信頼するに足る古文書の類が残っていないために、明らかにすることができないのである。

しかしながら、二次的派生語の生成は、何も野島集落に限られることではなく、広く中国・四国地方の村落社会において見出されるのである。二次的派生語の生成という現象が広い地域に共通して見出されるという事実は、何らかの歴史社会的要因が共通して発生したことに対応するために、等質の＜集合意識＞が記号化という形をとって明確に顕在化した証であると考えられる。

したがって、野島集落に限定しないで、広く日本を視野に収めて、近世における＜社会秩序＞の再構成の時期を確認し、それによって二次的語彙が成立した時期を推定してみたいと考える。

安丸良夫の「歴史研究と現代日本との対話」(『世界』第590号、1994、岩波書店)によると、次のような指摘がなされている。少し長くなるが、以下に引用する。

　　18世紀末の日本には、飢饉、一揆、村方騒動などが頻発して、地域社会は全体として荒廃化の傾向が強く、人口もおよそ18世紀初頭から停滞

ないし減少化の方向にあったのだが、寛政改革をひとつの契機としてこうした状況が少しずつ改められ、地域社会の秩序が再編成されて、生産力も人口も上昇に転じた。(中略) 性の問題はともかくとして、こうした一体的秩序に対置されているのは、奢侈・怠惰・博打・酒色などであるが、またこうした方向に奔りがちの若者組と彼らを担い手とする休日や祭礼についての新たな動向などであった。およそ近世中期ごろから、村の祭礼とそれにともなう行事、踊りや芝居などが盛大化する傾向があり、それはまたその担い手としての若者組の活動と結びついていた。地域社会の秩序は、こうした動向に対抗して、村落支配者層の主導権のもとでの勤勉・倹約・和合・孝行などの生活規律の実現、またそうした規律による訓練を主体的根拠とする生産増大などによって編成されるべきものであった。そうした地域社会の編成は、必ずしも目立った形をとらなくとも、18世紀末ごろから各地で模索されており、……。

また、木村礎の『近世の村』(1980、教育社) によれば、江戸初期から農漁村の戸数・人口は増え続け、江戸中期にいたると初期の約1.5倍量になったという。中期以降はあまり大きな変化は見られないが、天保・嘉永(18世紀の半ば)ごろから農村の荒廃が著しくなってくるとのことである。

これらによると、野島集落において二次的語彙が成立したのは、18世紀末ごろのことであったと推定される。なぜなら、村落社会の＜社会的秩序＞が過去の状態を維持する形で保たれている場合には、「嘘」をつくという行為は成員相互の信頼関係を傷つけることがあったにしても、＜社会的秩序＞そのものを破綻させるような状況を招来することはなかったであろう。しかし、＜社会的秩序＞を維持することが困難になり、地域社会の＜秩序構成＞を再編成しなければならないような状況において「嘘」が飛び交えば、それは、村落社会の存続そのものを危うくすることにもなりかねなかったからである。なぜなら、前近代の村落社会にあっては、何が嘘で何がまことかを正確に判断するための情報や根拠が絶対的に不足していたと考えられるからである。

しかも、野島は一島一集落からなる離島であって、周囲の地域社会からいわば隔絶されていたのである。それゆえ、「嘘つき」のマイナス評価の程度性を強化する必要性が、とりわけ強く働いたと考えるのは自然なことであろう。したがって、少なくとも「センミツ」が当該社会に波及した後に、＜社会秩序＞の再編成とその強化を目的として、二次的語彙が生成されたものと考えられる。また、このように考えられることから、現在最も盛んに使用される「チョレン」は、すでに18世紀末以前に成立していたものと推定される。なぜなら、二次的語彙の生成は、「テンクラ」「スラリ」「チョレン」の3語に、ほぼ時期を同じくして行われたと考えられるからである。

（4）「嘘つき」の語彙カテゴリーの動的構造

以上のような推定が許されるならば、野島方言の「嘘つき」の語彙カテゴリーに所属する全要素は、次に示すような史的展開をたどって成立し、定着を見たものと考えることができる。

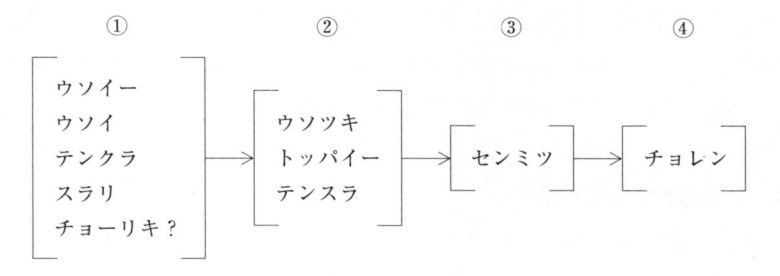

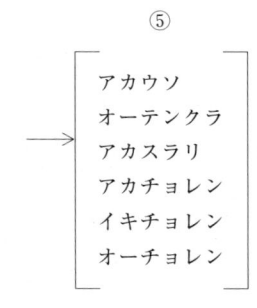

①
[ウソイー
ウソイ
テンクラ
スラリ
チョーリキ？]
→
②
[ウソツキ
トッパイー
テンスラ]
→
③
[センミツ]
→
④
[チョレン]

⑤
→
[アカウソ
オーテンクラ
アカスラリ
アカチョレン
イキチョレン
オーチョレン]

(5) 受動的社会意志と生成的社会意志

　現在、野島集落に認められる＜嘘つき＞に関する語彙の動的構造には、野島集落に生きてきた人々の長い生活史を背景とする、社会意志（集団意識）の展開構造の反映を見てとることができる。それは、彼らの生活環境（社会環境）の維持、強化を根源的な目的とする、極めて主体的な＜世界製作＞であった、と見なすことができる。

　中央から波及した言語事象を野島社会の成員が受け入れ、定着させた行為は、一見受動的な行為に見えるが、ここにも明確な社会意志の働きが認められるわけで、決して消極的な行為とは呼べないであろう。しかし、主体的でしかも積極的な＜世界製作＞は、野島方言に特徴的と見なし得る語彙（これには、造語基群と二次的語彙の両者が含まれる）の存在に、最も明確に反映していると言ってよい。前者を仮に＜受動的社会意志＞を媒介とする行為と呼び、後者を仮に＜生成的社会意志＞あるいは＜能動的社会意志＞を媒介とする行為と呼ぶことにしよう。

　今、＜受動的社会意志＞によって定着することになった語彙と、＜能動的社会意志＞によって独自に共有化されることになった語彙を、造語基群と二次的語彙に分かつて示すと、以下のようになる。

A．＜受動的社会意志＞
　1．造語基群…………ウソイー・ウソイ・ウソツキ・テンクラ・センミツ（5語、25.0％）
　2．二次的語彙………なし

B．＜生成的社会意志＞＜能動的社会意志＞
　1．造語基群…………トッパイー・チョーリキ・スラリ・チョレン・テンスラ・カオソ（6語、30.0％）
　2．二次的語彙………オーテンクラ・アカウソ・アカスラリ・アカチョレン・イキチョレン・オーチョレン・チョレンケ

第4章 方言性向語彙の展開　101

ツ・チョレンボーシ・アカウソノチョーリキ（9語、45.0％）

　＜生成的社会意志＞を媒介として独自に作成された語彙が、実に全体の75.0％を占めているのである。ここに、「嘘をつく」という行為とその人に対する社会的な批判意識がいかに厳しく働いたかを見てとることができる。そして、その要因は、おそらく「嘘をつく」という行為が＜つきあい秩序＞の維持を甚だしく乱すものとなったこと、＜社会秩序＞の再編成にともなう＜秩序構成＞の強化が必要とされたこと、この2点に求められるであろう。そして、この2点に関する要請が、一島一集落からなる野島社会の生活環境においては、一段と強く働いたものと考えられる[16]。

　ただ、ここで注意しておきたいことは、「嘘をつく」という行為が常にネガティブに作用したのではないという事実である。野島集落に行われる「ウソイー・ウソイ」は、土地の老人が語ってくれたように、「誰にも分かる嘘を言う人で、こわばった雰囲気をやわらげ、笑いを誘う」ポジティブな社会的効用を担っていたのである[17]。

○ウソー　ハナサニャー　ハナシニ　ナラン。ウソイーワ　ミエル　ウソー　ユー　モンノ　コト　ヨ。
　嘘を話さなければ話にならない。ウソイーは誰にも分かる嘘を言う者のことさ。　　　　　　　　　　　　　　　　　　　　（老男）
○ウソイーワ　ワライ　ワライ　ウソー　ユー　ヒト。ソレガ　ウソイー。
　ウソイーは笑いながら嘘を言う人。それがウソイー。　　　（老男）

　「嘘も方便」という慣用表現があるが、これはこわばった人間関係をほぐす「嘘」の社会的効用を巧みに表現したものに違いない。ところが、「嘘」が果たす、この作用を維持していくためには、どうしても一種の強意表現、＜誇張した言い方＞を行う方向へと展開せざるを得ないことになる。野島集

落において、二次的語彙が多く生成された要因の一つとして、このようなことも関わっていたのではないかと考えられる。

　ここで、一般化した言い方をするならば、一神教文化である欧米社会においては「嘘・虚偽」が徹底的に否定的な方向で認識される。それに対し、日本社会においては「嘘・虚偽」がネガティブとポジティブの両義的意味を担うものとして認識されているのである。この事実は、両者の言語文化の差異を端的に物語る一事例とされるであろう[18]。それゆえ、野島集落において、ポジティブな機能を果たす「ウソイー」と、もっぱらネガティブな機能を果たす「ウソツキ」とが長期にわたって併用されてきたと考えられるのである。ただし、当該集落において、いつごろ「ウソイー」と「ウソツキ」の間に明確な機能分化（意味の差異化）が成立したのかという問題については、検証する術がない。

3．性向語彙と生活環境

　ところで、「嘘つき」の程度性を拡大することによって＜社会的規範＞の維持、強化が図られた、あるいは「嘘」がもたらす笑いというポジティブな社会的効用を維持するために程度性の拡大が図られたのは、何も野島集落に限られることではない。おそらくは、中国・四国地方の広い範囲、さらには近畿や九州の広い範囲においても同様のことが行われたものと考えられる。

　その1例として、たとえば島根県那珂郡金城町今田集落において、次に記すように13語もの＜二次的語彙＞が認められるという事実を挙げることができる。

　　　　オーウソイー・オーウソツキ・オーウソ・オーアカウソ・アカウソツキ
　　　　・ダーウソイー・オーテンクラ・オーテレ・オーホライー・オーホラフ
　　　　キ・オーボラフキ・オーホラツキ・オースットン

　また、広島県比婆郡東城町川東集落にも、次に示すように程度性を拡大す

第4章　方言性向語彙の展開　103

る二次的語彙が6語（17語中）認められるのである。

　　オーウソイー・オーウソコキ・オーウソツキ・オートッパーモン・オートッパー・オースッパク（「オースッパク」は、ずる賢い嘘をつく人の程度性を強めた言い方）

さらに、鳥取県倉吉市生田方言では、次に示す6語（17語中）が行われている。

　　オーウソツキ・オーオソツキ・オーウソコキ・オーオソコキ・オートッパー・オートッパーモン

　また、野島集落に行われている「センミツ」は、今田集落では「マンミツ」「マンイチ」のような言い方が行われており、比喩の程度性が拡張している[19]。
　ところで、野島集落においては「嘘つき」の程度性を、「チョレン」をもとにして①「アカチョレン」——②「イキチョレン」——③「オーチョレン」の三段階に弁別しているのである。野島集落に認められる、「嘘つき」の程度性を三段階に弁別する社会は、中国・四国地方の本土部には全く見出せないと言ってよい。ちなみに、野島集落においては、次ページに示すように、「怠け者」の程度性を5段階に、「馬鹿者・知恵の足りない人」の程度性を、7段階に区別している。
　このように、野島集落において、＜社会的規範＞から逸脱する＜過小価値＞を表す意味項目に、本土部には全く見出すことのできない程度性の細分化が行われている事実について、どのように理解したらよいものであろうか。
　それについては二つの要因が想定される。一つは自然環境によるものであり、他の一つは社会環境によるものである。自然環境による要因は、野島が防府市から15kmの沖合に位置する離島であるということである。そのため、

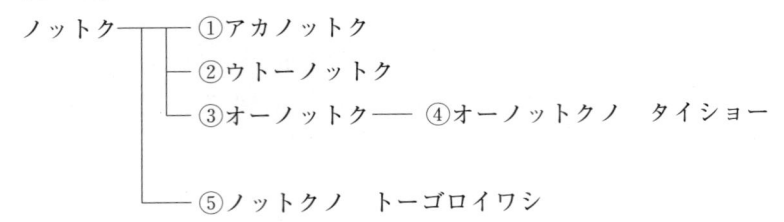

《怠け者》
ノットク ─┬─ ①アカノットク
         ├─ ②ウトーノットク
         ├─ ③オーノットク ── ④オーノットクノ　タイショー
         └─ ⑤ノットクノ　トーゴロイワシ

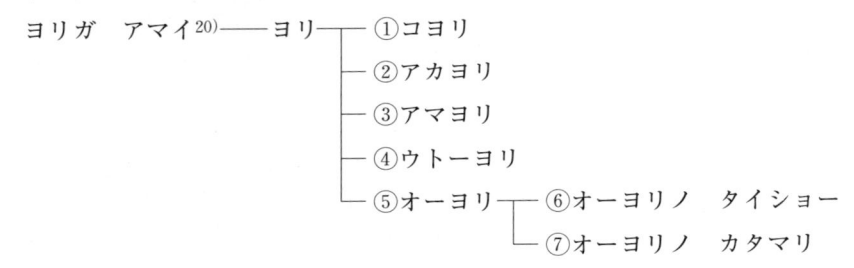

《馬鹿者・知恵の足りない人》
ヨリガ　アマイ[20] ── ヨリ ─┬─ ①コヨリ
                            ├─ ②アカヨリ
                            ├─ ③アマヨリ
                            ├─ ④ウトーヨリ
                            └─ ⑤オーヨリ ─┬─ ⑥オーヨリノ　タイショー
                                          └─ ⑦オーヨリノ　カタマリ

　野島集落が本土部における村落社会などと比べて、ウチに向けて固く閉ざされる度合いが一段と強くなったことが想定される。社会環境による要因は、当該集落が一島一集落という特殊な社会であり、しかも15歳以上の男性が共同して行う網漁を主体とする漁業社会であったため、成員相互の関係が極めて濃密になったことが想定される。漁業社会は農業社会に比べて、人間関係が濃密であったことはすでに木村礎が指摘しているところであるが[21]、野島集落の場合は濃密さの程度が格段に強かったことが、容易に予測されるのである。
　このように、成員間に張りめぐらされたネット・ワークが極めて緊密であったがゆえに、程度性の細分化が可能になったものと考えられる。
　さらに言えば、程度性を細分化することによって、一段と厳しい＜秩序構成＞をしなければ、この社会を維持・存続させることが困難だったのではなかろうか。『防長地下上申』（全4巻、山口県地方史学会編刊、1978〜1980、

マツノ書店)によると、天保10年(1839)には、すでにこの集落に127戸の家があり、692人もの人が生活を営んでいたのである。しかも、その後、戸数・人口とも増え続け、国勢調査によると、昭和30年には戸数が246戸、人口は1050人になっている。これだけの成員が、ごく狭い平地からなる一集落に居住していたのである。いきおい、＜つきあい秩序＞＜労働秩序＞の＜秩序構成＞は厳しくならざるを得なかったはずである。その＜秩序構成＞を強化するために、＜程度性の細分化＞という事実が有効に働いたものと考えられる。まさに、野島集落における特異な＜程度性の細分化＞は、野島集落という共同体の社会意志（願望）によって形成されたものである、と言ってよかろう。

野島集落に認められる＜程度性の細分化＞は、言語、とりわけ語彙システムが、それを必要とし、使用する言語共同体の願望するような姿で存在することを端的に示す事例である、と解される。

上に見てきたように、性向語彙の構造の史的展開や程度性の細分化には、自然環境と社会環境とを統合する＜生活環境＞の特性が大きく関わっていることを、ほぼ検証することができたかと考える。この点に関連して、次には、性向語彙に認められる比喩の背景にも＜生活環境＞、とりわけ＜生業環境＞の特性が明確な形で存在していることを見てみたいと思う。

4．性向語彙における比喩と意味の拡張

先に取り上げた野島集落という特異な社会には、比喩語彙（メタファーを中心とする）に関しても、顕著な特異性が見出されるのである。それは、喩えるもの（喩材）の取りたて方に認められる特異性である。これを仮に、＜見立ての特異性＞と呼ぶことにすると、この＜見立ての特異性＞は、筆者の現在までの調査による限り、当該社会にしか認められない＜方処性の特異性＞にそのまま重なる。

以下には、そのすべての例をカテゴリー化して示すことにする。

1．海の動物に喩えたもの
  A．魚——①ノットクノ　トーゴロイワシ（②トーゴロイワシ、③トーゴローとも言う。トーゴロイワシは鱗が多くて煮ても焼いても食えない、副食物として全く役に立たない魚である。そこから、全く役に立たない怠け者に見立てた）、④ダイチョーノキモ（ダイチョーは磯辺にいるごく小さな魚で肝も小さい。そこから、小心者に見立てた）、⑤アオチャンギリ（アオチャンギリは釣りをしていても餌だけとってなかなか針にかからない。そこから、意地悪くがつがつ食べる人に見立てた）
  B．貝——①センジマサザエ（センジマサザエは口が大きいわりに中身が少ない。そこから、口は達者だが実のともなわない人に見立てた）
  C．空想上の動物——②エンコーハダ（河童の肌はぬるぬるしていて、何でもするっと落ちてしまう。そこから、お金が身につかない人に見立てた）

2．海の現象に喩えたもの
  A．潮——①カタシオナキ（片潮泣き、片潮は6時間。長く泣き続ける子どもをカタシオに見立てた強意的比喩）、②ジューゴンチ（十五日、この日に小潮から大潮に変わるので、潮の流れが急に速くなり、干満の差も大きくなる。そこから、気分が急に変わる人に見立てた）

3．人名・屋号に喩えたもの
  A．人名——①チューゾー（チュードーとも言う、忠蔵か。昔、この島にいたひどい怠け者の名を、怠け者を意味する普通名詞に転用したもの）、②ロクオジー（昔、六之丈という大変きれいずきな人がいた。その人の名を必要以上にきれいずきな人を意味する普通名詞

に転用したもの)、③モンコージー(昔、モンコーという、自分のことはしないでも他人の世話をしていた人の名を、世話ずきな人を意味する普通名詞に転用したもの)、④キンペーサー(昔、キンペーといういつも汚くしている人がいた。その人の名を、汚くしている人を意味する普通名詞に転用したもの)、⑤サヘー(昔、佐平というよく冗談を言う人がいた。その人の名を、冗談言いを意味する普通名詞に転用したもの)、⑥ヨモー[22](昔、与茂作といういつもぶつぶつ不平ばかり言っていた人がいた。その人の名を、不平言いを意味する普通名詞に転用したもの)
B. 特定の屋号——①ウスヤ(昔、いつも家の中を汚くしていた臼屋という屋号の家があった。その屋号を、汚くしている人を意味する普通名詞に転用したもの)

4．事物に喩えたもの
A. 食器具に喩えたもの——①オーバチ(大鉢、②オーバチオ　ユーとも。物事を大仰に言う人を、大きな皿に見立てた。昭和40年代まで、漁を終えて帰ると、獲れた魚を浜で料理し、皆が一緒になって食べる習慣があった。その時に使用した直径60センチの大皿を、オーバチと言う)
B. 漁の道具——①ヨリガ　アマイ(縒りが甘い、網に取りつけた綱の縒りが甘いと漁をするとき全く役に立たないところから、何の役にも立たない知恵の足りない人に見立てた。単に、②ヨリと言うことが多い)

5．職業に喩えたもの
A. 下級の娼婦——①ニフンフダ(二分札、二分で買える下級の娼婦。稼ぎの悪いところから、全く役に立たない怠け者に見立てた。単に、②ニフンとも言う)、③サンプンフダ(三分札、三分で買える下級

の娼婦。稼ぎの悪いところから、全く役に立たない怠け者に見立てた）
6．社会生活に喩えたもの
　A．本土の人間のもの言いに喩えたもの──①ロクグチイー（陸口言い、本土の人間はよく陰口や悪口を言うとして、陰口・悪口を言う人に喩えた）、②ロクグチオ　ユー（陸口を言う、同前）

　さて、先に、＜見立ての特異性＞を指摘したが、それは語数の多い1と3のカテゴリーに特に顕著に認められる。1はいずれもあまり名の知られていない海の動物（魚・貝）であり、3はいずれもかつてこの島に実在した人の名や屋号である。このような特異な比喩が、当該社会において独自に生成された理由は、比較的容易に推定することができる。すなわち、1に関しては、野島集落が古い過去から現在まで継続して典型的な漁業社会として存立してきたという点に、その理由を求めることができるであろう。

　仮に、野島集落が離島であっても農業社会として存立してきたのであれば、これらの魚や貝の名前を知っていた（このこと自体すでに疑わしいが）としても、その形状や習性の特徴を精確に認知することは極めて困難だったと考えられる（釣りマニアは別であろうが、しかし前近代から釣りマニアが大勢いたとは考えられない）。ましてや、これらの魚や貝の形状・習性の特徴を、相互の類似性に基づいて人間に転写し、新たな視点から表現することなど、ほとんど不可能であったろう。成員の大半が魚や貝に精通している漁業社会であったからこそ、このような創造的な象徴能力を獲得することができ、それがいちはやく社会の共有認識となって、今日まで継承されてきたと考えられるのである。その点では、2の「カタシオナキ」や「ジューゴンチ」も同様であろう。

　ここに、造語に働く比喩心理の漁業社会独自の均質性を認めることができる。生業という社会環境を形成する重要な要素の特性が、1と2の比喩語彙には、明確に反映しているのである。

第4章　方言性向語彙の展開　109

　一方、3に属する比喩は、離島でしかも一島一集落という強い閉鎖性、求心性の認められる社会において形成される、濃密な人間関係のネット・ワークがその生成要因であることは、ほとんど説明を要しないであろう[23]。そして、野島集落の閉鎖性を、本土の地域社会への対抗意識として顕在化させたものが、6の見立てにほかならない。もっとも、6の見立てには、多少複雑な社会的理由が想定されなくもない。それは、このような性向語彙の生成、使用によって、若者たちの本土へのあこがれやそれによる流出を未然に予防し、できるだけ多くの若者を野島集落に引きとめておこうとする、大人たちの配慮が働いているのではなかろうかということである。若者が野島集落から離れて行けば、共同労働としての網漁は急速に衰微することになり、野島集落の人々の生活が成り立たなくなるからである。

　4の事物に喩えたものも、漁業社会における食習慣や日々の操業を背景として成立した見立てであって、1や2と性質の重なるものである。

　ところで、野島集落のような典型的な漁業社会とは異なり、古くから農業社会として存立してきた地域社会には、どのような比喩の生成による意味の拡張が認められるのであろうか。

　島根県石見地方の内陸部に位置する那賀郡金城町今田集落と広島県備後地方の山地部に位置する比婆郡東城町川東という、典型的な2つの農業集落の場合について、簡単に見てみることにする。

　今田集落には、次のような比喩語彙が認められる。

1．動物に喩えたもの
　①タノモトガエル（田の側蛙、いつも集落にいて外に出たがらない人を、いつも同じ田の側にいる蛙に喩えた）、②ウシ（牛、無口な人をあまり鳴かない牛に喩えた）、③ドンク（ひきがえる、仕事をするとき体の動きの極端に遅い人、仕事がひどく遅い人を動作が極端に鈍いひきがえるに喩えた）④カラスグチナワ（烏蛇、⑤カラスヘビとも言う、怒りっぽい人・短気な人をちょっとさわっただけでも鎌首をもたげる烏蛇に喩え

た）

2．農作業に喩えたもの

①イモヒキ（甘藷引き、甘藷を引き抜くとき後ずさりすることから、小心な人をこのように言う）、②コーバイガ　ハヤー（土地人の語源意識は「勾配が早い」、語源は「小舞が早い」。仕事の早い人をこのように言う）③ヒトクワオコシ（一鍬起こし、一発何かに賭ける冒険家を田に力強く一鍬入れて土を起こす動作に喩えた）、④コエカタギ（肥担ぎ、頑固で誰も相手にしないような人を下肥を担いで通るときの状態に喩えた。下肥を担いで通るときは皆がよけるところから、肥担ぎに見立てたもの）、⑤イモー　ヒク（甘藷を引く、気が弱くて何でも遠慮する人の動作を甘藷を引くときの動作に喩えた）

3．農機具に喩えたもの

①カタクワモノ（片鍬者、依怙地な人を半分の長さしかない鍬に喩えた、他者とうまくやっていけない人を半人前とする認識によるものか、②カタクワモンとも言う、③エブリサシ（柄振差し、単に④エブリとも言う。人の先に立ちたがる人を、田植えのとき早乙女の先に立って田をならす農具に喩えた）

4．籾に喩えたもの

①ミオシ（米の入っていない籾、性根のすわっていない人、根性のない人を肝心の米が入っていない籾に喩えた）

また、川東集落には、次のような比喩語彙が認められる。

1．動物に喩えたもの

①ウシ（牛、無口な人をあまり鳴かない牛に喩えた）

2．農作業に喩えたもの

①イモヒキ（甘藷引き、甘藷を引き抜くとき後ずさりすることから、小心な人をこのように言う）、②コマェーガ　ハヤイ（小舞が早い、仕事

の要領が良くて早く仕上げることを、舞が早いことに喩えた、③コバェーガ　ハヤイとも言う）

　これらの比喩語彙を見てみると、すべて農業社会に特徴的な発想に根ざすものであることが分かる。したがって、漁業社会には漁業社会独自の、農業社会には農業社会独自の比喩による意味の拡張現象が認められることになる。そして、その背景には、改めて指摘するまでもないことではあるが、＜生業環境＞の相対性が存しているのである。比喩による類似性の発見と、その結果としての意味の拡張という展開にも、＜環境の原理＞、＜生活の必要性の原理＞が深く関与していることが知られる[24]。
　また、漁業社会のメタファーも農業社会のメタファーも、ともにマイナス評価に属する性向に顕著な傾斜を見せている。＜社会的規範＞から逸脱する性向に、常に関心（認知）の焦点が置かれがちであり、批判の対象とされてきたことが、これによっても明確に理解されるのである。

注
1）「ダラズ」「ダラズモン」は、山陰方言では「馬鹿者」「知恵の足りない人」の意を表す語として用いられる。「タラズ」（足らず）の対象を、山陽方言のように「仕事に対する意欲・気力」ではなく、「知恵」と捉えたのである。このように、「タラズ」（足らず）の対象をどのようなものとして捉えるかによって、意味の地域差が生じているわけである。なお、＜プロトタイプ＞を規定する要件としては、あるカテゴリーに属する語彙の意義特徴をすべて共有しているという「意味の要件」のほかに、多くの人が共通に認知しているという「使用者数の要件」、日常の言語生活において使用頻度が高くなるという「使用頻度の要件」などを設定する必要があるであろう。
2）宮本常一『忘れられた日本人』（岩波文庫、1984）、赤坂憲雄「常民の形成―『土佐源氏』を読む―」（『岩波講座現代社会学15　差別と共生の社会学』1996、岩波書店）。なお、当該方言の「オナゴドラ」に関連する「オンナドラ」「オナゴドーラク」の言い方が、島根県那珂郡金城町今田方言にも認められる。

3）赤坂憲雄「常民の形成―『土佐源氏』を読む―」(『岩波講座現代社会学15 差別と共生の社会学』1996、岩波書店)。

4）柴田武『語彙論の方法』(1988、三省堂)を参照されたい。またG. ヘルビヒは、その著『近代言語学史』(岩崎英二郎他訳、1972、白水社)の中で、次のように述べている。「共時態を単純に静力学と同一視することも許されない。実際上の共時態は変化や運動を内包しているからである。」(37ページ)筆者も、構造分析は共存状態における記号関係の静的な断面のみを対象とするものではなく、継起的、歴史的変異や変形も研究の視野に収めるべきであると考える。

5）近石泰秋編『香川県方言辞典』によると、以下に記すように、「チョレン」の類似語形が香川県に行われていることが知られる。ただし、語源を同じくするものかどうかは、現時点では未詳である。

  ちょろ　うそ。嘘。(綾歌) 三合。

  ちょろすけ　うそつき。軽薄な男。(三豊) 高瀬・吉津。

  ちょろつき　うそつき。(綾歌) 三合。

6）藤原与一『瀬戸内海言語図巻』上巻・下巻(1974、東京大学出版会)、同『瀬戸内海域方言の方言地理学的研究』(1976、東京大学出版会)。

7）注6）に同じ。

8）「ウソイー」の方が早く西漸し、「ウソツキ」の波及が遅れた理由については、『時代別国語大辞典　室町時代編一』の説明を参照することによって、ほぼ了解することができる。同書には、次のような記述が見られる。「嘘を吐(つ)く　『つく』は口からはき出す意で、うそを言うの意の下品な表現。」(715ページ)すなわち、室町末期にあっては、「ウソツキ」が「ウソイー」の下品な表現と意識されていたのである。品位がニュートラルな日常語の方が使用場面に制約がないため、使用頻度が高くなるということが、「ウソイー」の方が早く西漸した直接的な要因となったものと解される。また、山陰の鳥取県下から島根県出雲地方にかけても、老年話者には「ウソツキ」(オソツキ)よりも「ウソイー」(オソイー)の方が古いことばであり、前者は後者よりも下品で、相手を卑しむ気持ちが強いという意識が明確に認められる。

9）広島大学方言研究会編『島根県那珂郡金城町今田方言の性向語彙』(『広島大学方言研究会会報』第26号、1981)。

10）バルトーリが言語の分布状況から語史を再構築するために立てた基準については、コセリウがその著『言語地理学入門』の中で詳しく紹介している。

11）バルトーリは「孤立した地域の基準」と呼んでいる。
12）『日本方言大辞典』によると、「センミツ」のほかに、「ヒャクイチ」「マンミツ」「マンイチ」の言い方が挙がっている。したがって、「嘘つき」の強意比喩は「ヒャクイチ」→「センミツ」→「マンミツ」→「マンイチ」のプロセスを経て拡大されたものと考えられる。
13）『日葡辞書』にはこれら4語以外に、さらに以下に記す5語が記載されている。

  Soragoto. ソラゴト（虚言）　嘘．
  Qiogo. キョゴ（虚言）　Ytçuuari, cataru.（いつはり、語る）すなわち,
   Soragoto.（虚言）嘘．文書語．
  Qiogon. キョゴン（虚言）同上．
  Qiogonjin. キョゴンジン（虚言人）　Itçuuariuo yû fito.（いつはりを言
   う人）嘘をつく人．
  Qiogonxa. キョゴンシャ（虚言者）．

14）注8）に同じ。
15）『香川県方言辞典』（1976、風間書房）には、次のような記述が見られる。
 かぼそ　（一）かわうそ。小豆島福田・水木・北浦・池田。（二）幽霊。正体のつかめない怪物。小豆島
 かぶそ　（一）かわうそ。小豆島四海。（二）幽霊。正体のつかめない怪物。小豆島。
16）野島集落は平地が乏しく、しかも港の傍の狭い平地に家が密集して建っている。そのため、早くから共同で行う網漁を中心とする漁業によって生活を維持してきた。『防長地下上申』によると、天保10年（1839）には、野島の戸数は127戸、人口は692人に達していたという。早くから極めて濃密な人間関係の形成されていたことが、容易に推測される。
17）井上俊「うその社会的効用」（木下富雄・吉田民人編『記号と情報の行動科学』1994、福村出版）を参照されたい。
18）唐須教光は『文化の言語学』（1988、勁草書房）の中で、次のように述べている。

 「うそつき」に対して、「ほんとつき」というような語が無いのは、その社会において、本当のことを言うのはあたりまえだと考えられ、従って、嘘をつく方は、その規範からの逸脱であるのに、本当のことを言うのはそ

うではないからと解することができる。(42ページ)

　唐須のこの考え方は、基本的には正しいと言ってよかろう。しかし、性向語彙の構造、ならびに運用に即して言えば、やや舌足らずの説明になっている。より精確には、「うそつき」を社会的規範から逸脱する＜過小価値＞＜排除価値＞として捉え、その行為を批判ないしは揶揄の文脈によって運用することによって、規範としての「本当のことを言う、正直者として振舞う」ことを、社会の成員に＜指向価値＞として認識させる、これは巧妙なメカニズムである。また、唐須の説明には、「嘘の社会的効用」の両義性に関する指摘が欠落している。この点に関する説明の不備は問題であって、日本というマクロ社会における伝統的な人間関係において、「嘘も方便」として一種の潤滑油的な作用を「嘘」が与えてきたこと、そして現に与えているという言語文化の特質を見落としてしまうことになる。この事実の重要性は、一神教文化を規範とする欧米人が「嘘・虚偽」を徹底的な＜否定価値＞として認識しているのに対比した場合、いっそう明確となるであろう。

　今、両者の関係をラフな構造図として対比的に示すならば、次のようにな

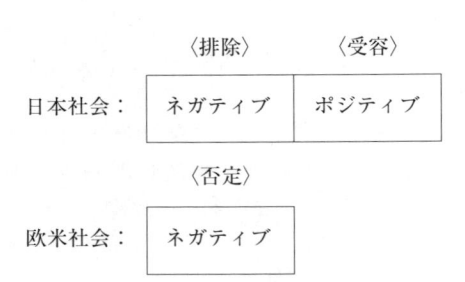

	〈排除〉	〈受容〉
日本社会：	ネガティブ	ポジティブ

	〈否定〉
欧米社会：	ネガティブ

る。
　このような差異の認められる背景には、日本人に「罪」の意識が伝統的に希薄であったことが存するのかも知れない。とりわけ、誇張された「嘘」ほど面白いとする日本人の意識の働きに、このことが透けて見えるのではなかろうか。
　なお、上に示した構造図について、国広哲弥氏から次のような御批正を賜った。「欧米社会においては『ポジティブ』用法が欠けているようになって

いるが、そんなことはなく、英語では‘a white lie’というのが社交的に用いられている。相手を傷つけたくない時にうそをつくということである。また、‘a big talk’(ホラ話)というのもある。テキサス人のホラ話は有名である。『ミシシッピー川なんかひとまたぎサ』という具合である。」したがって、「嘘」を言うことの社会的効用という点では、日本社会も欧米社会もなんら違いはないということになる。しかし、社交的な場で相手を傷つけたくない時に、とりわけよく嘘を言う人の性向を指示する名詞が欧米社会にもし認められないとするならば、ポジティブな側面への関心の度合い（認知度）は日本社会の方がより強いということになるだろう。

19）「嘘つき」が＜社会的秩序＞を乱す存在であり、それゆえ地域社会が「嘘つき」に対して強い否定的価値を付与したことは、以下に記すように、全国各地に揶揄や非難の印象づけにはたらく強意比喩（誇大比喩）が数多く生成されている事実からも、容易に推測することができる。

　　1．北海道——タイホー（大砲）、マンカラ（万空、全部が嘘、嘘ばかりのこと）

　　2．東北地方——タイホー（大砲）、セントー（千に十、千のうち十しか本当でないような人）＜青森県＞

　　3．関東地方——マンカラヤロー（万空野郎、年がら年中、中身の伴わない空っぽ、すなわち嘘ばかりということから）＜栃木県＞、サンビャクダイゲン（三百代言）＜群馬県＞、センミツ（千に三つ、千のうち三ぐらいしか本当のことを言わないから）、サンビャクダイゲン（三百代言、三百のことを言ってもほとんど本当のことを言わないから）＜神奈川県＞、センミツ＜東京都＞

　　4．中部地方——センミツ（千に三つ）＜長野県＞、オマンガラ（お万空、一万個の中で本当のことが一つもない）、センミツ(千に三つ)＜愛知県＞、オーボラフキ（大法螺吹き）、オーブロシキ（大風呂敷）＜岐阜県＞

　　5．北陸地方——カラクサンナ　ヒト（空くさい人）＜石川県＞、カワウソ（獺、嘘つきを獺に見立てて言う、「うそ」の部分の語呂を合わせて言ったものであろう）＜福井県＞

　　6．近畿地方——センミツ（千に三つ）、オーブロシキ（大風呂敷）、イッタンブロシキ（一反もある風呂敷ということで、オーブロシキを一段を強調した語）＜三重県＞、センミツ（千に三つ）＜和歌山県＞、センミツ（千に三つ）＜大阪市＞、ヒャクイチ（百に一つ）、ヒャクイッチャン

(百に一つ、揶揄)、サンビャクダイゲン（三百代言）、センイチ（千に一つ)、センミツ（千に三つ）＜兵庫県＞

7．中国地方――センミッツ（千に三つ）＜岡山県＞、センミッツ（千に三つ）＜鳥取県＞、センミツ（千に三つ）＜鳥取県＞、ホラフキ（法螺吹き）、オーブロシキ（大風呂敷）、センスラリ（千すらり、千くらいの嘘をさらりと簡単に言う）、マンミッツ（万に三つ）、サンビャクダイゲン（三百代言）＜広島県＞、センミツ（千に三つ、センミーとも言う）、マンミツ（万に三つ）、センスラ（千のそら言）＜山口県＞

8．四国地方――センミツ（千に三つ）、マンミツ（万に三つ）＜香川県＞、センミツ（千に三つ、センミッツとも言う）＜愛媛県＞、ホラフキ（法螺吹き）＜高知県＞

9．九州地方――スラゴツ　ハンブン（空言半分）、スラゴツイー（空言言い）＜福岡県＞、センスラマンミツ（千すら万三つ、千すべて空、嘘の意で、マンミツは万に三つしか本当のことを言わないの意）＜長崎県＞、センスラ（千すら、千に一つも本当がない）、マンスラ（万すら、万に一つも本当がない）＜大分県＞、センミッツサン（千に三つさん、揶揄）＜佐賀県＞、シェンスラマミー（千すら万三つ）、センミッツ（千に三つ）、センゾラ（千空、千の空言）＜熊本県＞

10．沖縄県――テャーフティーツィ（百のうち一つ、百のうち一つが本当）

20)「ヨリガ　アマイ」という比喩の慣用句は、「網にとりつけた綱の縒りが甘いと漁をするとき全く役に立たないところから、仕事の役に立たない人」に喩えたものである。ここには、「馬鹿者」の見立てとして、「操業の場」が働いており、しかも、「馬鹿者」と「仕事の役に立たない人」とが、緊密にリンクしている事実が認められるのである。

21) 木村礎『近世の村』(1980、教育社、教育社歴史新書105)。

22) 野島集落における「人名・屋号に喩えたもの」のうち「ヨモー」という語は、井上博文によると、大分県の姫島にも認められるということである。本土部との交流の希薄な＜島＞という閉ざされた社会に認められる、これは特異な現象ではないかと考えられる。

23) 注16) に同じ。

24) 個々の地域社会の成員が、自らが生きる地域社会の維持と個々の成員が共通の願望あるいは忌避すべきこととして、主体的に構築し、継承してきた外部世界に対する認識の様式（カテゴリー）を言う。それが、地域生活者の深

刻な生活経験を背景として生成されたものであるところから、特に＜生活の必要性＞と表現する。したがって、＜生活の必要性＞は広い概念であり、プラス価値だけでなくマイナス価値も含むものである。

【付記3】

　誰も知らない間違った情報を、いかにも本当のことのように言って信じさせ、結果的に人々を騙し、迷惑を与える行為は、成員間の信頼関係を乱し、＜社会秩序の維持＞に大きなトラブルをもたらす。まして、自分（たち）だけがいい思いをすることを明確に意図して他者に間違った情報を与える行為は、＜社会秩序＞を破壊することにもなりかねない。そのような言語行為をする人を、野島集落の人々は「アカチョレン」とか「オーチョレン」と呼んで、ひどく卑しめるのである。これが、「嘘つき」のネガティブな側面である。しかし、誰もが知っている「嘘」あるいは「嘘」と分かることを、いかにも本当らしく誇張して言う行為は、その場に居合わす人々に＜笑い＞をもたらし、相互の信頼関係をむしろ強める方向に作用するであろう。これは、相互の親和感を強化する作用をもたらすものである。これが、「嘘つき」のポジティブな側面である。ポジティブな作用をもたらす「嘘つき」を、野島集落の人々は「ウソイー」「ウソイ」「チョレン」と呼んで、親しみの情を寄せる。

　「嘘も方便」という慣用表現は、こわばった人間関係をほぐす、ポジティブな「嘘」の効用を巧みに言い表したものに違いない。

　H. ベルグソンは、その著『笑い』（林達夫訳、岩波文庫、1938）の中で、次のように述べている。

　　誇張は実によく人を笑わせるので、一部の著者が貶しめによって誇張を定義したように、一部の著者は誇張によってこれを定義するに至ったほどだ。実際は、誇張は貶しめと同じく或る種の滑稽の一形態であるに

すぎない。だが、極めて目に立つ形態のひとつである。（117〜118ページ）

　ちっぽけなことをさも大きなことであるかのように言いなすことが、一般にいう誇張するということであり、ベルグソンはそれを「極めて目に立つ滑稽の一形態である」と定義している。「誇張」はポジティブな＜嘘＞の一種にほかならないものである。「ホラガイフキ」（法螺貝吹き）「ホラガイ」「ホラフキ」「オーブロシキ」「オーブロシキオ　ヒロゲル」「オーモノイー」「オーズツ」（大筒、大砲のこと）「タイホー」「テッポー」「オーデッポー」「ラッパフキ」「ラッパコキ」「デカラッパ」（格別大きな音を出すラッパ）＜いずれも、中国・四国地方の全域で聞かれるものであるが、「ホラガイフキ」「ホラガイ」の２語は中国地方の日本海側の老人がよく使う言い方である＞など、「ものごとを大仰に言う人・誇張して言う人」を指示する語彙が多くの比喩による造語を栄えさせているのは、ポジティブな＜嘘つき＞と意味的に隣接しているからであろう。

　ここで、地域社会における＜嘘つき＞のネガティブな側面・ポジティブな側面と社会秩序の構成との相関性を、ラフな構造図として示すならば、次のように図示することができるであろう。

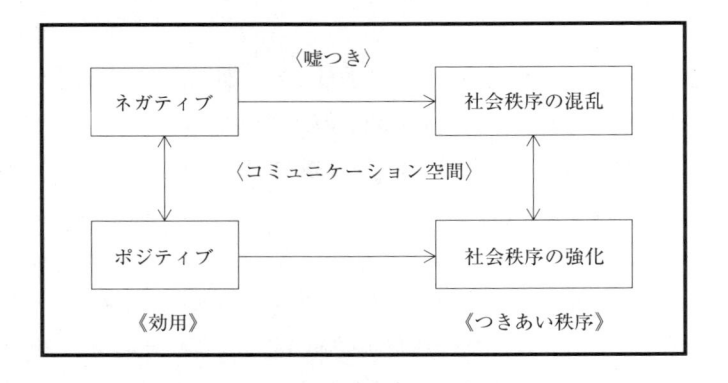

```
                      〈嘘つき〉
  ┌─────────┐          ┌─────────────┐
  │ ネガティブ │─────────▶│ 社会秩序の混乱 │
  └─────────┘          └─────────────┘
       ▲     〈コミュニケーション空間〉
       ▼
  ┌─────────┐          ┌─────────────┐
  │ ポジティブ │─────────▶│ 社会秩序の強化 │
  └─────────┘          └─────────────┘
    《効用》               《つきあい秩序》
```

第5章 性向語彙の基本特性と「ヨコ」性の原理

1. 社会的規範としての記号システム

　すでに、第1章で触れたように、藤原は「方言社会にあって、その社会の人たちは、とかく、人間性向のわるい方向に目をつけがちである。」(『小さな語彙学』53ページ) ことに着目し、それを＜性向語彙の下降性＞と呼んでいる。筆者もかねてより、この問題に強い関心を寄せてきた。そもそも、他者や事物について擬似科学的な分類を行う場合、その主体は常に人間であるから、人間にとってプラスに作用するかそれともマイナスに作用するかという認識の仕方[1]は普遍的なものであり、それに基づく分類も普遍的な分類原理であると考えられる。しかし、プラス・マイナスの作用に関する認識の仕方が、具体的にどのような量ならびに構造として語彙に反映するかは、個々の意味的カテゴリーによって異なる。

　その中にあって、＜性向語彙＞は、病気語彙に次いでマイナス評価の方向への著しい展開構造を見せるものである。ここに、＜性向語彙の基本的特性＞の一つを認めることができる。この点に関しては、すでに第3章の2で一部検証を試みた。

　筆者がとりわけ興味を持ったのは、著しいマイナス方向への傾斜——＜負＞性の原理——を示す性向語彙が、なぜ村落社会における＜労働秩序＞と＜つきあい秩序＞を中心とする＜秩序構成＞に有効に作用し得たのかということであった。言い換えれば、マイナス性向に関する意味項目と語彙を極端なまでに多く栄えさせている性向語彙が、能力価値と善悪価値を中心とする＜社会的規範＞として機能し、現に機能し得ているのかという問題であった。

　この問題に答えるのは2以降にまわし、ここでは、性向語彙という記号シ

ステムが、なぜ社会的規範の表象であり、社会的規範が基本的に＜能力価値＞としての＜労働秩序＞と＜善悪価値＞としての＜つきあい秩序＞を中心として構成されるものであるかを、性向語彙という記号システムの全像を再度、丹念にたどることによって、確認しておくことにする。

性向語彙のシソーラスは、すでに第3章で示したが、このシソーラス（概念体系）を見てまず注目されることは、プラス性向とマイナス性向がかなり緊密な二項対立の構造をなしているのは、「仕事に対する態度に関する」意味的カテゴリー、「知能・知識の程度に関する」意味的カテゴリー、「人柄の善悪に関する」意味的カテゴリーの三者であるという事実である。

この三つの意味的カテゴリーは、意味項目のレベルにおいて、次に示すように基本的に二項対立の関係性を形成している。なお、＋はプラスに評価される性向を表し、－はマイナスに評価される性向を表す。

(1) 仕事に対する態度に関するもの

　　A．仕事に対する意欲・能力のある人　　B．仕事に対する意欲・能力に欠ける人
　　＋1．働き者　　　　　　　　　　　　　－1．怠け者・仕事をしない人
　　＋2．仕事の上手な人　　　　　　　　　－2．仕事の下手な人
　　＋3．仕事の速い人・要領のよい人　　　－3．仕事の遅い人・要領のわるい人
　　＋4．仕事を丁寧・丹念にする人　　　　－4．仕事を雑にする人
　　＋5．辛抱強い人　　　　　　　　　　　－5．仕事を投げやりにする人
　　　　　　　　　　　　　　　　　　　　　－6．仕事の役に立たない人
　　　┌─────────────┐　　－7．放蕩者
　　　│－丁寧すぎる人　　　　　　│
　　　│－人1倍仕事に熱中する人　│
　　　└─────────────┘

(2) 知能・知識の程度に関するもの

　　A．賢明な人　　　　　　　　　　　　　B．愚かな人
　　＋1．賢い人・思慮分別のある人　　　　－1．馬鹿者

＋2．見識の広い人　　　　　　－2．世間知らず
　　　　　　　　　　　　　　　　　－3．人づきあいのわるい人
　　┌─────────┐
　　│－ずる賢い人　　　│
　　└─────────┘

(3)人柄の善悪に関するもの
　　A．人柄のよい人　　　　　　　B．人柄のわるい人
　　＋1．人格の優れた人　　　　　－1．不親切な人
　　＋2．あっさりした人　　　　　－2．しつこい人
　　＋3．誠実な人・実直な人　　　－3．ひねくれ者
　　＋4．穏和な人・いわゆる善人　－4．厚かましい人・図々しい人
　　　　　　　　　　　　　　　　　－5．気難しい人
　　　　　　　　　　　　　　　　　－6．情け知らずな人

　まず、(1)の「仕事に対する態度に関する」性向が14の意味項目に細かく分節されているのは、その背景に近世以降、戦後昭和30年代に至るまでの長きにわたって、村落社会における＜共同労働＞の慣行が存続したからにほかならない[2]。村落社会における主たる労働が家族単位で遂行されたのであれば、「仕事に対する態度」に関する性向をこのように細分化して認識し、多くの語彙を整え、適切に運用する必要性は全くなかったはずである。＜共同労働＞を円滑に遂行することによって、村落社会を維持し、同時に個々の家をも維持するという＜秩序構成＞のシステムが必要であったがために、性向を細分化して、成員共有の＜労働価値＞を措定してきたのである。
　＜共同労働＞の慣行が戦後まで継続して行われたことは、たとえば、中国・四国地方の農業社会において、現在に至るもなお、老年層カテゴリーがユイ（結い）[3]・モヤイ（催合）・テマガエ（手間替え）などの言葉を用いて、その実態を詳しく説明してくれるだけではない。自分の家が所有する田の呼称だけでなく、共同労働の単位体を形成していた10戸平均の田の呼称をほと

んどすべて記憶していることからも、明確に検証することができるのである[4]。しかも、＜共同労働＞の遂行が、村落社会の＜人間的秩序＞＜つきあい秩序＞を強化することにも作用したのである。

○ムカシャー　タウエモ　ヤマシゴトモ　ミンナ　テマガエデ　ヤリョータンデ　ガンス。ジャケー　ドノ　イエモ　シタシューナルシ　ツキアイモ　エーガイニ　イキョータンデス　デ。
　昔は田植も山仕事もみなテマガエ（相互扶助による共同労働）でやっていたんです。だからどの家も親しくなるし、つきあいもうまい具合にいっていたんですよ。　　　　　　　　　　（老男、広島市白木町大椿）

○ココワ　ジューニケン　ヒトクミアイデ　キョードーダウエオ　ショータ。カクコカラ　オナゴシュガ　デテ　ソッデモ　タラン　トキワ　タブラクカラ　ソートメサンオ　ヤトーテ　コアタリ　フターリズツ　オナゴシュオ　ダイテ　ヤリョータ　ノー。タブラクカラ　ヤトータ　ソートメサンワ　ハマリサン　イョータ。キョードーダウエワ　シューシェンゴマナシニ　ヤメタデス。チットノマワ　キョードーダウエオ　ヤリョータガ　ノー。マイトシ　キョードーダウエオ　ヤリョータケー　ブラクノ　モンモ　ミンナ　シタシューナルシ　タブラクノ　モントモ　ナカヨーンナッタ。コノ　クミニャー　ゴジューマイ　タガ　アルガ　ワシャー　タノ　ナマエオ　ミンナ　オボエトリマス　デ。
　この集落は12軒一組合で共同田植をしていた。各戸から女衆（成人した女性）が出て、それでも（人手が）足りないときは他部落から早乙女さんを雇って一戸あたり二人ずつ女衆を出してやっていたねえ。他部落から雇った早乙女さんはハマリサン（人手が不足しているところにはまるから、ハマリサンと言う）と言っていた。共同田植は戦後まもなくしてやめたのです。少しの間は共同田植をやっていたがねえ。毎年、共同田植をやっていたから、部落の者も皆親しくなるし、他部落の者とも仲良

第5章 性向語彙の基本特性と「ヨコ」性の原理 123

くなった。この組には50枚田があるが、私は田の名前を全部覚えていますよ。　　　　　　　　　　（老男）＜広島県比婆郡高野町南＞

　また、「丁寧すぎる人」や「仕事に（人一倍）熱中する人」が、マイナス性向と認識されているのは、まさに＜共同労働＞を重視する眼差しの存したことを明確に物語るものである。いずれも、＜共同労働＞の円滑な進捗に大きな支障をもたらす要因となる性向だからである。ここには、村落を構成する個々の家よりもまず、村落全体を優位に位置づける指向性があったことを指摘することができる。また、「放蕩者」が「怠け者」と明確に区別され、相互に異なる語彙で形成されているところには、村落社会の＜共同労働＞に参加する者と参加しない者とを峻別する集団意識の強く働いたことが推測されるのである[5]。

　以上、見てきたところから、「仕事に対する態度に関する」性向語彙のシステムは、村落社会における＜共同労働＞の＜秩序構成＞、すなわち＜労働秩序＞の維持と強化を目的として、地域社会の生活者が主体的に構築したものであることが理解される。ここには、村落共同体が願望するような形で、＜労働秩序＞という能力価値の構成されていることが知られるのである[6]。

　次いで、(2)の「知能・知識の程度に関する」性向について見てみることにしよう。この意味的カテゴリーで注目されることは、「人づきあいのわるい人」という意味項目が認められる事実である。また、すでに第3章で検証したように、「馬鹿者」という意味項目が「仕事の役に立たない人」という意味項目とかなり緊密にリンクしているということである。

　(3)の「人柄の善悪に関する」性向については、マイナスに評価される性向のすべてが、人間関係の円滑な維持、遂行にとって大きな支障をきたすものである、と認識されている点が注目される。
　〇アイツワ　コンジョマガリダケー　ツキアイガ　ムズカシー　フイ。コンジョマガリガ　ヨーケ　オルト　ジゲノ　ヨリアイデモ　マトマルムンモ　マトマラン　ナー。

あいつはコンジョマガリ（性格のねじまがっている人）だから、つきあいが難しいわい。コンジョマガリがたくさんいると、集落の会合でもまとまるものもまとまらないねえ。　　　　　　　（老男、鳥取県倉吉市生田）

○アイツワ　シネッタレジャケー　ノー。ダーレモ　ヨリツカン。シネッタレワ　ヨリツキガ　ワルーナル。

あいつはシネッタレ（性悪な人）だからねえ。誰も寄りつかない。シネッタレは、人とのつきあいが悪くなる。

（老男、広島県比婆郡東城町川東）

○ネジクレモンワ　ムラノ　シューノ　ツキアイオ　ミダス。

ネジクレモン（性格がねじまがっている人）は村の衆（成員）のつきあいを乱す。　　　　　　　　　　　　　　（中男、山口県光市）

このように、(2)(3)の意味的カテゴリーは、＜つきあい秩序＞を円滑に遂行するという＜指向価値＞を成員が共有化するための記号システムであると同時に、「仕事の役に立たない人」という意味項目とも、緊密にリンクしているものである。このことから、＜善悪価値＞である＜つきあい秩序＞の構成が社会的規範として重要な意味を持つものであることが理解される。そして、＜つきあい秩序＞と＜労働秩序＞とは、一部において緊密にリンクしながら、社会的規範という＜秩序構成の原理＞を支えているわけである。しかも、これらの＜秩序構成＞が性向語彙のシステムによって成員に共有化され、＜事前了解＞の価値として存在していることが、秩序の維持・強化に巧みに作用することについては、すでに述べたとおりである。

ここで、社会的規範と二つの＜秩序構成＞の関係を、極めてラフな構造図として示すならば、次のようになる。

社　会　的　規　範	
労働秩序　←------→　つきあい秩序	

第 5 章　性向語彙の基本特性と「ヨコ」性の原理　125

　ところで、先に取り上げた意味項目のほかにも、＜能力価値＞としての一種の＜労働秩序＞の構成や、＜善悪価値＞としての＜つきあい秩序＞に関与すると考えられる意味項目がかなり多く認められるのである。それを、以下に示す。

＜能力価値＞
①きれいずきな人
②特別にきれいずきな人
③片付けのわるい人
④不精者
⑤気がきく人
⑥気がきかない人
⑦不平を言う人
⑧口やかましい人
⑨他人のことに口出しする人
⑩すぐに泣き言を言う人

＜善悪価値＞
①横柄な人・生意気な人
②気分の変わりやすい人
③乱暴な人
④怒りっぽい人
⑤酔って人にからむ人
⑥欲の深い人
⑦けちな人・しみったれ
⑧嘘つき
⑨口のうまい人・口からでまかせを言う人
⑩自慢する人
⑪口数の多い人・おしゃべり
⑫評判言い
⑬世話ずきな人
⑭出しゃばり・お節介焼き
⑮見えを張る人
⑯頑固者
⑰悪意のあることを言う人

　＜能力価値＞のうちの⑦から⑩までの意味項目は、＜共同労働＞の場を想定するならば、いずれも＜共同労働＞の円滑な進捗にとって、マイナスの作用を及ぼす性向であることが分かる。また、①から④までの性向は、共同の

集まりの場などにおいてプラスないしはマイナスの作用を及ぼすものである。
　また、＜善悪価値＞に属する意味項目は、いずれも＜つきあい秩序＞の維持・強化にとって、マイナスないしはプラスの作用を及ぼすことが想定される性向である。とりわけ、マイナスの作用を及ぼすことが想定される意味項目が、圧倒的に多くなっている（17項目中16項目）事実が注目される。その点では、＜能力価値＞に属する意味項目も同様であって、＜負性の原理＞が極端な形で現れていると言ってよかろう。＜能力価値＞と＜善悪価値＞の両者を合わせると、マイナス性向とプラス性向の割合は次に示すようになる。

　　マイナス性向：24項目（88.9％）
　　プラス性向：3項目（11.1％）

　この点で、先に取り上げた(1)(2)(3)の三つの意味的カテゴリーとはかなり異質的である。
　ところで、浜田陽太郎は「農民の学歴取得の意味について」（1970、『一橋論叢』第64巻第6号、一橋大学一橋学会）と題する論文の中で、「村の秩序」に関して、次のように述べている。

　　学歴を高次に取得することが、一般にその人間の役割と地位の社会的垂直移動をもたらす要因として考えられるのに対し、農民の場合、それとは逆に、先祖からの社会階層を維持する役割を果たす要因として考えられていたという点である。後に詳述するが、わが国の農村の村落構造は土地所有を基盤として、一定のヒエラルキーを構成していた。すなわち、俗に大地主、手作地主、自作農、自小作農、小自作農、小作農とよばれた土地を中心とした階層に分類され、かつ、この分類が単に経済的な階層を示すだけでなく、政治、文化、家格の階層をもほぼ重複して表現し、それらがいわゆる村落共同体を形成していたわけである。村の秩序は、このヒエラルキーを維持することであると共に、このヒエラル

第5章　性向語彙の基本特性と「ヨコ」性の原理　127

キーそのものが村の秩序であった。

　浜田が言うように、戦前までの村落共同体は階層社会であって、一定のヒエラルキーを構成しており、「ヒエラルキーそのものが村の秩序であった」と規定することも確かに可能であろう。しかし、ここで言われている「村の秩序」はいわば＜秩序＞の枠組であって、村落共同体が維持され、しかも円滑に機能するための具体的な＜秩序構成＞を意味するものではない。

　村落社会の成員が等しく性向語彙を獲得し、それを後に詳しく検証する「ヨコ」性の原理に即して運用することによって、はじめて「村の秩序」が保持されたのである。階層ごとに性向語彙のシステムと運用原理が異なっていたとしたら、おそらく村落社会は共同体として機能し得なかったであろう。仮に、＜社会的規範＞としての＜労働秩序＞と＜つきあい秩序＞の要請に強弱関係が認められたとしても、それは微弱なものではなかったのか。

　なぜなら、筆者が現在までに行った中国・四国地方を中心とする約40の村落社会での調査によるかぎり、階層の違いによって性向語彙が異なっていたとか、あるいは使用のあり方に相違が認められたとかいった説明は、全く得られていないからである。もし仮に、性向語彙が地主以外の階層に行われてきたものであるとするならば、いまだに地主、小作の区別が意識の深層には強く残っている村落社会ゆえ、間違いなくいくつかの地点でそれに関する言及に接することができたはずである。

　したがって、浜田が指摘する村落社会の階層は、あくまでも「村の秩序」の大枠を構成するものであって、性向語彙という記号システムによって客観的に確定することのできる＜秩序構成＞のあり方とはレベルを異にするものと考えなければならないであろう。村落共同体が全体社会として維持され、また機能し得たのは、性向語彙の獲得と運用が階層差を超越する形で、＜社会的規範＞の表象として成員全員に等しく課せられていたためである。

2．＜負＞性の原理

　方言性向語彙がマイナス評価の方向へ著しく傾斜した展開構造、すなわち＜負＞性の原理を示すものであることは、すでに実証ずみの事実である。

　現在までに、新しく構築した「方言性向語彙のシソーラス」（第3章に示した）に準拠して、中国・四国地方の17地点で老年層カテゴリーを中心とする調査・研究が実施されている[7]。そのデータによると、17地点の大半で、約700語の性向語彙が採録されており、方言ごとに多少の異同は見られるものの、プラス評価に所属する語彙に対して、マイナス評価に所属する語彙は、4ないし5倍量を示す。この現象と並行して、当然のことながら、マイナス性向を表す意味項目の数が極めて多くなっている。ちなみに、鳥取県倉吉市生田方言の場合について見てみると、プラス評価とマイナス評価の意味項目の関係は、次のようになっている。

　　プラス評価の意味項目数＝19項目（22.1%）
　　マイナス評価の意味項目数＝67項目（77.9%）

　また、広島県廿日市市地御前方言の場合は、採録された語彙量が多く意味項目の数も多くなっているため、さらに顕著な差異化現象を呈している。

　　プラス評価の意味項目数＝21項目（19.8%）
　　マイナス評価の意味項目数＝85項目（80.2%）

　さらに、17地点のデータを、オーチャクモン・オーチャクタレ・オーチャクボーズ・アカオーチャクモン・ナエットー・ナエットーモン・ナエンボー・ナイトー・ナイトーモン・ナイトーボー・アカナイトー・クソナイトー・ノークレ・ノークレモン・ノータレ・ノータクレ・アカノータレ・テレモノ・テレサク・オーテレ・トコバリ・ドンダレ・ノーズイ・ノッポー・ノラ・

第5章　性向語彙の基本特性と「ヨコ」性の原理　129

ノラクラ（以上、広島県廿日市市地御前方言の「怠け者」を指示する語彙の一部）などの名詞に限定して、プラス評価とマイナス評価の語彙量の関係を検討すると、マイナス評価を表す語彙の割合が一段と高くなり、平均すると7倍量を示すことになる。この事実は、すでに第3章で指摘したように、どの方言社会においても、マイナス評価を表す性向に対して、より明確な概念化の要求が集団意識のレベルで働いた結果であると解することができよう。言い換えれば、社会的規範（指向価値）に適合する性向は当然のことと解釈されて無標（非名詞化）となり、逆に社会的規範から逸脱する性向（否定価値）が焦点化されて有標（名詞化）となるという、認識の基本モデルが働いた結果であるとも言えるだろう。

　さらに注目されることは、マイナス評価の意味項目に限って、評価の程度性を拡大方向へ細分化して表現するという現象が、広く中国・四国地方の全域に認められるのである。そのプロトタイプは、離島で、しかもわずか一集落からなる山口県防府市野島方言に求めることができる。今、「怠け者」という意味項目についてその実態を示すと、次のようである。

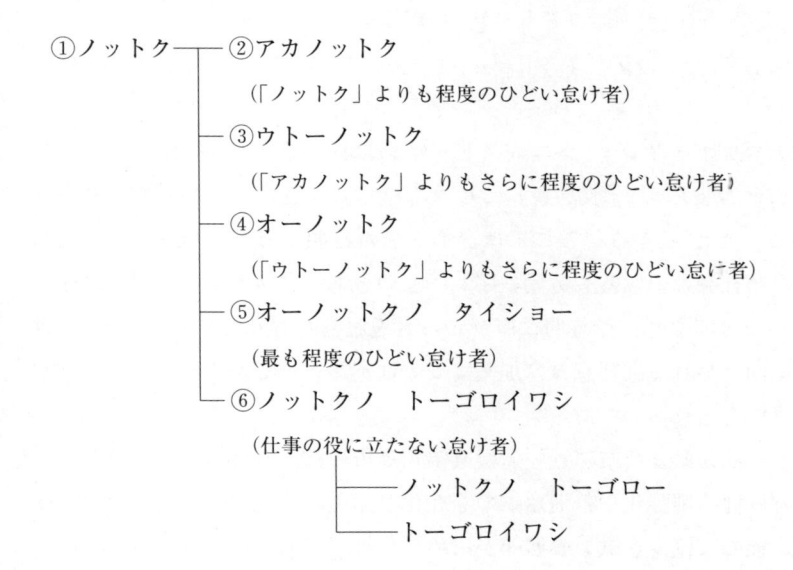

①ノットク ── ②アカノットク
　　　　　　　　（「ノットク」よりも程度のひどい怠け者）
　　　　　── ③ウトーノットク
　　　　　　　　（「アカノットク」よりもさらに程度のひどい怠け者）
　　　　　── ④オーノットク
　　　　　　　　（「ウトーノットク」よりもさらに程度のひどい怠け者）
　　　　　── ⑤オーノットクノ　タイショー
　　　　　　　　（最も程度のひどい怠け者）
　　　　　── ⑥ノットクノ　トーゴロイワシ
　　　　　　　　（仕事の役に立たない怠け者）
　　　　　　　　　　── ノットクノ　トーゴロー
　　　　　　　　　　── トーゴロイワシ

「ノットク」という普通程度の「怠け者」（①）を基準として、その程度性を拡大方向へ6段階に弁別しているのである。このように「怠け者」の程度性を6段階に細分化して表現しなければならなかった背景には、すべての成員が「働き者」という＜指向価値＞を事前了解の形で認識し、相互の眼差しを意識しながら必死に努めなければ野島集落の存続を維持することができなかったという社会史的な事実があったものと解される。と同時に、「怠け者」をこれだけ多くの段階に細分化し得たのは、連日のごとく共同で行ってきた網漁を通して形成された、当該社会における人間関係の＜極度の濃密さ＞を端的に物語る事実でもあろう。

また、上野智子の報告によると、高知県安芸市方言には、「放蕩者」の意味項目に、次に示すような接辞による程度性の拡大が認められるということである[8]。

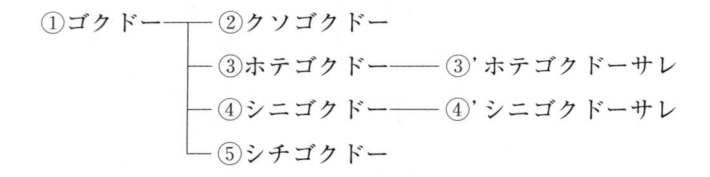

①ゴクドー ── ②クソゴクドー
　　　　　　── ③ホテゴクドー ── ③'ホテゴクドーサレ
　　　　　　── ④シニゴクドー ── ④'シニゴクドーサレ
　　　　　　── ⑤シチゴクドー

「ホテゴクドーサレ」「シニゴクドーサレ」の2語は、単に程度性を細分化するにとどまらず、「放蕩者」に対する卑しめの意識―差別意識―の現れを認めることができる。ここには、第4章の冒頭で述べたように、「放蕩者」が村落社会における＜労働秩序＞や＜つきあい秩序＞の秩序構成に従わなかっただけでなく、＜時間秩序＞からも逸脱した存在であったため、「怠け者」に向けられる批判意識に加えて＜差別意識＞までが添えられたことが、明確に見てとれるのである[9]。

しかし、高知県安芸市に近い愛媛県宇和島市には、安芸市方言に見られるような程度性の細分化や差別意識の顕在化が見られず、次ページに示すように、ある種の＜揶揄意識＞の展開が認められるのである。

第5章　性向語彙の基本特性と「ヨコ」性の原理　131

ヨモサク・ヨモスケ

```
ヨモダ ──┬─ ①ヨモダクリ      ①ヨモダ ── ②オーヨモダ
          └─ ②ヨモダハゲ
```

　安芸市方言社会と宇和島市方言社会の間に、なぜこのような差異が見出されるのか。それは、「放蕩者」に対する両方言社会の＜規範意識＞の相違に起因することであろうが、問題はそのような＜規範意識＞の相違を生み出した歴史社会的背景が何であったかということである。この点に関して筆者は現在、明確な解答を用意することができない。
　それでは、中国・四国地方の多くの村落社会では、「怠け者」の程度性を何段階に細分化しているのであろうか。大半の村落社会では、次にその一端を示すように、普通程度を加えて2段階に弁別しているのである。

(1)鳥取県倉吉市生田
　　①グータレ──②オーグータレ
(2)島根県那珂郡金城町今田
　　①オーチャクモン──②アカオーチャクモン
(3)岡山県浅口郡鴨方町
　　①ダラズ──②オーダラヘー
　　②ゴクドー──②オーゴクドー
(4)広島県比婆郡東城町川東
　　①ダラズ──②オーダラズ
(5)広島県安芸郡江田島町秋月
　　①オーチャクモン──②アカオーチャクモン
(6)愛媛県宇和島市川内薬師谷
　　①ヨモダ──②オーヨモダ

野島集落の場合のように、「怠け者」の程度性を6段階に細分化するような村落社会は、ほとんど認められないのである。島嶼部で、しかも一島一集落からなる野島の場合は、本土部の村落社会とは自然環境や社会環境が大きく異なり、そのため、〈労働秩序〉や〈つきあい秩序〉の秩序構成のあり方が一段と厳しく、また細やかになったものと考えられる。野島社会の特異性は、このように解釈することができるだろう。

ところで、「怠け者・仕事をしない人」の対極に位置づけられる、と一般的には考えられる性向である「人一倍仕事に熱中する人」は、どのような言葉で表現されているのだろうか。今、岡山県浅口郡鴨方町方言の場合について見てみることにする。鴨方町方言には、次に示すような語彙が行われているのである[10]。

1. ノボセ類――――ノボセ・ノボシェ・ノボセショー（「のぼせる」の名詞形）
2. ノボリ類――――ノボリ・ノボリショー・ノボリサク（「のぼる」の名詞形）
3. ガリ類――――ガリ・ガリヒキ・ガリッポ・ガリッポー・ガリムシャ・クソガリ・ガリガリ・ガリガリボーズ・ガリガリボー（「ガリ」は「ガリ勉」の「ガリ」）
4. イラ類――――イラ・イラボー・イライラボー（「イラ」は「いらいらする」の「イラ」）
5. イッポー類――イッポームキ・イッポンムキ（「イッポー」は「一方」）

これらの語彙以外に、「ヒニ ナル」「ヒン ナル」（火になる）、「ガリオ ヒク」「ガリー ヒク」（ガリを引く）、「ネツオ イレル」「ネツー イレル」（熱を入れる）などの比喩的イディオムが認められる。

これらの語彙や比喩的イディオムは、どう見てもプラス評価を表す言葉と

は考えられない。事実、土地の人々も、これらの言葉によって指示される人の性向について、批判的な説明を行っているのである。

　○ソガニ　ヨクー　ダサット　ガリニ　ナラーデモ　エー　ガナ。
　　そんなに欲を出さないで、ガリにならなくてもいいがね。　　　（中男）
　○ヒトガ　キラオーガ　ナニ　ショーガ　ジブンノ　オモーヨーニ　スル
　　ノガ　ガリ。
　　人が嫌おうが何をしようが、自分の思うようにするのがガリ。（老男）
　○ガリー　ヒクユーナー　イッショニ　シゴトー　ショーッテモ　ジブン
　　ノ　ヨクナヨーニ　モーケオ　ゾーサン　ショーユー　モン。
　　ガリー　ヒクというのは他人と一緒に仕事をしていても、自分の欲なよ
　　うに儲けを増産しようとする者。　　　　　　　　　　　　　（老男）
　○ノボセワ　ジブンノ　シゴトー　ショート　オモッテ　ネッチュースル
　　ヒト。ナニオ　ユーテモ　ワカラン。
　　ノボセは自分の仕事（だけ）をしようと思って熱中する人。何を言って
　　も（のぼせているから）分からない。　　　　　　　　　　　（老女）

「人一倍仕事に熱中する」性向に関しては、多くの地点において上に示したような説明が得られており、明らかにマイナス性向と認識されているのである。
　以上見てきたことから何が分かるかというと、かつての村落社会においては「ひとり怠ける自由も、ひとり働く自由もなかった」ということである。そして、「怠ける自由」を＜過小価値＞として否定し、また「人一倍働く自由」も＜過剰価値＞として否定し、「共同労働」で要求される、誰もが協調してやっていける平準的な＜働き者＞（指向価値）としての＜能力価値＞が成員に強く要請されたということである。しかも、このようなメカニズムは、成員が共通の性向語彙のシステムと運用の仕方を獲得していることによって、＜事前了解＞として円滑に機能し得たものと考えられる[11]。

これは何も、「仕事に対する態度に関する」意味的カテゴリーに限られることではない。①「きれいずきな人」：「汚くしている人」：「人一倍きれいずきな人」においても、また②「世話ずきな人」：「人の世話をしない人・情け知らずな人」：「必要以上に世話ずきな人・お節介焼き」においても、同様のことが見出されるのである。さらには、③「口の達者な人」：「無口な人」：「おしゃべり」、④「賢い人」：「馬鹿者・知恵の足りない人」：「ずる賢い人」などにおいても、同様の関係性を指摘することができる。

今、広島県比婆郡東城町川東方言について、上に示した②の語彙が、評価という観点からどのような対立関係を形成しているかを、簡単に見てみることにしよう。

＋Ａ．世話ずきな人────「キモイリ」（自分から進んで人の世話をする人、心をこめて人の世話をする人）、「サイトーヤキ」（世話ずきな人）、「シェワヤキ」（人の世話をよくする人）、「シェワズエー」（世話強い、辛抱強く人の世話をする人）

－Ｂ．世話をしない人────「コクナ　ヒト」（人が困っていても世話をしようとしない情け知らずな人）、「オンシラズ」（人の恩を知らない人）、「シネワル」（人が困っていても世話をしようとしない性根わる）、「シネワルモン」（同前）、「ヒネクレモン」（人の世話をしようとしないひねくれた性格の人）

－Ａ．お節介焼き────「サイタラ」（お節介を焼く人）、「サイタラコキ」（同前、卑しめる意識が強い）、「サイタラマツ」（同前、揶揄する意識が強い）、「オシェッカイヤキ」（お節介焼き）

以上の説明によって、性向語彙が＜負＞性の原理をベースとしながら、村

落社会にとって望ましい＜社会的規範＞としての秩序構成と秩序維持を果たし得た決定的な要因、すなわち不可視的かつ巧妙な構造とメカニズムが性向語彙に埋めこまれていたことがほぼ理解されるであろう。

その不可視的で巧妙な構造とメカニズムの意味を明かるみに出すことが、次の節の課題となる。

3．「ヨコ」性の原理

＜ヨコ＞性の原理についても、＜負＞性の原理と同様、第3章で一部言及するところがあった。ここでは、それを受けて、さらに考察を深めるため、当初、「仕事に対する態度に関する性向語彙」の概念枠組をどのように設定していたかということから、説明を始めたいと思う。

筆者は、広島県下を中心とする17地点での統一調査を実施するに当たって、「仕事に対する態度に関する性向語彙」の概念枠組（カテゴリーの分類枠）を次のように設定していた。

A．仕事に対する意欲・能力のある人	B．仕事に対する意欲・能力に欠ける人
＋1．働き者	－1．怠け者・仕事をしない人
＋2．仕事の上手な人	－2．仕事の下手な人
＋3．仕事の速い人・要領のよい人	－3．仕事の遅い人・要領のわるい人
＋4．仕事を丁寧・丹念にする人	－4．仕事を雑にする人
＋5．丁寧すぎる人	－5．仕事を投げやりにする人
＋6．辛抱強い人	－6．仕事の役に立たない人
＋7．人一倍仕事に熱中する人	－7．放蕩者

ところが、調査を進める過程において、プラス評価に位置づけた「丁寧すぎる人」「人一倍仕事に熱中する人」という二つの意味項目は、「アンゴーテーネー」「クソアンゴー」「アホーテーネー」「アホーデーネー」「バカテーネー」「バカテーナ　ヒト」（以上、「丁寧すぎる人」）、「ガリ」「ガリガリ」

「ガリガリボーズ」「クソガリ」「ガリヒキ」「ガリッポー」「ガシ」「ガシガシ」「ガシンタレ」「ノボセ」「ノボシェ」「ノボセモン」「ノボセショー」「ノボセナ　ヒト」（以上、「人一倍仕事に熱中する人」）などにおける「アンゴー」（馬鹿）「アホー」（阿呆）「クソ」（糞）「タレ」「ショー」（性）などといった形態素の意味からも容易に推測されるように、所属するすべての語彙がマイナス評価を表すものであることが明らかになった。確かに、これらの語彙は、どう見てもほめことば（プラス評価）と理解することはできない。この事実を裏づけるように、すべての地点で、これらの語彙を使用する際には、必ず非難や皮肉、あるいは揶揄の意識が伴い、決して＜ほめことば＞ではないという説明が得られたのである。

○イッショニ　シゴトー　ショーッテモ　ノー。アンゴーテーネーガ　オルト　ハカガ　イカン　ノ。ホカノ　クミヨリャー　ヒドー　オクレテ　シモーテ　ネー。
　一緒に仕事をしていてもねえ。アンゴーテーネーがいると、仕事がはかどらないの。他の組よりひどく遅れてしまってねえ。
　　　　　　　　　　　　　　　（老女）＜広島県廿日市市地御前＞
○アノ　ヒトワ　バカテーネージャケー　ノー。イッショニ　シゴトー　ショーテモ　イライラスル　ノー。
　あの人はバカテーネーだからねえ。一緒に仕事をしていても、イライラするねえ。
　　　　　　　　　　　　　　　（老男）＜広島県賀茂郡河内町＞
○アイツワ　クソガリジャケー　ジブンノ　シゴトハカ　ヤリャーヘンヨ。
　あいつはクソガリだから、自分の仕事しかしはしないよ。
　　　　　　　　　　　　　　　（中男）＜広島県三次市＞
○アイツワ　ノボシェジャケー　ノー。ナンボ　ユーテモ　キキャーヘンヨ。

あいつはノボシェだから、いくら（皆と同じように仕事をしようと）言っても聞きはしないよ。　　　（老男）＜広島県比婆郡東城町川東＞
○ノボシェワ　ジブンノ　イエノ　コトシカ　アタマニ　ハイットラン。ヨソノ　イエト　キョーリョクシテ　ヤリャナーイケンチューコトガ　ワンラン　ダ。
　ノボシェは自分の家のことしか頭に入っていない。他の家と協力してやらなければならないということが分からないのさ。

（老男）＜鳥取県倉吉市生田＞

　上に指摘した事実は、先行研究によってある程度予測されるところであったが、概念的にはプラス評価に位置づけられるこの二つの意味項目が、何を基準としてマイナス評価の意味項目に変換されるかを客観的に検証するために、調査の開始段階においてはプラス評価の意味項目として位置づけたのである。

　調査を進める過程で明確に見えてきたことは、どの地点、どの地域社会においても、共同主観的に措定された平準的な労働を＜指向価値＞と見なす事前了解が存しており、それを明らかに超える＜必要以上＞＜人なみ以上＞の労働は＜過剰価値＞として否定的に捉え、マイナス評価に転換するという実に巧みなメカニズムが働いているという事実であった。そのことを、先に示した土地人の説明（の一部にすぎない）が明確に物語っている、と言ってよかろう。

　また、B枠に所属する意味項目は、すべて「仕事に対する意欲・能力に欠ける」という＜過小価値＞を表すものばかりであり、これらの意味項目に所属する語彙の一々の要素は、実際の運用に当たっては否定的な文脈で用いられることが一般的である。たとえば、次のようである。

○アントナ　ナイトーサクジャー　シゴトニ　ナラン　ワイ。
　あんなナイトーサク（怠け者）では仕事にならないわい。

　　　　　　　　　　　　　（老男）＜広島県佐伯郡佐伯町玖島＞
○ドラガ　イッカナ　シゴトモ　セーデ　アソビニ　イキョール　ワイ。
　マー　ミテミー。
　ドラ（放蕩者）が少しも仕事をしないで、遊びに行ってるわい。まあ、
　見てみろ。　　　　　　　　　　　（老男）＜鳥取県倉吉市生田＞

　このような巧みなバランス指向によって、地域社会における＜労働秩序＞の集合的一体性が維持されてきたのではないかと推定されるのである。そのバランス指向とは、平準的な労働価値を地域社会における社会的規範（指向価値）として位置づけ、それから逸脱する＜過小価値＞と＜過剰価値＞を設定し、それらをともに否定することによって、地域社会の成員に共通して課せられる＜指向価値＞を鮮明に焦点化し、＜労働秩序＞を維持するという、実に巧妙に仕組まれたメカニズムである。
　これによって、当初、評価を基軸として設定したA、Bという二つの意味的カテゴリーは、さらにCとして「仕事に対して必要以上に意欲のある人」という意味枠を設定しなければならないことになった。今、この三者の関係を構造化して示すと、次のように図示することができる。

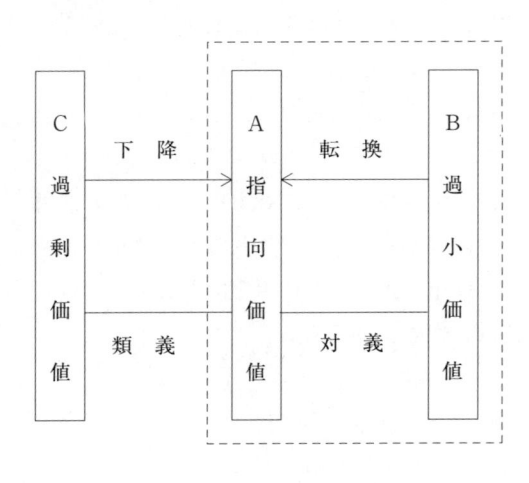

〈語彙はすべて広島県方言〉

A：シゴトシ・カイショーモン
　　キバリテ・ガンジョーモン

B：ナイトーモン・ダラズ・
　　グーダラベー・ノラ・テレサク

C：ガリ・クソガリ・ガシンタマ・
　　ノボセ・ノボセショー

```
┌───┐  下降  ┌───┐  転換  ┌───┐
│ C │─────→│ A │←─────│ B │
│過 │        │指 │        │過 │
│剰 │        │向 │        │小 │
│価 │        │価 │        │価 │
│値 │  類義  │値 │  対義  │値 │
└───┘────────└───┘────────└───┘
```

この構造図において、B・Cの意味枠がいずれもAの意味枠に収斂・統合されるものであることは、次に挙げるわずか3例の例文によってもただちに理解することができるであろう。

○アガーナ　ナエットージャー　シゴトニ　ナリャーヘン　デ。
　あんなナエットー（怠け者）では仕事になりはしないよ。
　　　　　　　　　　　　　　　　　　　　　（老男、地御前）＜B＞
○アリャー　ネンシャモンジャケー　マチガェーガ　ナェー　ヨ。
　あの人はネンシャモン（仕事を丁寧・丹念にする人）だから、間違いはないよ。　　　　　　　　　　　　　　　　（老男、川東）＜A＞
○アイツワ　クソガリジャケー　ノー。イッショニ　シゴトー　スリャー
　　コッチガ　ノークレトルヨーニ　イワレルケー　ノー。
　あいつはクソガリ（人一倍仕事に精を出す奴）だからねえ。一緒に仕事をすれば、こっちが怠けているように言われるからねえ。
　　　　　　　　　　　　　　　　　　　　　（老男、玖島）＜C＞

　さて、先に示した構造モデルは、広島県下を中心とする17地点のデータによって構築されたものであり、さらに岡山県浅口郡鴨方町方言、鳥取県倉吉市生田方言、島根県那珂郡金城町今田方言、山口県防府市野島方言、愛媛県宇和島市川内方言、高知県安芸市方言などにも適用可能なものである。したがって、中国・四国地方に限定するならば、極めて普遍性の高い構造モデルであると言ってよかろう。
　ところで、「方言性向語彙のシソーラス」（概念体系）の全体をつぶさに検討するならば、マイナス評価に関する意味項目だけが認められて、それに対立するプラス評価の意味項目が全く見られない意味的カテゴリーが存する。今、鳥取県倉吉市生田方言に、その例を求めることにしよう。

　「言語活動の様態に関するもの」と「固定的な性向に関するもの」の二つ

Ⅱb．言語活動の様態に関するもの

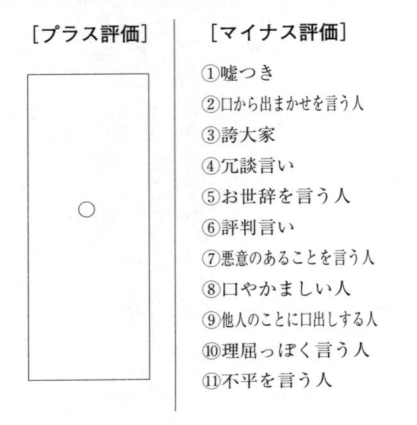

[プラス評価]　　[マイナス評価]
①嘘つき
②口から出まかせを言う人
③誇大家
④冗談言い
⑤お世辞を言う人
⑥評判言い
⑦悪意のあることを言う人
⑧口やかましい人
⑨他人のことに口出しする人
⑩理屈っぽく言う人
⑪不平を言う人

Ⅲ．精神の在り方に重点を置くもの
　Ⅲa．固定的な性向に関するもの

[プラス評価]　　[マイナス評価]
①熱中家
②堅物
③強情な人・頑固者
④あまのじゃく
⑤勝ち気な人

の意味的カテゴリーについては、プラス評価に属する語彙が1語も認められないため、プラス評価に関する意味項目を設定することができない。結果的に、完全な欠落状況を呈しているのである[12]。

　したがって、これらの意味的カテゴリーにおいては、転換のメカニズムが機能し得ず、単に＜排除の原理＞だけが作用しているものと見なし得る。したがって、B枠には、＜転換＞と＜排除＞という、二つの異質な働きが内包されていると考えなければならないことになる。

　そして、＜転換＞は「仕事に対する態度に関する」性向に代表されるように、＜優劣基準＞としての機能を担い、＜排除＞は「精神の在り方に重点を置く」性向に代表されるように、＜善悪基準＞としての機能を果たしてきたものと推定される。

　すでに指摘したことではあるが、＜共同労働＞という公の場では、＜人なみに働く＞という＜優劣基準＞が重視され、それが＜公恥＞の心理と強く結びつくことによって、プラス評価への＜転換＞を強く促したものと思われる[13]。

　「仕事に対する態度に関する語彙」の構造分析をとおして知られる＜社会

第5章　性向語彙の基本特性と「ヨコ」性の原理　141

的規範＞は、村落社会の成員に平準的な＜指向価値＞を要請することによって、人なみはずれた個人や家の欲望＜過剰価値＞と人なみ以下の働き＜過小価値＞を抑制し、糾弾して、すべてを村落共同体が願望する＜指向価値＞に一元的に統合するという、いわば＜横一線の構造＞――「ヨコ」性の原理――を基本とするものであることが知られるのである。そして、「仕事に対する態度に関する性向語彙」とその運用システムを成員が共有することによって、「ヨコ」性の原理はすべての成員に＜事前了解＞され、＜労働秩序＞の円滑な秩序構成がどのような状況においても可能になったものと考えられる[14]。その結果、村落社会における濃密な人間関係も円滑に維持され、＜社会的秩序＞はますます強化されることになる。そして、＜社会的秩序＞のたがが緩む場合には、＜過小価値＞を強化することによって、村落社会の維持、存続を図るという展開が、歴史のプロセスを通じて見られることは、すでに第4章において検証したところである。

　この「ヨコ」性の原理に関して、筆者はかつて次のような一文を朝日新聞（大阪朝日）の文化欄に寄せた[15]。

　　この十年間、私たちの研究グループは主に中国・四国地方の三十七の村落社会で、老年層が使用する性向語彙を中心に調査し、約5000語の異なる語彙を採録することができた。性向語彙というのは、人々の日ごろの行いや性格を評価の観点からとらえて表現する語の集合体である。
　　この調査を通して、私たちは多くの新知見を得ることができた。「働き者」と「怠け者」の語彙の関係を分析することで、具体的に見えてきた事実もその一つである。私たちの調査によると、当然のことながら、どの村落社会においても、「働き者」は高い価値を持つ性向、逆に「怠け者」は著しい負の性向と認識されている。そのため、「怠け者」に対しては「働き者」には見られない語彙の展開の仕方が認められる。
　　例えば、「足らず」を語源とする「怠け者」の意味の「ダラズ」からは、「オーダラズ」のようにその程度性を強める語や、「クソダラズ」

「ダラヘー」のように人を卑しめる意識を伴う語（岡山、広島、山口各県、島根県石見地方）が数多く造られ、大半の村落社会で「働き者」の二倍近くの語彙が得られた。村落社会の規範から逸脱する「怠け者」は、これらの幅広い語彙の運用によって厳しく糾弾されることになる。

　ところが、これらの語彙を自らに向けるとき、それは、自身が「怠け者」ではいられなくなることを自覚する具体的な指標として機能することになる。なぜなら、性向語彙は村落社会における共通の文化項目として、一人ひとりの中に内面化されており、他者へ向ける評価は、同時に他者から自らへ向けられる評価でもあることを、人々は十分にわきまえているからである。

　このように、村落社会では、「怠け者」という負の性向は単に排除すべきものと見なされているのではなく、「怠け者」の否定を通して「シゴトシ」（働き者、広く中国・四国地方に）という社会的規範への転換が指向されていると解されるのである。

　それでは、「働き者」という規範の中でも最高の価値への転換が指向されているかというと、決してそうではない。「人一倍仕事に熱中する人」は、すべての村落社会で負の性向と評価されているからだ。このような人は中国・四国地方の広い範囲で「ノボセ」「ノボセモン」「ノボセヤマ」「ノボセショー」と呼ばれている。

　とくに岡山県や広島県備後地方では「ガリ」「ガリガリ」「クソガリ」（ガリはガリ勉のガリと同源）、広島県安芸地方では「ガシンタマ」「ガシンタレ」、山口県では「ガシ」「ガシガシ」「ガシコ」（ガシはガリの訛った形）などと言い表される。どうみても、最高の価値に属する性向を表すのにふさわしいことばだとは考えられない。

　ちなみに個人主義が根強い西洋では、自分のために「人一倍仕事に熱中する人」は、人間の性向の中でも最高の価値に属する、と見なされるのとは対照的である[16]。

　これらの事実から、一見高い価値に属すると思われる性向は、「人一

倍」「必要以上」と見なされるのを契機として、負の性向に転じていることがわかる。とすれば、村落社会は人々の労働に対して、決して最高の価値を押しつけるのではなく、誰もが納得して協調できる「人並み」の働き者になることを、社会的規範として要請してきたと解することができるだろう。

　これらの性向語彙は、「個人の自足と自己依拠」を奨励するのではなく、個人の人並みはずれた欲望を抑制し、全員がいわば横一線の原理とでも呼ぶべき社会的規範に依拠して働くことを促す、具体的な指標と見ることができる。この横一線の原理は、共同田植や刈り入れ、道や橋の普請、さらには屋根の葺き替えなどにおいて互いに協力してきた、かつての村落社会にあっては、協調的な人間関係を維持していくために、きわめて重要な役割を担っていたと考えられる[17]。

　この「ヨコ」性の原理は、まさに村落社会のシステムが生活環境に対して適応し、村落社会の境界内（「ウチ」社会）の恒常的な秩序構成を維持するためのコントロール・メカニズムとして機能するものである。「ヨコ」性の原理を基盤とする方言性向語彙のシステムと運用は、この機能を具体的な形でしかも円滑に発揮するために、「負のフィード・バック」（逸脱を修正して社会システムの秩序構成の恒常性を維持すること）によって、地域社会の目標値を維持するためのコントロール・メカニズムと規定することができる。この社会秩序のコントロール・メカニズムを、仮に、＜方言性向語彙によるコントロール・メカニズム＞と呼んでおくことにする[18]。

　この＜負のフィード・バック＞による社会秩序の＜コントロール・メカニズム＞が村落社会の成員によく了解され、地域社会の求心性・一体性が維持・継承されてきた点に、実は、日本人の＜日本人らしさ＞が典型的な形で顕れていると言ってよいだろう。強固な「ヨコ性の原理」を＜労働秩序＞の秩序構成の基盤として、皆がそろって人なみに働き、村落社会を維持するとともに、自らの生活をも維持するという＜行動原理＞が、日本人の労働観のコア

に深く埋めこまれていた、と言い換えてもよい。

ところで、＜過剰価値＞に関して、「負のフィード・バックによるコントロール・メカニズム」の原理は、何も、「仕事に対する態度に関する性向語彙」の意味的カテゴリーだけに限定されるものではない。それは、「人一倍きれいずきな人」：「きれいずきな人」：「汚くしている人」や、「出しゃばり」：「世話ずきな人」：「人の世話をしない不親切な人」などの意味項目の関係性においても認められるのである。

広島県比婆郡東城町川東方言においては、次ページに示すような対立関係が見出されるのである。

また、愛媛県宇和島市川内方言には、Ｂの「不親切な人」を指示する性向語彙として、次のようなものが行われている（名詞のみ）。

(1)ヒネクレモノ・ヒネクレモン
(2)ネジレ・ネジレモン
(3)イップリ・イップリカキ・イップクリン
(4)スネクレ
(5)ヘンチク・ヘンチクリン・ヘンチキモン・オヘンチキ・オヘンチキモン・ヘンキチモン
(6)ドジレモン・ドージレモン

Ｃ枠に属する語彙によって指示される性向は、いずれもマイナス性向と認識されている。ここにも、＜指向価値＞の準拠枠である＜平準程度＞が過剰になることによって、マイナス評価に転ずるという＜負のコントロール・メカニズム＞による＜転換規則＞が明確に働いているのである。

なお、性向語彙の共有によって実定化される＜ヨコ性の原理＞は、行動モラルに不可避的に随伴する＜他者の先取り的な確定化＞あるいは＜自己と他者との一体化＞の効果によって、常に強固なものとして保持されることになる。言い換えれば、他者と自己に対する評価の正当性が、常に社会意志によって前提されているため、個（家）と村落社会との関係性は、強い一体性

第5章 性向語彙の基本特性と「ヨコ」性の原理

C. 人一倍きれいずきな人　　A. きれいずきな人　　B. 汚くしている人

```
┌──────────────┐    ┌──────────────┐    ┌──────────────┐
│ ケッペキ     │    │ キレーズキ    │    │ ブショーモン  │
│ ケッペキショー│ →  │ キレーズキシャ│ ←  │ ブショータレ  │
│ ケガレ       │    │ コマメナ ヒト │    │ ブショー      │
└──────────────┘    └──────────────┘    │ ヒキタレ      │
                                         │ ヒキタレモン  │
                                         │ ジータレ      │
                                         │ ジダラク      │
                                         │ ジダラクモン  │
                                         │ ズボラ        │
                                         │ シビッタレ    │
                                         │ ザマクモン    │
                                         │ ザマクナ ヒト │
                                         │ サンジラカシ  │
                                         │ ブショーナ    │
                                         │ ザマクナ      │
                                         │ ヤゲローシー  │
                                         └──────────────┘
```

C. 出しゃばり　　　　A. 世話ずきな人　　B. 不親切な人

```
┌──────────────┐    ┌──────────────┐    ┌──────────────┐
│ サイタラ     │    │ シェワヤキ    │    │ コクレ        │
│ サイタラコキ │    │ キモイリ      │    │ コクレモン    │
│ サイタラマツ │ →  │ サイトーヤキ  │ ←  │ コクレナ ヒト │
│ デベソ       │    │ シェワーヤク  │    │ シネワル      │
│ オシェッカイ │    │ シェワズエー  │    │ シネッタレ    │
│ オシェッカイヤキ│ └──────────────┘    │ シネクソ      │
│ トワズガタリ │                         │ ヒネクレ      │
│ デベソ       │                         │ ヒネクレモン  │
│ デシャバリ   │                         │ ネジレ        │
│ デシャバリヤ │                         │ ネジレモン    │
│ ソベ         │                         │ ネジクレモン  │
└──────────────┘                         │ ワル          │
                                         │ ワルッター    │
                                         └──────────────┘
```

を獲得し、結果的に堅固な閉鎖構造を形成してきたのである[19]。

　言うまでもないことではあるが、かつての村落社会において「ヨコ」性の原理―平準化の原理―が＜社会的規範＞として成員を強く拘束したにもかかわらず、成員がこれに対して異議を唱えることもなく了解したのは、村落社会の＜土地と富＞が最初から限定されていたからである。そのような情況の中にあって、個人や家の人なみはずれた欲望を認めれば、それによって、誰かが必ず犠牲を被ることになる。ある個人や家の社会的上昇は、別の個人や家の犠牲の上に成り立つからである。それゆえ、＜限定された土地や富＞しか持たない村落社会は、個人や家の人なみはずれた欲望を強く抑制しなければ、社会秩序の維持はもとより、村落社会の存続さえもおぼつかなくなるであろう。＜土地と富の限定化＞という＜集合意識＞が、「ヨコ」性の原理―平準化のメカニズム―を構成し、存続せしめた根源的な要因であることを、ここで指摘しておきたい[20]。

　この強固な「ヨコ」性の原理（平等主義）が、＜限られた富＞の公平な配分を要因として成立したという点に関しては、坪井洋文が「ムラの論理――多元論への視点――」（『日本民俗文化大系第8巻　村と村人』1995、小学館）の中で、次のように述べていることが注目される。

　　ムラ社会ではいわゆる働き者は美徳として賞賛されてきたが、それは特定の枠の中での美徳であって、働きすぎは戒められる性格のものであった。そこに限られた富の配分という原則が貫いているとみなければならない。富が限定されているということは、その富を個人的に増大せしめない要因が措定されているのであるから、その要因が何であるかを考えてみる必要がある。（27ページ）

　坪井は、「富を個人的に増大せしめない要因」が何であるかを考えてみる必要があることを指摘しているが、その要因については断定することをひかえている。筆者は、すでに見てきたように、「ヨコ」性の原理を徹底して貫

くことによって、個々の家の富を＜平準化＞し、それによって村落社会の秩序、とりわけ経済的秩序を維持して、村落社会の崩壊を未然に予防しようとする、超越的な指向性──村落社会の成員に共通する願望──が、坪井が断定することを避けた決定的な要因であると考える。それは単に、村落社会の秩序維持を超えて、村落社会そのものの崩壊を未然に予防しようとする、＜超越的な願望＞であったと言い換えることもできよう。

　「辛抱強い人」の意味項目に現れる「シンボーニン」「シンボーモン」「シンボーガエー」「コラエジョーガー　エー」「シンボーズヨイ　ヒト」（広島・山口の二県に共通）などの語や句、連語などが、決して単純なプラス評価を表すものとして処理できない場合が、中国地方における山地部の村落社会に認められることが注意をひく。たとえば、山口県下の山地部にあっては、「シンボーニン」について、次のような説明が得られている。

　○シンボーズヨイ　ヒトノ　コト　ヨノー。ミンナガ　ヤスンジョル　トキデモ　ヒトリ　シゴトー　ショールヨーナ　ヒトオ　シンボーニン　ジャユーテ　イヨータ。ソガーナ　ヒトワ　カゲデ　ミンナガ　ワルー　ユーンジャ。キツネガ　ツイトルトカ　ナントカ　ユーテ　ノー。辛抱強い人のことよねえ。皆が休んでいるときでもひとり仕事をしているような人をシンボーニンだと言っていた。そんな人は陰で皆が悪く言うんだ。キツネがついているとかなんとかいってねえ。（老男）＜山口県玖珂郡錦町広瀬＞

　村落社会の＜指向価値＞に該当する「働き者」に対しては醇乎たるプラス価値が付与されたが、＜指向価値＞からいくらかでも逸脱する＜過剰価値＞については村落社会の成員が緊張し、＜つきもの＞を付与するなどして厳しく抑制しようとしたことが、上の説明からも容易に理解することができる。
　これによっても、＜超越的な願望＞が村落社会の成員の意志をいかに強く貫いていたかが知られるのである。

それでは、＜ヨコ性の原理＞において、「能率主義・効率主義」と「丁寧主義・精巧主義」のどちらがより重視されたのだろうか。広島県を中心とする17地点で得られたデータを見てみると、次のようである（括弧内の数字は異なり語数を示す）。

　　仕事の速い人・要領のよい人(21)　　仕事の遅い人・要領のわるい人(34)
　　仕事を丁寧・丹念にする人(20)　　仕事を雑にする人(23)

　マイナス評価の意味項目は、＜負のフィード・バック＞によって、プラス評価の意味項目に転換されるものと考えることができるので、この４つの意味項目の対立関係は、次のように整理することができる。

　　仕事の速い人・要領のよい人(55)　　仕事を丁寧・丹念にする人(43)

　これによって、「能率主義・効率主義」に対する共通の関心が高かったことが知られる。また、「仕事の速い人・要領のよい人」については＜過剰価値＞を表す言葉も意味項目も認められないのに対し、「仕事を丁寧・丹念にする人」については、先にも触れたように、「アンゴーテーネー」「アホーテーネー」「アホーデーネー」「バカテーネー」などの＜過剰価値＞を表す語彙が認められるのである。これは、前者に対しては＜抑制＞という社会的規範が見られず、後者には＜抑制＞という社会的規範が働いてきたものと解することができる。
　さらには、次のような事実を挙げることができる。鳥取県東伯郡赤碕町梅田集落の一老年層男性は、戦前まで継承された「共同労働」において、「能率主義・効率主義」が常に重視されたことについて、次のように説明している。

　　○ムカシャー　キョードーダウモ　ミチブシンモ　ヤネノ　フキカエモ

ミンナ　モヤイデ　ヤリョーリマシタガ　ヨー。ソン　トキニ　ノロス
ケガ　ヒトリカ　フターリ　オルト　ジェンタイノ　ハカガ　イカーデ
　ジカンガ　ヨケーニ　カカルダケン　ハヨー　シェーッチッテ　イ
ヨーリマシタデス　ジェ。テーネースギテモ　イケン　ナー。

　昔は共同田植も道普請も屋根の葺替えも、皆共同でやっていましたがね
え。その時に仕事の遅い人が一人か二人いると、全体の仕事が進まない
で時間が余分にかかるから、速くしろと言ってたんですよ。(仕事が)
丁寧すぎても（共同労働には）いけないねえ。

　これらの事実から、地域社会においては、古くから「能率主義・効率主
義」が重視されてきたと考えることができる。これは、「田植えは三日の植
えつけどき」という、農業社会において広く行われてきた慣用表現に表象化
されるように、＜共同労働＞がいずれも協調性と同時に、短期間で完遂しな
ければならないものばかりであったという、歴史的な事実とも一致するので
ある[21]。
　それが、典型的な形で認められる方言社会の一つとして、熊本県下益城郡
砥用町方言を挙げることができる（調査者は、井上博文）。この方言社会に
は、以下に示すように、「仕事の速い人・要領のよい人」の意味項目に属す
る要素が8語（名詞は1語）しか認められないのに対して、「仕事の遅い人
・要領のわるい人」の意味項目に所属する要素は16語（名詞は5語）も見出
されるのである。＜社会的規範＞から逸脱するマイナス性向へ焦点を当てる
ことによって、成員にプラス性向（能率主義）への転換を強く促す＜集合意
識＞の現れが顕著に認められると言ってよかろう。

「仕事の速い人・要領のよい人」
　①ヤッテ　やり手。仕事が速い。仕事が出来る。
　②サバケトッ　仕事の速い人。仕事の出来る人。
　③シゴツノ　ハヤカ　仕事が速い。その仕事ぶりもあざやかである。

④キレラス　頭の回転が早く、仕事も速い。

⑤キレラス　シト　頭のきれる人。仕事の速い人。

⑥ヨリョン　ヨカ　要領がよい。段どりがよく仕事が速い。

⑦キユーナ　シト　器用な人。仕事の速い人。

⑧キュカ　シト　器用な人。仕事の速い人。

「仕事の遅い人・要領のわるい人」

①ノロマ　のろま。仕事が遅い人。

②ノロサク　のろま。のろのろしていて仕事の遅い人。揶揄の意識を伴う。

③テレ　気がきかなくて仕事の遅い人。人の迷惑となる。

④テレサク　仕事の遅いひと。一緒に仕事をしている人に迷惑をかける。揶揄の意識を伴う。

⑤カメ　亀。仕事が極端に遅い人を亀に喩えた。

⑥ノローノロ　シトッ　のろのろしている。動作に注目した言い方。

⑦クズーグズ　シトッ　ぐずぐずしている。仕事がはかどらない。

⑧ボサーット　シトッ　気がきかないので、仕事がはかどらない。皆が仕事をしているのに見ているだけのような人。

⑨ボヤボヤ　シトッ　ぼやぼやして仕事がはかどらない。

⑩ヌレート　シトッ　ぼうとしていて仕事がはかどらない。仕事もよく間違える。

⑪キノ　キカン　シト　気がきかない人。人の邪魔になる。

⑫ヒマン　イール　ヒト　仕事を仕上げるのに時間のかかる人。

⑬ノンキ　カマエトラス　のんきにかまえていて仕事がはかどらない。

⑭ツキャモンニ　ナラン　使い者にならない。仕事ができない。

⑮ヘン　ツッパリ　ナラン　屁のつっぱりにもならない。仕事ができない。

⑯シミチモ　シラン　仕事のやり方を知らなくて仕事が遅くなる。

　戦後、日本が驚異的な経済発展を遂げたのは、すべての日本人が「能率主義・効率主義」を体現しており、しかもその中で「協調的な関係主義」を他

第5章　性向語彙の基本特性と「ヨコ」性の原理　151

者の眼差しに依拠する形で形成してきたからである。そのような生き方が、前近代から日本人の血となり肉となっていたのである[22]。日本人は、もともと怠けることを知らない人間集団なのである。そして、そのことを身をもって知っていたのは地域生活者であって、決して政治家でもなければ高級官僚でもない。戦後になって、上から教えられて、はじめて自らの生き方を変えたわけではない。

　それではなぜ、村落社会には強い「ヨコ」性の原理が存在し、それを＜社会的規範＞という一種の権威として成員が遵守しなければならなかったのだろうか。それには、二つの理由が考えられる。その一つは、すでに述べたように村落社会の成員にとって自らが生きられる環境がまさに村落社会という境界に限られていたということである。個々の成員にとって、村落社会は自らの生を保証するミクロコスモスだったのである[23]。他の一つは、村落社会の繁栄が個々の成員、あるいは家の繁栄に還元されたということである。村全体が富めば個々の家も富み、村全体が貧しくなれば個々の家も貧しくなったのである。この「生きられる唯一の環境」と「富と労働の相互還元」という二つの要因が、成員の＜全体的な了解＞によって支えられることにより、強固な「ヨコ」性の原理が堅持されてきたと言ってほぼ間違いなかろう。この二つの要因が「土地と富の有限化というイメージ」として結晶化し、決定的な要因となったことは、すでに述べたとおりである。

　この「ヨコ」性の原理を、個々の成員がミクロレベルにおいても共通に＜事前了解＞するために、共有財としての性向語彙とそのシステムを獲得し、それによって客観的に規定される＜過小価値＞と＜過剰価値＞をともに否定し、＜社会的規範＞としての＜指向価値＞の達成を目標としたのである。＜横ならび＞の社会にあっては、＜負＞の価値の提示はなじまないとする議論もあるが、＜負＞の価値を提示した上で、それを集合意識でもって強く否定しなければ、平等主義としての＜横ならび＞の社会は成立しない。たとえ成立したとしてもそれを維持することなど全く不可能であろう。

4．強固な集団主義――＜社会的規範＞の絶対的優位性

　地域社会の老年層カテゴリーに限定するならば、性向語彙のまとまりが我々の想像を超えてはるかに豊かであり、かつはまた複雑多様な状況を呈している。すでに指摘したことではあるが、現在までの調査によれば、島根県那珂郡金城町今田という、わずか85戸からなる自然発生的な農業集落で得られた2805語が最高である[24]。しかし、この中には「トロイ　ヒト」（仕事の遅い人、少し足りない人）、「トトロカン　ヒト」（物事に動じない人）、「キモッタマガ　エー」（大胆である）のような連語形式や句構造のもの、「イヌガ　ヘオ　ヒッテデモ　デテ　イク」（犬が屁をひってでも出て行く、物見高い人）のような慣用表現によるものもかなり多く含まれている。これらの要素をすべて除外して、語に限定して異なり語数を求めると、約1300語になる。したがって、100戸前後の伝統的な村落社会においては、調査を徹底すれば、1000語近くの性向語彙が得られるものと思われる。

　地域社会における生活空間は、相手との人間関係、ないしは間柄それ自体が複雑に交差し合うネット・ワークだと考えられる。しかも、地域社会における個人と個人、個人と講組といった組織との関係は擬似血縁的であり、両者の一体化・融合化は顕著であった。したがって、一人ひとりが極めて親密な間柄におかれ、相互にあまりにもよく知悉し合う関係性の中で、日々を生きることになる。すでに触れたことではあるが、性向語彙の繁栄とその運用は、基本的には互いに他者のことを知り尽くしており、そのような人間関係、すなわち準拠集団性（共同社会性）をベースとして、強固な＜集団秩序＞の構成原理を共有し、成員が生きる村落社会の維持・発展を絶対的な価値としてきた＜社会的規範＞ないしは＜集合表象＞のあり方そのものに求めることができるのではなかろうか[25]。

　＜社会的規範＞（指向価値）の絶対的優位性は、＜負のフィード・バックによるコントロール・メカニズム＞という秩序構成の原理が確立されていたことにとどまらない。マイナス評価（過小価値）に属する意味項目のうち、

とりわけ語彙量の多い「怠け者」「馬鹿者」「嘘つき」「性根わる」「放蕩者」などを中心として、程度性を拡大する方向への細分化現象が認められるという事実によっても明らかであろう。なぜなら、この現象は、成員の一人ひとりにマイナス性向をより強い否定価値として認識させ、いやおうなく＜指向価値＞に準拠して行動することを強く促すことになるからである。

　また、老年層が自分の子どもや孫たちに向かって、マイナス指向の語彙を用いるケースが少なくないが、その場合には、次に示す例からも知られるように、成員を拘束する＜指向価値＞を先取りする形で、子どもや孫たちが村落社会というコスモスの中で、「恥」（公恥）をかくことを未然に予防しようとする、＜予防モラル＞の具体的な提示として使用しているのである。

○オマエミトーナ　オーテレワ　ダレモ　アイテニ　シャーヘン　ヨ。
　おまえのようなひどい怠け者は（この集落の成員は）誰も相手にしはしないよ。　　　　　　　　　　　　　（老男→孫、広島県佐伯郡佐伯町玖島）
○アガーナ　グーダラベーニ　ナッチャー　ツマラン。
　あんな怠け者になっては駄目だ。（老男→孫、広島県廿日市市地御前）
○ソガーニ　ヒキタレトリャー　ヨメニ　イッテ　トナリノ　ヨメワ　ソージモ　シャーヘンユーテ　ワラワレル　デ。
　そんなに散らかしっぱなしにしていると、嫁に行って隣の嫁は掃除もしやしない、といって笑われるよ。
　　　　　　　　　　　　　　　　（老女→孫、広島県比婆郡比和町古頃）
○オマエワ　アガナ　グーダラベーニ　ナッタラ　イケンダー　ジェ。
　おまえはあんな怠け者になったら駄目だよ。
　　　　　　　　　　　　　　　　　　　（老男→孫、鳥取県倉吉市生田）
○ミテ　ミー。アガナ　ホートーモンニ　ナッタラ　ナー。ミンナニ　ワラワレテ　オヤガ　ナクダケ　ナー。
　見てみろ。あんな放蕩者になったらねえ。皆に笑われて親が泣くんだからねえ。　　　　　　　　　　　　　　　（老男→孫、鳥取県倉吉市生田）

○ソガナ　ガリジャト　ヒトガ　キラオー　ガナ。ミナニ　アワセニャー。
そんなに自分勝手だと人が嫌うだろうがね。皆に合わせなければ。

(老女→孫、岡山県浅口郡鴨方町)

　このように、＜社会的規範＞は個々の成員を強く拘束し、個人の意志を超えた社会意志として、人々に課せられてきたのである。したがって、村落社会に生きる人々は、ついに明文化されることのなかった＜社会的規範＞を、たとえ状況相対的に認識し、表現する場合にも、十分間に合うだけの性向語彙を獲得することによって、遵守してきたと言ってよいだろう[26]。

　さて、前近代から昭和30年代までの地域社会が強固な＜集団主義＞をベースとする全体社会であったことは、すでに多くの研究者によって指摘されているところである。しかし、強固な＜集団主義＞が何によって形成され、維持されてきたかという問題性については、いわば自明のこととして扱われ、具体的に検証されることは少なかったように思われる。

　筆者は、＜労働秩序＞と＜つきあい秩序＞の秩序構成を規制し、統合する＜ヨコ＞性の原理が、強固な＜集団主義＞を形成し得た決定要因だと考える。これを、秩序構成のレベルにおいて見てみると、とりわけ成員が＜つきあい秩序＞の円滑な維持を＜指向価値＞として、恒常的に努めたことが、ウチに向かう強固な＜集団主義＞を維持、強化するための大きな力になったと推測されるのである。

　そのように推測される根拠を、中国・四国地方における性向語彙の意味とシステムに求めるならば、おおよそ次の4点を指摘することができる。

1．成員の誰とも円滑なつきあいの出来る人が＜賢い人＞＜見識のある人＞と認識されていること。そのような人が「セケンオ　シトル」人であり、「セケンシ」だったのである。
2．＜つきあい秩序＞の秩序構成を乱すことに作用すると考えられる性向である＜人づきあいのわるい人＞＜ひねくれもの＞＜性根わる・意地わる＞＜頑固者＞＜ずる賢い人＞＜嘘つき＞＜けちな人＞＜不平を言う人＞

第5章　性向語彙の基本特性と「ヨコ」性の原理　155

などの意味項目に、そろって多くの語彙が認められること（ちなみに、広島県比婆郡東城町川東方言と鳥取県倉吉市生田方言の場合を見てみると、これらの意味項目の総語数は、前者が92語、後者が107語になる）。

3．しかも、これらの意味項目には、強い非難や蔑みの意味を表す「〜タレ」「〜コキ」「〜クソ」（「シネッタレ」「シネクソ」＜性根の悪い人＞、「クソイチガイ」＜頑固者＞、「ウソタレ」＜嘘つき＞、「シミッタレ」＜けちな人＞、「モンクタレ」「ヨーダイコキ」＜不平を言う人＞）やマイナス評価の程度性を拡大する「オー」「アカ」「ド」（「ドスッチョータレ」＜ずる賢い人＞、「ドコンジョーワル」＜性根のひどく悪い人＞、「オージナクソイー」＜ひどい不平言い＞、「アカチョレン」「オーウソコキ」＜ひどい嘘つき＞）などの接辞を取る要素がかなり多く見出されること。また、広島県三次市向江田町方言・広島県比婆郡比和町古頃方言には、「ひどく不平を言う」ことを「ドクー　ユー」（毒を言う）と表現する。この慣用句には、＜つきあい秩序＞の維持にとって「ひどく不平を言う」ことが、極めて大きなマイナス要因になるという意味がこめられていると解することができる。

4．＜おしゃべり＞の意味項目の中に、「人にしゃべらせないで自分だけがしゃべろうとする人・人の話をよく聞かないで自分が先にしゃべろうとする人」を指示する語彙が認められること（「サキザラヒキ」「サキザラ」「サキザラー　ヒク」「サキョー　カケル」＜島根県那珂郡金城町今田方言＞）。このような語や句が生成されたのは、自分だけが話そうとしないで、互いに円滑なコミュニケーションを営むことが、成員相互の＜つきあい＞にとって重要な要因になるという＜集合意識＞が働いたからに違いない。

　地域社会に生きてきた人々は、＜つきあい秩序＞を乱す性向を徹底的に排除することによって、＜社会的規範＞を共通に指向する一体的な＜集団主義＞を形成し、維持してきたのである。そして、＜ヨコ＞性の原理（＝平等の原

理、平準化の原理)による強固な＜集団主義＞を維持することにより、成員は自らが生きるミクロコスモスの安寧を等しなみに指向してきたのである。

　かつての村落社会にあっては、個々の成員にとって自らが生きる村落の領域がミクロコスモスであり、村落社会の存続こそが至上価値とされたことに関して、農村社会学を専門領域とする川本彰は、『むらの領域と農業』(1983、家の光協会)の中で「ムラが所有する土地」に焦点を当てて、次のように述べている。

　　農民はムラに依存してこそ生きていくことができる。ムラの土地は生産・生活の財として、永遠不滅、絶対的な価値をもつ。ムラの土地を保全することはムラ人にとって「母なる大地」を守ることであり、それによって永遠不滅の安定を獲得することである。

　また、ムラ全体の役割が、常に個々の成員の力を超越していた事情について、次のように説いている。

　　山と水がなければ水田農業は存在し得ず、山の水を保全するのは個人では無理で、それは一にムラの役割であった。ムラが全力をあげて地域限定的に保持、保全をして、初めてそれが可能であった。かく具体的にいえば、領域内の土地はムラ住民である農民達の先祖代々の労働、すなわち、血と汗と涙の堆積体であった。

　さらに、赤田光男は、ムラの存続がムラ人共通の願望であり、永遠の目的であったことについて、次のように述べている。

　　ムラは人の生から死に至るまでの生活空間であり、死後も訪れて子孫と交流したいと願う場でもある。したがって人の生死を越えてムラが存続することが、ムラ人共通の願望であり、また永遠の目的であった。廃村や絶家とい

う不幸が起こらないように、毎日をたくましく生き、その過程で実に多くの共同互助の生活習慣が生まれた。自然にすべてを依拠した日本の農山漁村では、個人でや個家の力では到底生活が不可能に近い。そこに協同体的生活行動が余儀なくされる。近世村落においてムラが協同体的に一つにまとまって行動したことは言うまでもない……。(「同族とムラ組の特質」『日本民俗文化大系8　村と村人　共同体の生活と儀礼』1995、小学館)

　ところで、南博は『日本的自我』(1983、岩波新書)の中で、「集団我」の成立時期と成立要因を、「日本社会のなかで対人関係が長い期間ほぼ固定して持続した江戸時代の封建社会、鎖国社会から、この固定性が破られた明治期の社会心理の変遷」に求め、それによって形成された「自我不確定感」を解消するために「集団我」が成立したとする考え方を提示している。しかし、この考え方にはにわかに従うことができない。事態はむしろ、この逆ではなかったのか。
　なぜなら、過去の日本の地域社会が＜労働秩序＞や＜つきあい秩序＞に求めてきた原理は、家や個人の主体性や欲望を抑制する強い「ヨコ」性による＜集団主義＞の安定化にほかならなかったことが、今まで行ってきた性向語彙の構造分析をとおして、すでに明白だからである。江戸時代、とりわけ村落社会の社会的機構が確立した江戸幕府成立以後に[27]、最も強固な形で定着が図られた＜集団我＞が、明治期に入ってヨーロッパ先進国の自我と激しい葛藤をくり返すプロセスの中で現出したのが「自我不確定感」ではなかったのか。そして、「自我不確定感」に悩まされたのは、ヨーロッパ先進国の自我をいわば「あこがれの月」とした知識階層であって、少なくとも地域生活者は昭和30年代までは、根強い「集団主義」の中に埋没して生きてきたのである。そのことを、東北地方の農民に即して最も端的な形で語っているのが、第2章で取り上げた大牟羅良の『ものいわぬ農民』(1958)である。また、柳田国男の『明治大正史　世相篇』(1976、講談社学術文庫)にも、明治大正期における農民が根強い「集団主義」に埋没して生きていたことが明

確に語られている。

　それを示唆する現象として、すでに指摘したことではあるが、広島県下を中心とする17地点で採録し得た性向語彙に関するデータ分析をとおして見えてきた次のような事実を挙げることができる。それは、「仕事に対する意欲・能力に欠ける人」という意味的カテゴリーの中の「仕事の役に立たない人」の意味項目に属する語彙が、「馬鹿者・知恵のたりない人」の意味項目にも共通して出現するという事実である。その1例として、広島県廿日市市地御前集落の場合を取り上げるならば、「仕事の役に立たない人」に所属する15語（ただし、名詞のみ）のうち、「ボンヤリ・ボンヤリサン・ボヤスケ・ボケ・ボケナス・ウスノロ・ボンクラ」の7語（46.7％）が「馬鹿者・知恵の足りない人」の意味項目でも採録されているのである。また、山口県防府市野島集落では、「ヤクタタズ」という語が「仕事の役に立たない人」という意味項目ではなく、「馬鹿者・知恵の足りない人」という意味項目に出現しているのである。

　この事実は、「知能の劣る人」を基準として、「仕事の役に立つ／立たない」という準拠枠を設定し、全く仕事の役に立たないごく少数の人を除き、全員が相互に強く＜協調的な関係性＞を結び、「能率主義・効率主義」を労働価値とする＜共同労働＞に従事したことを意味する言語的表象と解される。地域社会における伝統的な＜集団主義＞は、このように厳しい＜協調的な関係主義＞でもあったと言うことができよう。たとえ、「仕事に対する意欲・能力に欠ける人」であっても、少しでも「仕事の役に立つ」人はすべて動員し、それぞれに適した役割を振り当てて強固な秩序構成を行わなければ、＜共同労働＞の慣行を維持することが困難だったのである。

　かつての村落社会において、集団主義の象徴とされる「共同労働」が、人なみ以下の能力しか有さない成員をも含む形で遂行され、そこでの指向価値は協調的な「能率主義・効率主義」であったことについては、先に触れたとおりである。それでは、「能率主義・効率主義」の阻害要因となる働き（「仕事の遅い人」）を、村落社会の人々はどのように認識していたのであろうか。

その認識の内実を、岡山県浅口郡鴨方町方言について検証してみることにする。

鴨方町方言では、「仕事の遅い人」を次に示す4つの要因から細分し、それぞれ別の語彙（ただし、名詞に限定する）によって呼び分けている。

1. 知力が足りない……チョレ（チョレー＜少し抜けている＞を語源とする名詞形）・ボヤスケ
2. 気力が足りない……ノラクラ・ノラクラモン
3. 動こうとする意志がない……トドロカン（語源は轟かんか？）・トトロカン
4. 生まれつき動作が遅い……ノロ・ノロマ・ノロスケ・ドンツケ（鈍つく）・グズ・グズッタレ・グズマ・グズマー・グズグズ

さらに、人なみの精神的・身体的能力を有しているにもかかわらず、たまたま仕事に集中しなかったために遅くなる人を「トロスケ・トロスコ・トロサク」などの語彙を用いて批判的に評価している。このように、「仕事の遅い人」を＜人なみ＞（状況的なマイナス価値）と＜人なみ以下＞（恒常的なマイナス価値）の二つの場合に大別し、さらに＜人なみ以下＞の動きしかできない人を、精神的あるいは身体的要因によって、4類に細分化しているのである。しかも、注目すべきことは、恒常的なマイナス価値を表す語彙によって指示される人々も、「共同労働」の構成員から排除されることはなく、「能率主義・効率主義」を旨とする労働の速やかな進捗の中で、＜人なみ＞な人と相互に協調しつつ労働に従事したという事実である。

ここには、＜恒常的なマイナス価値＞を所有する人々の特徴を微細に弁別するものの、決してそれらの人々を差別し、排除することのなかった「協調的なウチなる集団主義」の典型的な現れを見て取ることができる。

ところで、社会人類学者中根千枝は、1964年に「日本的社会構造の発見」という論文を発表したが、この論文は極めて大きな反響を呼んだ。青木保によると、日本人による日本人の＜集団主義＞の原理の解明と、その独自性の発見という形で、この論文は受けとめられたとのことである。そして、中根

が展開した日本の「社会構造」分析論は、1967年に『タテ社会の人間関係』（講談社現代新書）にまとめられて出版されるや、大ベストセラーになり、日本社会は「タテ社会」であるとの言説は、国の内外で通説として語られるようになった。中根は同書の中で、「タテ」性を基軸とする＜場＞と＜集団の一体感＞による日本の社会集団の在り方、すなわち＜集団主義＞の強固さを主張しており、しかもそれを「日本人の血」による本質的なものと規定している[28]。

　しかし、性向語彙の構造分析をとおして明らかになった村落社会における強い＜集団主義＞は、あくまでも「ヨコ」性を基軸とするものであって、決して「タテ」性ではない。「ヨコ」性が強く要請された要因についてはすでに述べたところであるが、それに加えて重視すべき「社会構造」的要因は次に述べるような事実であったと考えられる。すなわち、江戸中期から村落社会は地主階層と小作階層とに分かれてはいたが、集団内部の序列化は発達せず、成員の大半は「兄弟姉妹」の関係に擬せられる「ヨコ」の関係性におかれていたということである[29]。この「ヨコ」性の原理が、性向語彙による＜負のフィード・バックによるコントロール・メカニズム＞という秩序構成の構成原理をとって、＜共同労働＞の場で、また日常生活における人間関係の設定の場で、大きな＜有用性＞をもたらしたことは、すでに見てきたとおりである。

　ところで、日本人の＜集団主義＞については、従来、多くの著名なライターによって言及されてきたが、なぜ日本人が集団主義的行動を行うのかということを、ミクロレベルで説明したものはほとんど見当たらない。その大半が一種の現象として語られており、根源的な要因を解明し得ていない。筆者は、その根源的な要因を、長く村落社会にあって、村落社会の維持・存続のために、＜社会的規範＞として成員を強く束縛してきた共同労働としての＜労働秩序＞と他者依存的な＜つきあい秩序＞の二つの＜秩序構成＞の原理—「ヨコ」性の原理—に求めることができると考える。しかも、この二つの＜秩序構成＞の原理は、性向語彙という記号システムによってすべての成員

に共有化されていたからこそ、融合的・一体的な＜集団主義＞が長く維持され、今日まで継承されてきたのである。

　日本人の＜集団主義＞は、前近代から村落社会という外郭が明確で、しかも小さな集合体において顕著であり、今日においてもそれは基本的に大きく変化してはいない。日本の＜集団主義＞は決して烏合の衆が形成する集団の行動ではなく、同一の目的のもとに明確に規定された、一体的な＜集団主義＞なのである。それゆえ、権力者が利用しやすいシステムでもあったのである。

　なお、この「ヨコ」性の原理に貫かれた強固な＜集団主義＞が、東日本、とりわけ東北地方においても西日本と同じように認められるものかどうかは、現在のところ明確に指摘することができない。ただ、第3章でもいくらか触れたように、東北地方が＜同族結合＞を基盤として＜労働秩序＞や＜つきあい秩序＞を形成していたとすれば、そこには「ヨコ」性の原理よりもむしろ「タテ」性の原理が強く働いたことが予測される。もし、そうであるとすれば、日本には、前近代の早い時代から「ヨコ」社会と「タテ」社会の二つが共存していたことになる。ここから、日本社会の歴史・文化的な多元性を客観的に究明することも可能になると考えられる。

5．＜男性＞性の原理

　ところで、各地で採録された性向語彙を見てみると、たとえば「ヌケサク」（抜け作、知恵の足りない人）、「ランバイチ」（ランバ市、家の中を散らかしている人）、「ノミスケ」（飲み助、酒が好きで仕事に身が入らない人）のような接尾辞を取る語形が、かなり多く認められるのである。これらの接尾辞が、もともと男性の人名に多用されるものであったことは、すでに検証ずみの事実である[30]。確かに、これらの接尾辞を取る語彙は、男性の性向を指示するものばかりである。

　中国・四国地方の村落社会に、このような男性に専用される人名由来の接尾辞を取る語彙がどの程度認められ、そこにいかなる地域差が見られるかを検証することは、それ自体、興味深い課題である。しかし、ここではその問

題に深入りすることはせず、いくつかの方言に限って事象の一端を示すにとどめ、むしろこれらの語彙が生成された社会的要因について考えてみることにしたい。

(1)鳥取県倉吉市生田方言
　　ヌケサク（作）、ランバイチ（市）、トッパスケ・キョロスケ・ノミスケ・デベスケ（助）、キョロマツ（松）、ノンベー（兵衛）、ワルタラ・ワルタ（太郎）、ヨイタンボー・ヨイタンボ（坊）

(2)島根県隠岐島五箇方言
　　ショモスケ（助）、ノラサク（作）

(3)広島県佐伯郡佐伯町玖島方言
　　イラサク・ナイトーサク（作）、イラスケ・チョロスケ（助）、ダラヘー・グーダラベー（兵衛）

(4)広島県比婆郡東城町川東方言
　　ダラヘー（兵衛）、チョロマツ・ヨーマツ（いたずら者）・サイタラマツ（松）、ノミスケ・ボヤスケ（助）、イシベノキンキチ（金吉）、グーダラ・ズーダラ（太郎？）、トロサク（作）、ゴンゾー（蔵？）

(5)愛媛県宇和島市川内方言
　　ヨモサク・ヌルサク・ゴネサク・ヒョーゲサク・イヤミサク・ワルサク（作）、クイチローベー（兵衛）、キョロマツ・チョロマツ（松）、ゴネハチ（八）、イゴハチ（八）

(6)高知県安芸市
　　オーギモサク（作）、ボケスケ（助）、アホーダラ・アホダラ（太郎？）

(7)大分県東国東郡姫島村方言
　　キモスケ・ドギモスケ・ドギモースケ・チューカンスケ＜滑稽な人＞・クイスケ（助）、ヌケサク・トロサク（作）、ネタロー（太郎）、ケツロク・ケトロク＜愚かな人・馬鹿者＞（六）

男性専用の人名由来の語彙は、上にその一端を示したように、どの方言社会においてもかなり栄えているのである。これに対して、性向語彙の中には「ビッタレ」「オシャベリ」のように、女性の性向について使用されることの多い要素が認められはするものの、明らかに女性専用の人名由来と考えられる語彙は、全く認められないのである。

　この事実から何が推定されるかというと、性向語彙による対人評価の眼差し（社会的規範）は、主として男性に向けられるものではなかったのだろうかということである。また、性向語彙の運用において、50～60歳代の男性が最も多くの語彙量を所有しており、各意味項目におけるプロトタイプの使用頻度が同様に、50～60歳代の男性にあって最も高い数値を示すことから、性向語彙による＜社会的規範＞に最も敏感に反応し、また拘束されたのは、＜男性＞の中にあっても、家を代表する＜家父長＞であったことが想定されるのである[31]。

　上に見てきたような事実を踏まえて、今、これを「性向語彙における＜男性＞性の原理」と呼ぶことにしよう。この＜男性＞性の原理は、戦前までの村落社会において「ヨコ」性の人間関係を形成することに主として関与したのが＜家父長＞であり、＜家父長制＞が村落社会に存在する＜男性優位＞のシステムであったことの、一つの証となるものであろう。しかし、性向語彙に見られる＜男性＞性の原理を指摘することはできるとしても、肝心の＜男性＞性の原理を構成する＜意味＞と＜価値＞を明らかにすることは不可能である。

　この問題を解明するためには、「性向語彙のシソーラス」の全体を視野に入れて、各意味項目の概念特徴に基づく定量的ならびに定性的な分析を行う必要がある。それによってはじめて、＜男性＞性の特質を明かるみに出すことができるはずである。

　そこで、以下には、「性向語彙のシソーラス」から、男性に特徴的な概念枠と、逆に女性に特徴的な概念枠を抽出してみることにする。（　）内の数字は意味項目の数を表す。

1．男性の性向に特徴的な概念枠（22）
　①仕事をせずにお金を浪費する
　　「道楽者」「放蕩者」「浪費家」「出歩くのが好きな人」（4）
　②勇気・胆力・物事に動じない
　　「冷静・沈着な人」「大胆・豪胆な人」「図太い人」「冒険好きな人」
　　「内弁慶な人」「人づきあいのわるい人」「小心な人・臆病な人」（7）
　③暴力・短気
　　「乱暴な人」「怒りっぽい人」（2）
　④過剰な飲食
　　「大食漢」「大酒飲み」（2）
　⑤もの言いの内容
　　「理屈っぽく言う人」（1）
　⑥頑固・非情
　　「強情な人・頑固者」「厳しい人」「情け知らずな人」（3）
　⑦賢さ
　　「見識の広い人」「人づきあいのよい人」「人格の優れた人」（3）
2．女性の性向に特徴的な概念枠（7）
　①家事
　　「きれいずきな人」「特別にきれいずきな人」「片づけのわるい人」
　　（3）
　②おしゃべり
　　「口数の多い人・おしゃべり」「評判言い」（2）
　③愛想
　　「愛想のよい人」「無愛想な人」（2）

　このように見てくると、＜男性に特徴的な性向＞には、家族が理想としてきた＜父親像・戸主像＞がかなり明確にイメージされるのである。すなわち、家族が理想としてきた＜父親像・戸主像＞は、《働き者でお金を浪費せず、

勇気があって、家族を優しくいたわり、過剰な飲食をせず、万事に賢い人》である。この理想的な＜父親像・戸主像＞はまた、村落社会が＜指向価値＞としてきた＜父親像・戸主像＞でもあったことは言うまでもない。

ところで、この理想的な＜男性像・戸主像＞は、筆者が恣意的に抽出した「男性性向」と「女性性向」によって導かれたものではないことを、ここで断っておかなければならない。たとえば、「人づきあいのわるい人」「片づけのわるい人」「おしゃべり」の三つの意味項目に属する性向語彙が、「男性に対して使用される」か、それとも「女性に対して使用される」かについて、島根県那珂郡金城町今田集落の老年層話者は、次のように説明しているのである[32]。

1．人づきあいのわるい人
　　ツキアイガ　ワルイ　主に、男性に対して使う。
　　ツキアイガ　ワリー　主として、男性に対して使う。
　　ヒトズキアイガ　ワルイ　男性に対して使うことが多い。
　　ヒトズキアイガ　ワルイ　ヒト　普通、男性に対して使う。
　　ヨリツキガ　ワルイ　寄り付きが悪い。付合いにくい。普通、男性に対
　　　　　　　　　　　して使う。
　　ヨーリツキガ　ワルイ　普通、男性に対して使う。
　　ヨーリツキガ　ワリー　普通、男性に対して使う。
　　ツキガ　ワリー　「ツキ」は「ヨリツキ」の「ヨリ」が省略された形態。
　　　　　　　　　　主に、男性に対して使う。
　　イップリュー　一風流。一風変わった人。男性に対して使うことが多い。

この意味項目には、全部で12の要素が採録されている。そのうち、九つの要素がほぼ「男性性向を表す」と認識されているのである。＜人づきあいのわるい人＞を、今田集落の人々は一般に、「世間のつきあいがうまくできない、頼りなくて、賢くない男性」の意に理解しており、「女性を指して使用

する」と答えた人は全くいない。

　２．片づけのわるい人

　　ベッタレ　後片づけのできない性格の人。女性に対して使う。

　　ビッタレ　女性に対して使う。

　　アトシマツガ　ワリー　女性に対して使う。

　　シマツガ　ワリー　女性に対して使う。

　　カマワンギ　構わぬ気。散らかしていても気にならない人。女性に対して使うことが多い。

　　カンマンギ　女性に対して使うことが多い。

　　ズイガ　ワルイ　髄が悪い。食後の片づけをきちんとしない人。女性に対して使うことが多い。

　この意味項目には、全部で15の要素が認められ、そのうち七つの要素が「女性性向を表す」と認識されている。他の八つの要素は、「男性にも女性にも使用」されるものであって、「男性に対してしか使用しない」という要素は１語も存しない。

　３．評判言い

　　ツバクロ　燕のようににぎやかに喋り歩く人。女性に対して、あてつけて言う。

　　ツバクロー　女性に対して、あてつけて言う。

　　チャーチャー　チャーチャーとにぎやかに喋り歩く人。女性に対して使う。

　　パーパー　女性に対して使う。

　　ペチャペチャペチャペチャ　ユー　女性に対して使う。

　　ジャージャージャージャー　ユー　女性に対して使う。

　　クチハッチョーオ　ヒク　主に、女性に対して使う。

　　クチガルナ　女性に対して使う。

クチガ　カルイ　女性に対して使う。

　この意味項目には、全部で10の要素が認められ、そのうち九つまでが「女性性向を表す」と認識されており、「おしゃべり」の意味項目とともに、「女性性向」のプロトタイプをなすものである。残りの１語「コトブレ」（事触れ。事を触れ歩く人）は、「男性にも女性にも使用される」ものである。

　筆者が抽出した30の意味項目のうち、わずか１割に過ぎない意味項目ではあるが、ここではすべての意味項目に関するデータを挙げる余裕がない。他の27の意味項目に関しても、この三つの意味項目とほぼ同様の傾向（とりわけ、２の「片付けのわるい人」に近い傾向）が認められることを指摘しておくにとどめる。
　また、大分県姫島方言について見ると、「よくしゃべる人・口の達者な人」の意味項目に、次に示すように、「～メロ」（女）、「～オナゴ」（女）、「～ムスメ」（娘）という後部要素を取る語形が行われているのである[33]。

　　　テンバメロ　　　女性に対して使う。
　　　　　　　　　　　○ソゲナ　テンバ　ハジクナ　エー。テンバメロワ
　　　　　　　　　　　　ペラペラー　ヨー　シャベル。
　　　　　　　　　　　　そんなおしゃべりをするなよ。テンバメロはペラペラよくしゃべる。
　　　カンチャラメロ　女性に対して使う。口の軽い女のこと。
　　　チューカンメロ　女性に対して使う。言動の軽々しい女のこと。
　　　テンバオナゴ　　女性に対して使う。女性はよくしゃべるので、「～オナゴ」をつけて言う。
　　　オテンバムスメ　おしゃべりの度がすぎる若い女性に対して使う。
　　　　　　　　　　　○ヨー　シャベルムスメオ　アラ　オテンバムスメヤ
　　　　　　　　　　　　ノー、ソゲン、ユー　チ。
　　　　　　　　　　　　よくしゃべる娘を、あれはオテンバムスメだねえ、

そのように言う。

このような語形が認められるところから、土地人が、「おしゃべり」という性向は女性に特徴的な性向であると認識していることがよく理解される。
　それでは、「〜メロ」という後部要素をとる語形が、「おしゃべり」の他にどのような、意味項目に現れるかを見てみると、「落ち着きのない人」「外見をかざる人・見栄をはる人」の二つの意味項目に出現するのである。

【落ち着きのない人】
　　ソータケメロ　　女性に対して使う。けなし言葉。
　　　　　　　　　　○オチツキノナイ　ゲヒンナ　オンナオ　ソータケメロ。
　　　　　　　　　　落ち着きのない下品な女をソータケメロ（と言う。）
　　ケカチメロ　　　女性に対して使う。落ち着きのない、大ざっぱな女性を言う。古い言葉で、けなし言葉。

【外見をかざる人・見栄をはる人】
　　ズンガメロ　　　女性に対して使う。おしゃれ。
　　　　　　　　　　○コン　ズンガメロ　ガー。キルモンガ　ノー。アレダシ　コレダシ　シテー。
　　　　　　　　　　このズンガメロが。着物がねえ。あれを出し、これを出しして。

このように、「〜メロ」を後部要素とする語形が行われているということは、当該性向が女性に見られがちであると成員が認識してきたことの証であろう。だが、同時にわずかの意味項目にしか「〜メロ」をとる語形が認められないということは、性向語彙による対人評価が主として男性、とりわけ戸主（家長）に向けられがちであることを明確に意味するものと理解される。

第5章　性向語彙の基本特性と「ヨコ」性の原理

最初に挙げた仮説の蓋然性は、かなり高いのではないかと考えられる。

以上見てきたとおり、方言性向語彙の上には、明らかに＜男性優位の原理＞が認められるのである。これはおそらく、女性が農耕や漁労をはじめとする種々の「共同労働」に参加する主要な成員とは見なされず、村落社会において＜男性＞と＜女性＞の果たすべき役割の価値が明らかに異なるものと認識されていたことを反映する事実と解することができるだろう。

この点に関して、網野善彦が『「日本」とは何か』2000、講談社）の中で、次のように述べていることが注目される。

　　もとよりこの時代（江戸時代、筆者注）も養蚕をはじめ絹織物、さらに綿織物も基本的に女性の仕事であった。（中略）まぎれもなく女性が養蚕、まゆ、糸を生産し、それを販売するまで自らの手で行っているのであるが、注意すべきはここに「農業之間」の「稼」──「農間稼」といわれている点で、まさしくこれが江戸時代の石高制の下でのとらえ方であり、養蚕も果樹等も「農業の片手間の仕事」という見方が、この表現自体にはっきりと現れているといわなくてはならない。
　　女性の独自な生業と社会的役割が、男性中心の農業の陰に隠されていく事態が進行していることは、これによってあきらかであるが、それは明治以後、さらに露骨になっていく（327ページ）。

網野の詳しい説明に依拠するならば、中世においては、養蚕は農業と明確に区別され、蚕飼は女性、農耕は男性の仕事とされており、女性は養蚕で自らの経済を支え、時には妻が夫に高利で貸し付けることもあったという。このように、中世においては、女性の社会的力量は高かったのであるが、それが近世に入ると、石高制の下で「女性の独自な生業と社会的役割」が「男性中心の農業の陰に隠されていく事態が進行し」たのである（『「日本」とは何か』328～329ページ）。

こうして、「男性中心の農業」という事態が近世において急速に進行し、

それが方言性向語彙の新しい生成にも反映して、「男性専用の人名」を接尾辞にとる語彙が広い地域において次々に造語されたと考えることができるならば[34]、第3章の最後に提示した「中世においては対人評価語彙として機能していた語彙が、近世に入ると村落社会の秩序構成とその維持・強化のための言語的表象、あるいはシステムとしての性向語彙へと変容した」とする、方言性向語彙の成立時期に関する仮説は、第4章で行った考察と併せてほぼ検証できたと言ってもよいだろう。

方言性向語彙によって構成された精緻な秩序構成のシステムとメカニズムの運用、——とりわけ＜労働秩序＞のそれは、すでに述べたように、主として成人した男性に適用されるものだったからである。

注

1) レヴィ＝ストロース『野生の思考』(1972、みすず書房)、室山敏昭『生活語彙の基礎的研究』(1987、和泉書院)、G.レイコフ『認知意味論』(1993、紀伊国屋書店)。

2) 木村礎『近世の村』(1980、教育社)、鈴木栄太郎『日本農村社会学』(1940、時潮社)。

3) もとより「ユイ」(組)は、単に「共同労働」の単位体と規定することはできない。「共同労働」の単位体をベースとしつつ、親睦や飢饉の際の救済金、臨時の収入などを分配する機関としての互助機能をも担うものであったことは、近世農村史や農村社会史の研究によってすでに明らかにされているところである。このように、「ユイ」(組)が親睦や飢饉の際の救済金などを分配するという互助機能をも担うものであったからこそ、「ヨコ」性の原理が強固な形で維持されなければならなかった、とも言えるのである。逆の言い方をすれば、性向語彙のシステムに基づく強固な「ヨコ」性の原理の所在によって、村落社会の秩序が円滑に維持されたからこそ、「共同労働」をはじめとする「親睦」や「救済金の均等配分」「臨時収入の均等配分」などが、さしたる問題もはらむことなく、円満に営まれたのである。なお、詳しくは、水本邦彦の「近世の村組と村——近江蒲生郡中野村を中心に——」(塚本学・福田アジオ編『日本歴史民俗論集4 村の生活文化』1993、吉川弘文館)を参照されたい。

4) 室山敏昭『生活語彙の基礎的研究』(1987、和泉書院)。

5）宮本常一『忘れられた日本人』（1984、岩波文庫）、赤坂憲雄『異人論序説』（1985、ちくま学芸文庫）、同「常民の形成―「土佐源氏」を読む―」（『岩波講座現代社会学15　差別と共生の社会学』1996、岩波書店）。
6）橋爪大三郎「権力の可能条件」（『岩波講座現代社会学16　権力と支配の社会学』1996、岩波書店）、室山敏昭『生活語彙の構造と地域文化―文化言語学序説』（1998、和泉書院）。
7）この調査によって、約2万5千語の性向語彙と10万弱の例文（説明文と使用文の両者を含む）が得られている。このデータを基礎とする総合的研究のまとめが急がれるが、完成までになお10年の時間を要するものと思われる。
8）上野智子「四国南部方言の性向語彙―高知県安芸市方言と愛媛県宇和島市方言との比較―」（『方言語彙論の方法』2000、和泉書院）。なお、上野の論文には、本論で紹介した以外にも、「ゴクドーサレノセッキバタラキ」「アカネショーサレ」のような要素が挙がっている。
9）注4）に同じ。
10）広島大学方言研究会『岡山県浅口郡鴨方町六条院方言の性向語彙』（『広島大学方言研究会会報』第30号、1991）。
11）室山敏昭『生活語彙の構造と地域文化―文化言語学序説』（1998、和泉書院）、橋爪大三郎「権力の可能条件」（『岩波講座現代社会学16　権力と支配の社会学』1996、岩波書店）。
12）この現象は、何も鳥取県倉吉市生田方言に限って認められるものではなく、広く中国・四国地方の方言社会に指摘し得る現象である。なお、意味項目の数からすれば、マイナス評価の対立項目の認められないものの方がはるかに多くなっている。
13）井上忠司『「世間体」の構造―社会心理史の試み』（1977、NHKブックス）、木村尚三郎『新しい対話の時代』（1979、講談社学術文庫）、作田啓一『価値の社会学』（1972、岩波書店）、森三樹三郎『「名」と「恥」の文化』（1971、講談社）。
14）小原信『状況倫理ノート』（1974、講談社）、木村敏『人と人の間』（1972、弘文堂）、青木保『「日本文化論」の変容』（1990、中央公論社）。
15）1991年2月15日朝刊。ただし、掲載された文章そのままではなく、ごく細部の手直しと削除を施している。
16）浜口恵俊「日本研究の新たなパラダイム」（梅原猛編『日本とは何なのか』1990、NHKブックス）、同「国際化のための日本文化」（『岩波講座現代社会

学23　日本文化の社会学』1996、岩波書店）、浜口恵俊編『日本文化は異質か』（1996、NHKブックス）。

17) 竹内利美「組と講」（『郷土研究講座第2巻　村落』1957、角川書店）。

18) 単に、「コントロール・メカニズム論」と呼ぶこともできる。なお、『岩波講座文化人類学第13巻　文化という課題』（1998、岩波書店）を参照されたい。

19) 注10）に同じ。なお、富永健一の『近代化の理論』（1996、講談社学術文庫）も参照されたい。

20) アメリカの社会人類学者G．フォスターは、1965年に発表した「Peasant Society and the Image of Limited Good」（American Anthropologist, vol. 67）の中で、一方が何かを多く獲得すれば、他方はその分だけ失っている、という点に注目し、それをプラス・マイナスがゼロになるというゲームの理論、つまりゼロ・サム理論に依拠して、＜限定された富のイメージ＞というモデルを設定したならば、農民の行動や思想が一層明瞭に理解できるであろうことを提唱している。彼はそれを、世界観とかエートスにも相当するものと説き、その一つの典型的なモデルが、農民生活の根底を支配している「image of limited good」（限定された富＜善きもの＞のイメージ）としている。また、速見保孝は、「つきもの信仰」の観点から、近世の幕藩権力が、大家族的支配の解体や隷農解放による小自作農自立政策をとる一方で、年貢を村自身で徴収・納付させる「村請」を敷き、保有地や出入作関係を村内に限定して、収奪の単位として「村」を閉鎖的な共同体に固定した。これが近世村の秩序であり、「つきもの筋」への激しい攻撃は、人々の意識の上では、村落を家々に解体していくのではなく、むしろ突出したある「家」をスケープ・ゴートにすることで、共同体の規範を維持・強化し、さらなる突出を許さない方向に働いたものと考えている（『つきもの持ち迷信の歴史的研究』1953、柏林書房）。

21) 木村礎『近世の村』（1980、教育社）、蓮見音彦編『農村社会学』（1983、東京大学出版会）、『柳田国男全集』（1990、ちくま文庫）、有賀喜左衛門『日本家族制度と小作制度』（1943、河出書房）。

22) 日本人の血となり肉となっていたのは、中根千枝が説くように「タテ」性を基軸とする生き方ではなく、「ヨコ」性を基軸とする生き方であり、「協調的な関係性」による＜秩序構成＞への指向性であった。そして、＜怠け者＞ではいられなかった＜秩序構成＞の原理が、性向語彙の構造分析を通して明確に見えてくるのである。なお、木村尚三郎は、この点に関して次のように述べている。「日本は端的に言って、もたれあいの社会である。もたれあいで

あるからこそ、人々はたがいに他人の動静をうかがいつつ、ひとしくまなじりを決して走り、ひとしく働くのである。そこには、かつての農村共同体の倫理、ないしは生活感覚とまったく同一のものが支配しており、人々にはひとり怠ける自由も、またとび抜けて働く自由もない。」(『新しい対話の時代』1979、講談社学術文庫)。これは、日本人の根幹的な生き方を「ヨコ」性と規定した考え方であるが、木村はその根幹的な生き方を否定し、今後は自由な競争社会に変えていくべきことを提言している。しかし、アメリカを中心とする過激とも言える競争社会が真に人間の進歩につながり、日本人を幸せにし、世界に平和をもたらすかは本論でも説いたように、筆者には疑問である。＜個人主義＞＝＜競争主義＞＝＜進歩主義＞という等式は、現在のアメリカにとっては極めて有用な原理であろうが、21世紀における普遍的なイデオロギーとして、人類が採択すべきかどうかについては、多方面からの多くの議論があってしかるべきだと考える。

23) 木村礎『近世の村』(1980、教育社)。
24) 広島大学方言研究会『島根県那珂郡金城町今田方言の性向語彙』(『広島大学方言研究会会報』第26号、1981) による。
25) 木村礎『近世の村』(1980、教育社)、浜口恵俊「日本研究の新たなパラダイム」(梅原猛編『日本とは何なのか』1990、NHKブックス)、宮本常一『忘れられた日本人』(1984、岩波文庫)。
26) 小原信『状況倫理ノート』(1974、講談社)。室山敏昭『生活語彙の構造と地域文化―文化言語学序説』(1998、和泉書院)。
27) 木村礎『近世の村』(1980、教育社)。
28) 青木保『「日本文化論」の変容』(1990、中央公論社) を参照されたい。なお、＜集団主義＞という一種のイデオロギーは、何も日本という地域社会に固有のものではない。欧米社会にも認められるものである。したがって、日本という地域社会を「強い集団主義の社会」と規定するだけでは、日本固有の＜集団主義＞を何ら規定したことにはならない。また、多くの研究者が行っている「相互依存的な集団主義」という規定も、いわば結果態に基づくものである。日本という地域社会に強固な＜集団主義＞を定着させた決定要因は、村落社会の内部に存した＜ヨコ＞性への自覚的な同調という＜均一化作用＞である。したがって、日本社会の＜集団主義＞は、≪社会的規範(支配的規範)に向けて強く平準化される同調的な集団主義≫と規定しなければならないことになる。

29) 注25）に同じ。
30) 室山敏昭『生活語彙の基礎的研究』（1987、和泉書院）、同『中国地方方言の性向語彙研究序説』（1979、『広島大学文学部紀要』特輯号１）。
　　ちなみに、広島県方言に認められる男性専用の人名から転化した接尾辞を取る語彙を、意味項目に分かって示すと次のとおりである。
　　①「怠け者・仕事をしない人」……テレサク・テルサク・ノラサク（作）、ダラヘー・オーダラヘー・グーダラベー（兵）
　　②「仕事の遅い人・要領のわるい人」……トロサク・オートロサク（作）、トロスケ・オートロスケ（助）
　　③「仕事の下手な人」……テボーサク・テボサク（作）
　　④「仕事の役に立たない人」……ボケサク（作）、ボヤスケ（助）
　　⑤「必要以上にきれいずきな人」……ケットーサク（作）
　　⑥「せっかち」……イラサク（作）、チョロスケ（助）、チョロマツ（松）
　　⑦「臆病な人・小心な人」……ヒョロスケ（助）
　　⑧「お調子者」……ノリサク（作）、ノリスケ（助）、ノリマツ（松）
　　⑨「世話ずきな人」……デキマツ（松）
　　⑩「でしゃばり」……サイタラマツ（松）、サイタラベー（兵）
　　⑪「無愛想な人」……モゲサク（作）
　　⑫「見えっぱり」……ハデッパチ（八）
　　⑬「滑稽な人」……ヒョーゲサク（作）
　　⑭「異性に対して関心の強い人」……クソスケ（助）
　　⑮「大酒飲み」……ノミスケ（助）
　　⑯「口から出まかせを言う人」……テレサク（作）、テレスケ（助）
　　⑰「悪意のあることを言う人」……ヨーマツ（松）
　　⑱「不平を言う人」……モガリサク（作）、ゴネハチ（八）
　　⑲「馬鹿者」……ヌケサク・アンゴーサク（作）、ボヤスケ（助）、ホーケマツ（松）、ヒョーロクベー（兵）
　　これによって、接尾辞ごとの語数を求めると、以下のとおりである。
　　(1)「サク」（作）……16語、(2)「スケ」（助）……９語、(3)「マツ」（松）……６語、(4)「ヘー・ベー」（兵）……５語、(5)「ハチ」（八）……２語
31) 山口県防府市野島集落において、80歳代から10歳代まで、10歳代きざみの調査を実施したところ、50歳代から60歳代までの男性の語彙量が他の年代を圧倒して高くなっている。この年代の男性は、野島集落の17名の教示者から

得られた総異なり語数である656語（語および慣用句に限る）の93％に相当する語彙を所有している。
32) 注24) にほぼ同じ。ただし、筆者が単独で補足調査を実施して得られたデータも使用していることを断っておきたい。特に、使用意識に関する調査は、筆者が4日間をかけて実施した。
33) 井上博文「大分県東国東郡姫島村方言における方言性向語彙」（『内海文化研究紀要』第21号、1992、広島大学文学部内海文化研究施設）。
34) 山口県防府市野島方言において、「男性専用の人名」を接尾辞にとる性向語彙は、以下に示す44語である。野島方言の性向語彙のうち、マイナス評価を表す語彙の総数は518語なので、その約8.5％に相当するものが「男性専用の人名」を接尾辞にとっていることになる。しかしながら、マイナス評価（稀にプラス評価）を表す性向語彙のうち、接尾辞をとる語彙の総数は144語なので、「男性専用の人名」をとるものは約30.6％というかなり高い比率を示すことになる。このことから、「男性専用の人名」を接尾辞にとる語彙は、当該社会の性向語彙において無視することのできない比重を占めるものと解することができるだろう。

1．サク（作）＜13語＞
ナエトーサク（怠け者）、ノロサク・ヌルサク・ウトーヌルサク・トロサク（仕事の遅い人）、キョロサク（きょろきょろして落ち着きのない人）、イヨーサク（気の小さい人）、ヒョーゲサク（滑稽な人）、トンキョーサク（向こう見ずな人）、カラゲサク（自慢をする人）、イガサク（短気な人）、デンキサク（頑固な人）、ネンゴーサク（生意気なことを言う人）

2．スケ（助）＜10語＞
ノロスケ・ヌルスケ・トロスケ（仕事の遅い人）、イラスケ（短気な人、いらいらして落ち着きのない人）、ハスケ・ハスケノイヌ（見かけは強そうだが案外気の弱い人）、ヨクドースケ（欲張りな人）、オベンスケ（お世辞を言う人）、イガスケ（短気な人）、イジスケ（生意気なことを言う人、意地の悪い人）

3．キチ（吉）＜5語＞
ホエキチ・ホイキチ・アカホエキチ（よく泣く子）、イズキチ・エズキチ（賢い子）

4．ヘー・ベー（兵・平）＜5語＞
ヨゴヘー（いつも汚くしている人）、グーダラベー・ノークリベー（怠け

者)、ヨクベー（欲張りな人）、ズイノリベー（お調子者）
5．ヤス（安か？）＜4語＞
アキヤス・アケヤス・ウトーアケヤス・アケヤスノホレヤス（飽きっぽい人）
6．イチ（市）＜3語＞
クイイチ・クイチ（食いしん坊）、キナガイチベー（のんびりした人）
7．タロー・タ（太郎）＜2語＞
サンパチタロー（もともとは「下男」のこと、仕事が手際よくできる人）、ヨゴタ（いつも身なりを汚くしている人）
8．マル（丸）＜1語＞
ヨゴマル（いつも身なりを汚くしている人）
9．シロー（四郎か？）＜1語＞
ヤネシロー（食いしん坊）

【付記4】

　集落における＜つきあい秩序＞を乱す性向の一つとして、多くの地点で指摘されたものに、「頑固者」がある。それゆえ、「頑固者」の意味項目には、少なからぬ語彙が認められるのである。たとえば、岡山県小田郡矢掛町下高末の老年層は、次に示すように20語もの語彙を使用している。

①イッコクモノ（強情な人、頑固者）、②イッコクモン（強情な人、頑固者、ともによく使う）、③イチガイモノ（一概者、強情な人、頑固者）、④イチガイモン（一概者、強情な人、頑固者、ともによく使う）、⑤ゴージョーッパリ（強情張り、強情な人、頑固者）、⑥イジッパリ（意地張り、意地を張って他人の意見を聞こうとしない人、頑固者、あまり使わない）、⑦ガンコモノ（頑固者）、⑧ガンコモン（頑固者）、⑨コクレ（屁理屈を言ってでも自分の考えを曲げようとしない頑固者）、⑩コクレモノ（屁理屈を言ってでも自分の考えを曲げようとしない頑固者）、⑪コクレモン（⑨⑩とほぼ同義だが、この語を最もよく使う）、⑫ワカラズヤ（融通のきかない頑固者）、⑬イッコクナ　ヤツ（いっこくな奴、強情な人、頑固者）、

⑭ガンコナ　ヤツ（頑固な奴）、⑮コクナ（強情なさま、頑固なさま）、⑯イチガイナ（一概な、強情なさま、頑固なさま）、⑰イコジナ（依怙地な、ひどく頑固なさま、ひどく強情なさま）、⑱エコジナ（⑰とほぼ同義だか、古老が使う）、⑲モノワカリガ　ワリー（物分かりが悪い、融通のきかないさま）、⑳モトーラン（全く融通がきかない）

　「頑固者」が成員の人間関係の円滑な設定に、大きなマイナスの作用を及ぼすことは言うまでもなかろう。したがって、＜つきあい秩序＞を乱す要因となる性向として認識されているわけだが、この＜つきあい秩序＞の中には、個々の成員の＜つきあい＞以外に、集落の会合における行動も含まれていることに注意しなければならない。集落において、何か重要なことを決定する場合には、多数決ではなく全員一致の議決論理が適用される。このような場合、たとえば自分の意見をとことん言い張って妥協しない人が一人でもいれば、ことは決定しないのである。そのため、他のすべての人は我慢を強いられることになる。これは、個々の成員間の＜つきあい秩序＞を超えて、集落全体の＜社会秩序＞を著しく乱す要因となる。そのような要因をなす性向を、当該集落の老年層は、「コクレ」「コクレモノ」「コクレモン」「イジッパリ」「イコジナ」「エコジナ」「モノワカリガ　ワリー」「モトーラン」などの語彙を用いて表現しているのである。

　「頑固者」という性向が、個々の成員の関係性を超えて、集落全体における＜つきあい秩序＞の円滑な設定に大きなマイナス要因となる点に関連して、守田志郎は『日本の村』（1978、朝日選書）の中で、次のように述べている。

　　多数決は意味をなさない。部落のなかでは多数が有利というので決定してしまえば、少数者一人一人が負う損はやたらに大きくなってしまう。それは生活とそのための生産に大きな差となって現れてしまう。それでは部落の呼吸は乱れてしまうということなのか、そういう議決はしない。だからといって、構成員のすべてを完全に同じに満足させる決議を、いつでも得ることができるというわけでもない。そこがむずかしい。だれ

かが、いくらかの我慢をしなければならない。そういう関係を残してことが決められなければならないことが多いわけである。これはしかたがない。その、我慢のしかたをふくめて部落の全会一致の議決論理がなりたつでのある。（124ページ）

集落の中に、我慢できない人が何人かいれば、「部落の呼吸」は完全に乱れ、＜社会秩序＞は根底から大きく揺らぐことになる。それを未然に予防するために、「頑固者」を表す語彙を多く生成し、この性向を強いマイナス価値を表すものとして成員に事前了解させようとしたのであろう。

【付記5】

広島県方言には、「仕事に対する意欲・能力に欠ける人」の意味的カテゴリーにおいてプロトタイプとして位置づけられる「怠け者」の意味項目に属する語彙には、以下に記す95語が認められる。ただし、名詞が中心で、一部、慣用句・連語・動詞・形容動詞を含む。

A．広島県の全域で使用されるもの（14語）
アブラウリ・オーチャク・オーチャクモノ・オーチャクモン・オーチャクボーズ・オーチャクボー・オーチャクタレ・オーチャクナ・ズボラ・ダラズ・ナマケモノ・ナマケモン・ノラ・ノラナ

B．主として安芸地方で使用されるもの（42語）
アカオーチャクモン・ナエトー・ナエットー・ナエットーモン・ナエンボー・ナイトー・ナイトーモン・ナイトーボー・アカナイトー・クソナイトー・クソナイト・ノークレ・ノークレモン・ノークレル・ノータレ・ノータクレ・アカノータレ・ノートー・ノーツー・アカノーツー・テレ・テレモノ・テレサク・オーテレ・テルサク・テレーグレー・テレンクレン・テレンパレン・テレンプラン・テレンポラン・トコバリ・ドン

ダレ・ノーズイ・ノーソー・ノッポー・キナシ・ノラクラ・ホートクナイ・ホートクナイ　ヒト・ボンクラ・サボリ・ズボラナ

C．主として備後地方で使用されるもの（38語）

アブラー　ウル・ダラズモノ・ダラズモン・ダラ・ダラクソ・ダラヘー・オーダラズ・オーダラヘー・クソダラズ・オーチャクダラ・ダラズーオコス・オーチャクビョー・オーチャクノ　ヤマェー・チャクノ　ヤマェー・グータラ・グーダラ・グーダラベー・ズーダラ・ズボラモン・ズボラコキ・ズボラー　カマス・ズル・ダンナサン・ヒキタレ・ヒキタレモノ・ヒキタレモン・ノラクラモン・ノラクレモン・ノラツキ・グズ・ナマクレモノ・ナマクレモン・ヒキタレル（「チャクノ　ヤマェー」の「チャク」は「オーチャク」の「オー」が省略されたもの）・オジサン・オッツァン・オジヤン・アンヤン・ネーヤン（「オジサン」以下の5語は比婆郡東城町、同比和町で使用されるもの）

なお、主として「安芸地方で使用されるもの」のうち、以下に記す語彙は、それぞれ山口県周防地方、島根県石見地方にも共通して行われている。

1．山口県周防地方にも行われるもの――オーチャク・アカオーチャクモン・テレーグレー・テレンパレン・ナエットー・ナエットーモン・ナエンボー・ノークレ・ノークレモン・ノークレル・ノーソー・ノータレ・ノータクレ・ノートー・ノッポー・ホートクナイ・ホートクナイヒト・ホートクナー・ボンクラ・アカボンクラ・ズボラナ（21語、共有語彙率50.0％）

2．島根県石見地方にも行われるもの――オーチャク・アカオーチャクモン・テレーグレー・テレサク・ノークレモン・ノークレ・ノークレル・ノーソー・ノータレ・ノータクレ・ノラクラ（11語、共有語彙率26.2％）

また、主として「備後地方で使用されるもの」のうち、以下に記す語彙は、岡山県備中地方にも共通して行われるものである。

3．岡山県備中地方にも行われるもの――ダラス・ダラ・オーダラス・ダラズーオコス・ダラクソ・ダラヘー・グータラ・グーダラ・グーダラベー・ズーダラ・ズボラコキ・ヒキタレ・ヒキタレモノ・ヒキタレモン・ノラクラモン・ノラツキ・ズボラコキ（17語、共有語彙率43.6％）

さらに、『瀬戸内海言語図巻』（1974、東京大学出版会）によると、広島県域に特徴的な「怠け者」を意味する語彙として、次に示す15語が認められる。
①カエヌケ、②ナイトボー、③ショクヤメ、④ショクナシ、⑤ショクセズ、⑥ノーダレ、⑦ノーズイ、⑧ノーサー、⑨ノーテンキ、⑩ネソー、⑪オンバクサー、⑫ボンクラ、⑬ネレケモン、⑭ドラボー、⑮アスビドー

上に見たように、「怠け者」の意味的カテゴリーにおいては、岡山県備中方言と広島県備後方言、同安芸方言と山口県周防方言のそれぞれに共通して行われる語彙が40％を越える高率を示していることが知られる。これは、近世以降も、藩域を越えて相互に人や物の交流が盛んに行われたことを反映する事実であると解される。

【付記6】

「沈黙は金、雄弁は銀」という格言は古くから日本人に親しまれ、日本人の言語活動の規範とされ、また「日本人らしさ」の一つの指標とされてきた。しかし、現代では、この格言は全く効力を失い、「雄弁は金、沈黙は無能の証」と言われるほどに大きく変化している。

それでは、前近代から戦前までの地域生活者は、はたして「沈黙は金、雄弁は銀」という格言どおりの言語活動を＜指向価値＞として重視してきたのだろうか。島根県那珂郡金城町今田方言の「口数の多い人・おしゃべり」の意味項目を見てみると、35語もの多くの語彙が認められ、いずれの語もマイナス価値が付与されている。とりわけ、

①サキザラヒキ　　　先皿引き。人が問いもしないのに、ひとりでしゃべりまくる。他の人の話をよく聞きもしないで、先に

　　　　　　　　　　話そうとする。
②サキザラ　　　　　同上。この語の方をよく使う。
③サキザラー　ヒク　他の人の話をよく聞かずに、先に話そうとする。話
　　　　　　　　　　さなくてもよいことまで話す。

のように、「他の人の話を聞こうとしないで、自分が先に話そうとする」おしゃべりや、

④サキョー　カケル　先に駆ける。他の人の話を横から取って、自分ひと
　　　　　　　　　　りでしゃべろうとする。
⑤サキ　　カケル　　同上。

のように、「他の人の話を横からとってひとりでしゃべりまくる」ようなおしゃべりは、「おしゃべり」の中でも、強くマイナスに評価されるものである。また、

⑥チャーチャーイー　ひっきりなしに何でもしゃべる人。
⑦チャーチャー　　　絶え間なくしゃべる人。この語の方をよく使う。

のように、「絶え間なくしゃべるひどいおしゃべり」も、「サキザラヒキ」と同様、厳しい非難の対象とされるものである。
　このように、単に「口数の多い人・おしゃべり」は、銀以下の存在でしかない。
　しかし、「口の達者な人」を指示する、以下に示すような要素は、すべてプラス評価の扱いを受けており、必ずしも「雄弁は銀」と認識されてきたとは考えられない。

①タツベン　　　　　達弁。相手を納得させる話上手な人。

②タツベンカ　　　　　同上。

③ヒコハチ　　　　　　彦八。口の達者な人。話すことが好きで、しかも上手な人。

④ヒコハチサン　　　　彦八さん。同上。

⑤ハナシテ　　　　　　話し手。話上手な人。

⑥コーシャクイー　　　講釈言い。物事をよく知っている話上手な人。

⑦クチゴーシャ　　　　口巧者。話の上手な人。また、ことばづかいのきれいな人。

⑧ベンシ　　　　　　　弁士。話の上手な人。人から好感を持たれる話し方をする人。

⑨クチジョーズ　　　　口上手。話が上手で、人の気持ちをこちらに向けさせるような人。

これに対して、「沈黙は金」に相当すると考えられる「無口な人」を指示するのにどのような語彙が使用されており、いかなる評価が加えられているであろうか。「無口な人」は次のような語彙で表される。

①ダマリ　　　　　　　黙り。黙っている人。

②ダンマリ　　　　　　黙り。黙っている人。

③ダマリヤ　　　　　　黙り屋。黙っている人。

④ダマリンボー　　　　黙りん坊。無口な人。

⑤ダマリウシ　　　　　黙り牛。無口な人を牛に喩えたもの。

⑥ダマリウジ　　　　　黙り牛。

⑦モノイワズ　　　　　もの言わず。無口な人。言わなければいけない時でも黙っている人。

⑧イワズ　　　　　　　言わず。無口な人。おとなしくて、言わなければいけない時でも黙っている人。

⑨ムッツリ　　　　　　無口で愛想がわるい人。

⑩ムッツリヤ　　　　　　　無口で愛想がわるい人。
⑪ブッショーモン　　　　　無精者、あるいは仏頂面か。無口で無愛想な人。
⑫クチホドケガ　ワリー　　口ほどけがわるい。無口で愛想がわるい。
⑬ヨリソイガ　ワリー　　　寄り添いがわるい。無口な人で、つきあいにくい。無口で、とっつきにくい。

　これらを見ると、「黙っている人」が「牛」に見立てられており、また「言わなくてはいけない時にも言えない小心な人」「無口で愛想がわるい」「無口でつきあいにくい」のように、明らかに否定的な意味を表すものばかりである。土地の人々も、「無口な人」に対してマイナスの評価を付与している。

　広島県比婆郡東城町川東方言でも、「無口な人」は次に示すような語彙によって表現されており、マイナス性向の評価が付与されている。

①ダマリ　　　　無口な人。
②ダンマリ　　　無口な人。
③ダマリジネ　　無口な人。意地わるく黙りこんでいる人。
④ムッツリ　　　無口で無愛想な人。
⑤ムッツリヤ　　無口で無愛想な人。

　このように見てくると、かつての村落社会にあっては、「雄弁は金」で、適度のおしゃべりが成員相互の関係を円滑に維持するために必要であり、「沈黙」はそれを阻害する要因と認識されていたことが理解されるのである。村の会合などにおいては、「沈黙が金」としての機能をになうこともあったと考えられたが、日常生活にあっては、「沈黙は銀」であった。そのように考えられる根拠は、すでに述べてきたことからも明らかであるが、「おしゃべり」「口の達者な人」「無口」という三つの意味項目が、「おしゃべり」（過剰価値）―「口の達者な人」（指向価値）―「無口」（過小価値）という関係性を示すことからも、「雄弁が金」であったことは明らかである。「沈黙が

金」では、村落社会における、とりわけ女性同士の＜つきあい秩序＞が維持できなかったことは説明するまでもないであろう。「女三人寄ればかしましい」のは、現代も同じことである。

第6章　地域文化としての方言性向語彙

1．地域社会の秩序構成

　前までの章において、方言性向語彙が地域社会における秩序構成のための記号システムとして生成され、これが日々の生活の中で適切に運用されることによって、協調的な人間関係の形成と維持に極めて有効な作用を及ぼすものであることをほぼ検証することができたと考える。そこで明らかにし得た点を簡潔にまとめ、それをふまえてさらに論を展開してみることにしたい。

① 　地域社会における＜社会的規範＞としての秩序構成は、＜労働秩序＞と＜つきあい秩序＞の二つから成り、前者は主として生産を維持・強化するための秩序構成に作用し、後者は主として人間関係を維持・強化するための秩序構成として作用した。そして、＜労働秩序＞は＜能力価値＞を基盤とし、＜つきあい秩序＞は＜善悪価値＞を基盤とするものであった。

② 　前近代から戦前までの長い期間にわたって、村落社会が崩壊することもなく維持、存続し得たのは、村落社会の成員が＜性向語彙＞を共有することによって、秩序構成のシステムを事前了解し、それを遵守して生きてきたからである。その意味で、＜性向語彙＞のシステムと運用は、ついに明文化されることのなかった＜社会的規範＞であり、＜社会的公準＞であったと言うことができる。村落社会の成員が＜性向語彙＞を共有することによって、＜労働秩序＞と＜つきあい秩序＞という二つの秩序構成をあくまでも遵守したのは、すべての成員が＜村落の維持・存続＞を至上価値・絶対価値として事前了解していたからにほかならない。

③　＜労働秩序＞も＜つきあい秩序＞も、ともに＜過剰価値＞と＜過小価値＞という＜負＞の性向価値を設定し、運用においてそのいずれをも強く否定することによって、誰もがうまくやっていける＜指向価値＞に収斂、一元化するという、実に巧妙な「ヨコ」性の原理によって構成されている。このメカニズムは、＜負のフィード・バックによる社会秩序のコントロール・メカニズム＞にほかならない。こうして、村落社会は「ヨコ」社会の構造を基盤とする機能体として、意味づけられることになる。

④　しかも、性向語彙は、＜過小価値＞に属する性向を細かく分節し、多くの語彙を生成、定着させ、さらにその程度性を拡大することによって、成員の誰もが秩序構成の基軸である「ヨコ」性の原理でもって措定される＜指向価値＞から逸脱することのできない強いシステムを形成している。

⑤　村落社会の成員はまた、他者への評価と他者からの評価（世間体）の二重の眼差しに強く束縛されることによって、＜指向価値＞に従って生きざるを得なかったのである。そこには、ひとり怠ける自由も、人一倍働く自由もなかったが、村落社会が維持されることによって、成員の生活の安寧は保持され、協調的で濃密な＜人間的秩序＞を強化することができた。

⑥　これは、「ヨコ」性の原理による「協調的な関係主義」という＜秩序構成＞であり、それによって強固な＜集団主義＞が形成されることになる。それは、村落をミクロ・コスモスとする成員にとって、生きるための強い原動力ともなった。

⑦　村落社会の成員は、＜労働秩序＞と＜つきあい秩序＞によって、相互に固く結ばれていたが、村落の周縁部には、「ドラ」「ドラコキ」「ドラツキ」「オナゴドラ」「ゲドー」「ゲドサレ」「ゴクドーサレ」「ホイトツキ」などの性向語彙で指示される人々がいた。これらの言葉で指示される人々は、二つの秩序原理に組み入れられることはなく、村落社会の

＜時間的秩序＞からも逸脱した完全なアウトローであった。
⑧　村落社会の秩序構成を維持するために、成員は、たがが緩むとみるや程度性を強化する性向語彙を生成し、また比喩による意味の拡張を図るなどして、ついに明文化されることのなかった＜社会的規範＞としての性向語彙のシステムの強化に努めた。
⑨　地域社会は、性向語彙によって、社会が要請する形で秩序構成を行い、個々の成員を拘束したが、その一方で、「嘘つき」「冗談言い」「大仰者」などの性向を取り立てて、多くの語彙を生成することを試み、「笑い」の場を設定することによって、地域社会の活性化を図ろうとしている。
⑩　両親や祖父母が子どもや孫に対して性向語彙を使用するとき、それは子どもや孫が将来、村落社会の＜秩序構成＞の中で「恥」をかくことを未然に予防する＜予防モラル＞として機能することが意図されていた。
⑪　性向語彙のシステムによって構成される＜社会的規範＞は、基本的に村落社会の成員にひとしなみに課せられるものであったが、とりわけ強く拘束されるのは＜家＞を代表する男性であった。
⑫　性向語彙という村落社会の成員を超越的に拘束する＜社会的秩序＞の秩序構成の記号表象に従わず、＜人なみ＞はずれた欲望に走る個人や家は＜社会悪＞と見なされ、「村八分」という極めて厳しい制裁が課せられることになる。また、「憑きもの筋」というレッテルを貼りつけられて、厳しい断罪を受けることにもなる[1]。したがって、性向語彙のシステムとその運用は、村落社会の秩序の安定・維持、ひいては村落社会そのものの存続を絶対的な＜善＞とする日常的な思考の論理が下す厳しい社会的統御のメカニズムだったのである。
⑬　性向語彙が対人評価語彙からパラダイム・チェンジして、村落社会の秩序原理のシステムとコントロール・メカニズムに変化したのは、徳川幕府が村切りを行い、村落社会の「土地と富」が有限化された後のことである。

⑭ 漁業社会は農業社会に比べて、社会秩序を維持するための成員共通の願望がより強く働いたものと考えられる。

このように、かつての村落社会における秩序原理は、性向語彙のシステムとその運用によって、＜生産を維持・強化すること＞と＜人間関係を維持・強化すること＞の二つを目的とするものであった。そして、それを可能とするために、＜負のフィード・バック＞による「ヨコ」性の原理を確立し、すべての成員の眼を＜社会的規範＞である＜指向価値＞に向けさせたのである。そのため、成員の自由は強く規制されることになったが、目的の共有と一種の平等感の獲得によって、他者への信頼度は高まり、協調的な関係性を維持することができたのである。こうして、村落社会の秩序は構成され、＜強い共同主義＞＜能率主義＞＜協調的な関係主義＞＜濃密な人間関係＞の中で、個々の成員は日々の生活を営むことになり、それが長期にわたって継承されることになった。その結果、村落社会はおのずから、全体が＜擬似家族的関係体＞を呈することになったのである。

それを、性向語彙について見ると、かつてはどの地域社会においても、自分の家の子どもだけでなく他家の子どもに向かっても性向語彙を使用し、性格や態度の悪さ（マイナス性向）を厳しく注意するといういわゆる世間教育が盛んに行われていたのである。次に記す老年男性の発言は、そのことを端的に示すものである。

○ジーサンガ　マンゴニ　ユーヨーナ　コトデ　ヒトン　カタン　コニー　コン　ケカチメロナド　イワン。ムカシャ　ミナ　イーヨッタンケドナー。ダレデモカレデモ「コン　ケカチメロガ　ナン　シヨンノカ」チューチ　ソレワー　ヤカマシー　イヨッタ。
祖父さんが孫に言うようなことで、他家の子に、このケカチメロ（落ち着きがなくてちょろちょろ動きまわる女の子）などとは言わない。昔はみんな言っていたけどねえ。誰でもかれでも、「このケカチメロが何を

しているか」と言って厳しく言っていた。　　　（大分県東国東郡姫島村）

　ところが、戦後、村落社会の＜擬似家族的関係体＞は崩壊し、都市社会はもとより村落社会にあっても人間関係が希薄化し、「ヨコ」性による信頼関係や協調的関係性を形成することが極めて困難になってきている。そのため、一人ひとりの人間は、他者に依存することなく、自立して生きていかなければならない状況の中におかれている。しかし、＜個人主義＞というイデオロギーをいまだ体現していない多くの日本人は、自立することによっても独自の価値を獲得することができず、自らの進歩を実感できないでいる。いわば、＜孤独な自立＞の中で、他者とうまくやっていく関係性を形成できないで、深い悲しみを味わっているように思われる。

　今、必要とされていることは、もはや過去にもどることはできないにしても、浜口恵俊も言うように、協調的な関係主義＜間人主義＞を構築し[2]、その中にあって一人ひとりが創造的に生きることであろう。

　協調的な＜関係体＞の中で、アイデンティティの拠点を定め、可能なかぎり多くの＜関係体＞が交差する場所に、自らをおくことが必要である。そして、「タテ」の支配をますます強め、法律による拘束力を強化しようとしている権力者に対して、国民は「ヨコ」性の原理によって立ち向かっていく力をつけなければならない。なぜなら、権力者は、欧米のイデオロギーに過ぎない＜個人主義＞＜進歩主義＞＜過度の競争主義＞を国民に強く求め[3]、自らに課せられた責任を巧みに回避しようとしているからである。

　しかも、筆者が恐れるのは、日本の権力者たちが常にアメリカだけに目を向けているという事実である。しかしながら、アメリカは日本の権力者が信頼しているほど、日本に対して慈悲深い国と言えるのだろうか。

　S．ハンチントンの発言によるかぎり、筆者には、どうもそうは思えないのである。少し長くなるが、彼の発言を以下に引用することにする。

　　　人権と民主主義に関してアメリカの価値観や習慣を採用するよう他国

に圧力をかけ、通常戦力におけるアメリカの優位を脅かすような軍事力を他国がもつことを阻止し、アメリカの法律を他国の社会でも適用させた。

人権、麻薬、テロリズム、核拡散、ミサイル技術、宗教的自由といった点を基準に各国をランクづけ、こうした問題についてアメリカの基準をみたさない国々に制裁措置をとり、自由貿易と市場開放を旗印にアメリカの企業の利益を促進し、世界銀行やIMF（国際通貨基金）の政策をアメリカ企業の利益のために策定してきた。

自国にとって直接的な利害がほとんどない地域における戦争に介入し、アメリカ経済にとって利益となる経済政策や社会政策を採用するよう他国に強制し、自らの武器輸出は促進する一方で、他国による武器の輸出は阻止しようとした。（中略）

イラクにたいして軍事行動をとり、その後も過酷な経済制裁をつづけ、一部の国を「無法者国家」呼ばわりし、アメリカの意向に従順でないという理由から、それらの国を世界的な機構から締め出している。

（『文明の衝突と21世紀の日本』鈴木主税訳、2000、集英社新書）

これを見るかぎり、アメリカは、ハンチントンも言うように、「無法者の超大国」として振る舞っている。日本の権力者が今後もアメリカの肩代わりをして、＜個人主義＞＜進歩主義＞＜過度の競争主義＞をゴリ押ししようとすれば、日本人はすべて疲弊し、強い差別意識と孤独感に苦しむことになるだろう。そして、アジアからも孤立し、孤立国家＜日本＞が出現することになるおそれが多分に予見される。

言うまでもないことだが、それぞれの社会や文化は何らかの意味で異なっており、とりわけ歴史的伝統を反映する＜文化＞は、特定社会に固有のものである。そして、その差異性、独自性に価値および意味が存する。したがって、文化間の差異性・独自性は相対主義的に理解されるべきであって、確かな根拠もなく、欧米の文化が常に普遍であると判断することは許されない。

21世紀において、地球上のすべての民族が文化の差異性の相互理解を深めつつ、協調的なネット・ワークの複層的な構築を実現しなければ、大半の民族とその文化はアメリカ帝国主義の完全な支配下に置かれることになることが、目に見えているのである。それを防ぐためには、「ヨコ」性の原理による＜協調的な関係主義＞というイデオロギーを構築し、誰もが、＜支配―被支配＞のくびきから解き放たれて、強い信頼関係に裏づけられた＜相互関係主義＞を樹立しなければならない。

「ヨコ」性の原理による「協調的な関係主義」を、創造的で建設的なシステムによって構築することはできないものだろうか。すでに、それを早く体現している日本というミクロ社会から始めて、広く世界のさまざまの地域社会へと発信していき、強固なネット・ワークを形成することは不可能だろうか[4]。

2．地域社会の行動価値

すでに見てきたように、地域社会における伝統的な＜社会的規範＞としての行動価値は、大きく分けて、＜労働秩序＞と＜つきあい秩序＞の二つの秩序構成に収斂される。性向語彙のシステムに即して言えば、＜労働秩序＞は「仕事に対する態度に関する性向」が核となり、＜つきあい秩序＞は「精神の在り方に関する性向」が核となる。そして、両者を媒介するものとして、「言語活動の様態に関する性向」が位置づけられることになる。

それでは、具体的に、どのような行動価値が、＜社会的規範＞として村落社会の成員に課せられたのであろうか。すでに述べてきたことをふまえながら、ここで、再度、確認しておくことにする。

まず、＜労働秩序＞の構成に関与する記号システムである「仕事に対する態度に関する性向」としては、基本的に、成員の誰もが協調できる＜人なみ＞の働き者が＜指向価値＞とされ、人一倍の働き者も、また怠け者も、ともに＜過剰価値＞＜過小価値＞として強く否定された。

しかし、＜人なみ＞の働き者を支持する「シゴトシ・ガンジョーシ・ガン

ジョーニン・ガンジョージン・カイショモノ・カイショモン・キバリテ・ギバリテ・シンボーニン・シンボーシ・ハタラキテ・ハタラキド・マジメガタ・バシャウマ」(以上、広島県方言。ただし、名詞のみ) などの語のまとまりが、＜人なみ＞の働き者の客観的価値を規定しているわけではない。すでに指摘したように、＜人なみ＞の働き者の両極に、過剰な働き者と過小な働き者を指示する語彙を配置し、そのような語彙で指示される＜労働価値＞をともに否定することによって、＜人なみ＞の働き者の仕事の量と質を明確にイメージさせようとする巧妙なシステムが組みこまれているのである。

　しかも、そのようにして明確にイメージされる＜人なみ＞の働き者に対して、さらに「仕事の上手な人」「仕事の速い人・要領のよい人」「仕事を丁寧・丹念にする人」「辛抱強い人」といった条件が付与されることによって、働き者としての＜人なみ＞性は、一層明確なものとして成員に認識されることになる。

　このように、村落社会の成員が＜人なみ＞の働き者として共同労働に従事することは、実は容易なことではなかったのである。成員に課せられた＜人なみ＞のハードルは、決して低くはなかったのである。そして、＜人なみ＞の働き者に要請された最大の価値は、「キリョージン・キヨージン・テシ・

①陽気な人 ②賢い人・思慮分別のある人 ③見識のある人 ④人格の優れた人 ⑤誠実な人・実直な人 ⑥穏和な人・いわゆる善人 ⑦あっさりした人 ⑧親切な人	-------	精神の在り方に関するもの
⑨正直な人	-------	言語活動の様態に関するもの

第6章 地域文化としての方言性向語彙　193

テシャ・ヤリテ・キサンジ・シャンシャンモノ・シオカラ・コーシャ・マイガ　ハヤイ（舞が速い）・コマイガ　ハヤイ（小舞が速い）・コバイガ　ハヤイ・コーバイガ　ハヤイ（勾配が速い）・マエガ　アガル・マエガ　ハヤイ・フリマーシガ　エー・メサキガ　キク」（以上、広島県方言）などの語や慣用句によって指示される「仕事の速い人・要領のよい人」であって、＜能率主義・効率主義＞として表象化される＜労働価値＞であった。

　それでは、＜つきあい秩序＞の秩序構成に直接的に関与する性向は、どのようなものであろうか。広島県下の13地点で得られたデータを分析してみると、前ページの図のような性向が＜つきあい秩序＞を維持・強化するものと認識されている。

　これに対して、＜つきあい秩序＞を乱す性向としては、大半の地点で次のようなものが指摘された。

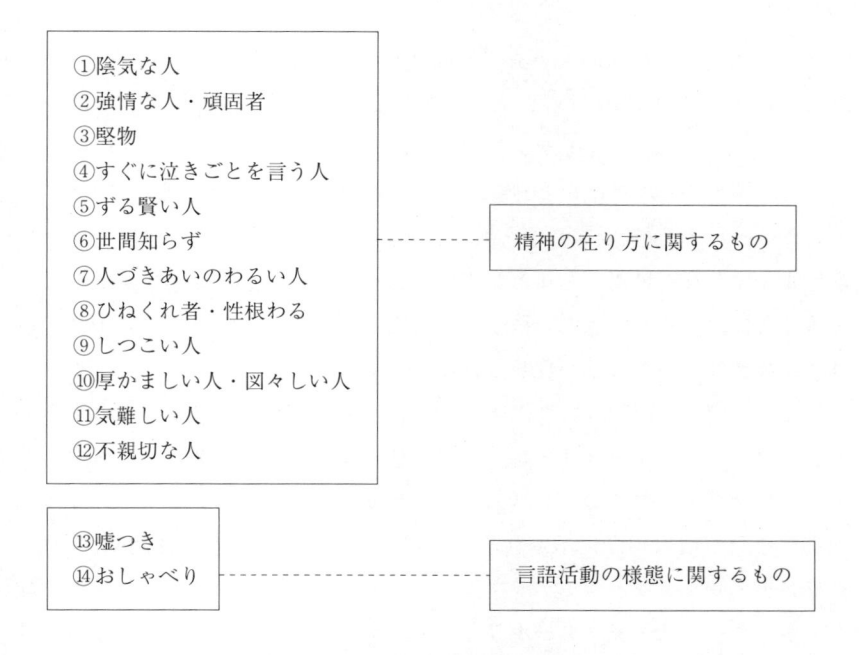

①陰気な人
②強情な人・頑固者
③堅物
④すぐに泣きごとを言う人
⑤ずる賢い人
⑥世間知らず
⑦人づきあいのわるい人
⑧ひねくれ者・性根わる
⑨しつこい人
⑩厚かましい人・図々しい人
⑪気難しい人
⑫不親切な人

………… 精神の在り方に関するもの

⑬嘘つき
⑭おしゃべり

………… 言語活動の様態に関するもの

　上に示した＜つきあい秩序＞を維持・強化するプラス性向と、逆にそれを

乱すマイナス性向とは、基本的に対義関係を形成している。言語共同体において対象に向けられる関心の強さと語彙量の多さ、概念化の高さとの間には強い相関関係が認められるので[5]、プラス性向とマイナス性向の語彙量の和が多い意味項目の対を、仮に、上位6項目に限って挙げてみると次のとおりである。

1．誠実な人・実直な人／ひねくれ者・性根わる
2．見識の広い人／世間知らず
3．賢い人・思慮分別のある人／人づきあいのわるい人・ずる賢い人
4．正直者／嘘つき
5．あっさりした人／しつこい人
6．親切な人／不親切な人

このうち、「2．見識の広い人／世間知らず」と「3．賢い人・思慮分別のある人／人づきあいのわるい人・ずる賢い人」は、「セケンガ　ヒロイ」「ショケンガ　ヒロイ」「セケンシ」「ショケンシ」（見識の広い人・賢い人）対「セケンガ　セマイ」「ショケンガ　セマイ」「セケンガ　セバイ」「ショケンガ　セバイ」（世間知らず・人づきあいのわるい人）のように、「ウチなる世間・ソトなる世間」を核として相互にクロスし[6]、語彙量も多いので、村落社会における＜つきあい秩序＞の構成にとって、これらの性向がとりわけ重要視されていたことが理解されるのである。

また、「おしゃべり」は、「ツゲンボー・オネクレ・ネセクリ・ネセクリヤ・ヨーマー・ヨーマークリ・ヨーマックリ・アカヨーマータレ・ニクマレグチ・シネクソ・イヤミュー　ユー・コズラガ　ニクイ・クチュー　コヤス」のような語や慣用句で指示される「悪意のあることを言う」性向や、「サイタラグチ・サイタラ・サイタラマツ・サイトノデコ・ネンダー・ネンダーコキ・ネンダークリ・モンダーホリ・ヤカマシヤ・ツベクソ」のような語彙のいずれかで指示される「人のことに口出しする人」性向が、とりわけ＜つき

あい秩序＞を乱すものと明確に認識されている。

　さらに、「理屈っぽく言う人」が「リクツコキ」「リクツタレ」「ジクッタレ」(「リ」が「ジ」に転化した語形)「カバチタレ」「コーシャクタレ」「シャクタレ」(「コーシャクタレ」の「コー」が脱落した語形)「コージクタレ」(いずれも広島県方言)のように、明確な卑罵意識を表す「～タレ」「～コキ」という接尾辞を取る語によって表現されていることが注目される。このように、「理屈っぽいもの言い」が明らかにマイナス性向と認識されている点には、伝統的な地域生活者の人間観、価値観の一端が明確に認められると言ってよかろう。

　すなわち、「理屈」でもって他者を説得するのではなく、円満なコミュニケーションの営みによる情報交換を通して、相互の＜共感＞と＜関係性＞を深めることが重視された、その一つの証であると考えることができる。それは、たとえば、『百姓分量記』の中に出てくる「理屈を止、物事堪忍し、万(よろず)和やかに」「理屈は和順の病也」などの、村落共同体の秩序を維持するための精神を説いたことばによっても検証することができるのである。

　ところで、上に示した性向は、今日にあっても、望ましい人間関係や人間的秩序を形成するための重要なファクターとされるものではなかろうか。このような性向を体現した人が極めて少ないために、望ましい人間関係を形成することができず、多くの人々が絶望的な孤独感にさいなまれていると考えられるのである。もとより、かつての村落社会にあっても、上記のような性向を体現した人は決して多くはなかったと思われる。ここには、かつての村落社会の成員が＜つきあい秩序＞の構成にとって、いわば理想とした人間像が提示されているのである。ただ、現在と明確に異なるのは、これらの性向が＜社会的規範＞として成員に等しなみに要請されたという点である。

　日本の現在状況は、＜労働秩序＞だけはかつての村落社会よりもさらに厳しいハードルを設定しながら、肝心の＜つきあい秩序＞の維持・強化をすっかり忘れているように思われる。これでは、人心が荒廃するのも無理からぬことであろう。両者がいわば車の両輪として適切に作用することによっては

じめて、＜社会的規範＞は十全に機能し、日本という地域社会に生きる人々の心も安らぐのである。

　円滑な＜つきあい秩序＞を形成し、維持していくためには、確かに、社会生活やビジネスなどの場面において円滑なやりとりをする能力、効率のよいコミュニケーション能力を高めることが重要であろう。しかし、それはいわば技術的な問題であって、真に重要なことは、＜つきあい秩序＞＜人間的秩序＞の秩序構成の目的と内実ではなかろうか。言い換えれば、＜つきあい秩序＞＜人間的秩序＞にいかなる価値と原理を措定するかということである。

　この問題を、日本という地域社会の内部に閉じることなく、広く国際社会を視野に入れて、真剣に考えてみることが必要とされる。その際、先に示した＜誠実さ＞＜見識の広さ＞＜嘘をつかない＞＜親切であること＞＜他者への無用な干渉の排除＞＜他者との共感性＞などは、日本における伝統的な地域社会を超えて、21世紀における国際社会のあるべき＜つきあい秩序＞を形成するための基本的なキー・ワードになるのではなかろうか。そのためにも、筆者は、日本の権力者がまずもって先にあげたキー・ワードに表象される行動原理をしっかりと体現し、国民だけでなく世界の政治家に向かって範を示してくれることを切望したい。それができない権力者や権力集団は、やがて＜民の力＞によって駆逐されるだろう。

　それでは、＜社会的規範＞を維持・強化するために、かつての地域社会は、はたしてどのような性向を理想的な人間の条件として課してきたのであろうか。その＜理想的な人間像＞を検証するのが、次の節の課題である。

3．地域社会の理想的な人間像

（1）理想的な人間像

　すでに、第3章でも述べたように、筆者は、広島大学方言研究会が特集した『広島大学方言研究会会報』の第13号から第16号までのデータ（1969〜70）に基づいて、地域社会の人々が特に強くマイナスに評価している性向[7]を、次に示す四つのグループに類化した。

(1)「怠け者・横着者・放蕩者」「ゆっくり屋・ぐずぐずする人」「不精者」
(2)「意地わる・性根わる」「はらたて・ひねくれ」「ふへい家・ぶつくさ言い」
(3)「滑稽人・冗談言い」「出しゃばり・見えぼう」
(4)「吝嗇家・欲ばり」「いちがい者」

　これらの性向は、いずれも＜社会的規範＞から逸脱する「期待されざる人間像」であることから、実際にはこれらの性向の対極に位置するものが＜指向価値＞として隠匿されており、それが「期待される人間像」にほかならないと判断した。そして、地域社会の人々は、次のような複合的性向を体現している人間を、＜理想的人間＞として認識していることを指摘したのである。

《勤勉実直な性格で、人づきあいがよく、上質温厚で、万事に控え目な人》

　ここから、＜理想的人間像＞には、＜勤勉主義＞＜和の尊重＞＜集団主義＞＜他者依存＞＜謙譲の美徳＞などの概念が包含されていると考えたのである。
　しかし、早い時点で帰納した＜理想的人間像＞は、藤原が提示した35の意味項目からなる性向語彙のシソーラスによるものである。
　今日までの研究の推進によって、性向語彙のシソーラスは大幅に改定され、106の意味項目からなる階層構造に変換されている。それにともなって、各地で採録された語彙量も一挙に増加することになり、藤原が自己の郷里方言を対象として採録した335語の2倍強となっている。『広島大学方言研究会会報』の第13号から第16号にわたって記述されている各地方言の性向語彙は、藤原が提示したシソーラス[8]に準拠して調査、記述を実践したものであって、語彙量は300語以内にとどまっている。
　したがって、上に示した＜理想的人間像＞は、『島根県那珂郡金城町今田方言の性向語彙』(『広島大学方言研究会会報』第26号、1981)の報告以降、本格的に展開されることになった研究成果の蓄積をふまえて、再検討されな

ければならない状況にある、と言ってよい。

そこで、以下には、1981年以降に発表されたデータを中心とし、筆者の手もとにある未発表のデータも参照して、改めて、地域生活者が伝統的に保持、継承してきた＜理想的人間像＞とは何だったのかという課題に答えてみることにしたい。

その検証に入る前に、三つのことを再度確認しておくことにする。第1点は、マイナス性向は基本的に＜排除価値＞＜否定価値＞であり、その対極にあるプラス性向が＜指向価値＞とされ、それが＜理想的人間像＞の構成要素となっているという事実である。第2点は、性向語彙は基本的に＜労働秩序＞と＜つきあい秩序＞という二つの秩序構成のための記号的指標であり、システムであるという点である。第3点は、人々の人間性向に対する関心の強さは、語彙量の多さに端的に反映するということである[9]。性向語彙の意味的細分化は、シソーラスの上に明確に反映しているので、ここでは特に問題とする必要性はないと考えられる。

さて、対象として取り上げる方言社会は、次に記す8地点である。

1．鳥取県倉吉市生田方言
2．島根県那珂郡金城町今田方言
3．広島県比婆郡比和町古頃方言
4．広島県廿日市市地御前
5．広島県佐伯郡佐伯町玖島方言
6．山口県防府市野島方言
7．愛媛県宇和島市川内方言
8．大分県東国東郡姫島方言

このうち、最も徹底的な調査が実施され、他の方言社会を圧して多くのデータが採録されている島根県那珂郡金城町今田方言の性向語彙は周辺に位置づけ、筆者が共通の調査票と調査方法によってデータを採録した他の7地

第 6 章　地域文化としての方言性向語彙　199

点の性向語彙を中心に据えることによって、中国・四国地方ならびに九州北部の地域生活者が、伝統的に保持してきた＜理想的人間像＞を、できるだけ均質的な形で明かるみに出してみたい。

　まず最初に、上に示した各地点の教示者数と採録することのできた語彙量を示しておく。

 1．鳥取県倉吉市生田方言（老年層男性 4 名、724語）
 2．島根県那珂郡金城町今田方言
　　　　　　　　（80歳代から10歳代までの男女54名、2805語）
 3．広島県比婆郡比和町古頃方言（老年層男性 7 名、665語）
 4．広島県甘日市市地御前方言（老年層男女 6 名、687語）
 5．広島県佐伯郡佐伯町玖島方言（中年層以上の男女 7 名、920語）
 6．山口県防府市野島方言（80歳代から10歳代までの男女17名、756語）
 7．愛媛県宇和島市川内方言（老年層男性 3 名、640語）
 8．大分県東国東郡姫島方言（老年層男性 5 名、725語）

　島根県那珂郡金城町今田方言を除くと、地点によって多少の語彙量の差が認められはするものの、最大と最小の差は280語であり、7 地点の平均語彙量（731語）を基準にすると、最大が189語多くなり、最小が91語少なくなることになる。したがって、7 地点の間に極端な語彙量の差は認められないと判断されるので、定量的な分析に耐えうるものと考え、以下の分析を進めることにする。

　方言性向語彙は、地域社会の成員が共通に獲得している＜社会的規範＞の具体的な指標であり、またその動的システムである。＜社会的規範＞としての秩序構成は、＜労働秩序＞と＜つきあい秩序＞からなっており、106からなる意味項目は、基本的にこのどちらかに関与する。そして、極端な＜負＞の原理を示す性向語彙は、そのような語彙で指示される成員の性向を否定し、対極に位置づけられるプラス性向を成員共有の＜指向価値＞とするものであ

る。したがって、マイナス性向に関する意味項目の中にあって、とりわけ語彙量の多い性向に対置されるプラス性向が、＜理想的人間像＞の構成要素ということになる。しかも、＜理想的人間像＞は＜労働秩序＞と＜つきあい秩序＞の秩序構成に強く関与するものであり、意味項目の数が106もの多さに分節されていることから、単一の性向から抽象化される一つのキー概念として語ることはできず、複数の性向からなる複合概念として示されなければならないことは明らかであろう。

　そこで、各地点の意味項目のうち、語彙量の多い意味項目を106の意味項目から上位11項目に限って抽出した上で[10]、それらを＜労働秩序＞と＜つきあい秩序＞に類別し、語彙量の多いものから順に掲げて、一覧表の形に示すことにする。なお、各方言社会名は上に記した地点番号によって代えることにする。

	労働秩序	つきあい秩序
1	①怠け者、②放蕩者、③仕事の雑な人、④仕事の遅い人	①馬鹿者、②意地わる、③ひねくれ者、④嘘つき、⑤滑稽なことをする人、⑥お世辞を言う人、⑦怒りっぽい人
2	①怠け者、②仕事の遅い人、③仕事の雑な人、④放蕩者	①意地わる、②馬鹿者、③ひねくれ者、④強情な人・頑固者、⑤ずる賢い人、⑥嘘つき、⑦怒りっぽい人
3	①怠け者、②放蕩者、③仕事の雑な人、④仕事の遅い人	①馬鹿者、②ひねくれ者、③嘘つき、④小心な人・臆病な人、⑤不平を言う人・文句を言う人、⑥強情な人・頑固者、⑦お世辞を言う人
4	①怠け者、②放蕩者、③仕事の遅い人、④仕事の雑な人	①馬鹿者、②意地わる、③ひねくれ者、④嘘つき、⑤強情人・頑固者、⑥小心な人・臆病な人、⑦お

第6章　地域文化としての方言性向語彙　201

		世辞を言う人
5	①怠け者、②仕事の遅い人、③放蕩者、④仕事の雑な人	①馬鹿者、②ひねくれ者、③意地わる、④嘘つき、⑤おしゃべり、⑥強情な人・頑固者、⑦小心な人・臆病な人
6	①怠け者、②仕事の遅い人、③仕事の雑な人、④放蕩者	①馬鹿者、②ひねくれ者、③嘘つき、④意地わる、⑤強情な人・頑固な人、⑥誇大家、⑦小心な人・臆病な人
7	①怠け者、②放蕩者、③仕事の遅い人、④仕事の雑な人	①馬鹿者、②ひねくれ者、③意地わる、④強情な人・頑固者、⑤嘘つき、⑥小心な人・臆病な人、⑦おしゃべり
8	①怠け者、②放蕩者、③仕事の遅い人、④仕事の雑な人	①馬鹿者、②意地わる、③ひねくれ者、④嘘つき、⑤強情な人・頑固者、⑥お世辞を言う人、⑦小心な人・臆病な人

　この表によって見るかぎり、＜労働秩序＞の秩序構成を乱す性向も、＜つきあい秩序＞の秩序構成を乱す性向も、8地点の間にほとんど差異の認められないことが注目される。言い換えれば、ここで対象化した地域においては、＜理想的人間像＞を構成する性向が、ほとんど均質的な状況を呈しているのである。とりわけ、今田方言を除き、他のすべての地点で、＜労働秩序＞を乱す性向のプロトタイプが「怠け者」であり、＜つきあい秩序＞を乱す性向のプロトタイプが「馬鹿者」であることが注目を引く。また、野島方言においては、この二つの意味項目に、著しい程度性の拡大現象が見られることはすでに見たとおりである。この事実は、広い地域において、＜労働秩序＞の秩序構成では「働き者」であることが最も重要な要件とされ、＜つきあい秩序＞の秩序構成では「賢い人」であることが最も重要な要件とされたことを

物語るものであろう。

そこで今、仮に、古頃方言について、「怠け者」と「馬鹿者」という二つのカテゴリーに属する語彙（語のほかに、連語、慣用句を含む）をすべて挙げてみることにする。

3．広島県比婆郡比和町古頃方言
《怠け者》――ダラズ・ダラズモノ・ダラズモン・ダラヘー・オーダラズ・クソダラズ・ダラクソ・ズボラ・ズボラモン・ズボラコキ・アブラウリ・オーチャクモン・オーチャクタレ・オーチャクボーズ・オーチャクビョー・グータラ・グーダラ・ズーダラ・グズ・ズル・ヒキタレ・ヒキタレモン・ダラズー　オコス・アブラー　ウル・ノフーゾーナ　ヤツ・オーチャクノ　ヤマェー・チャクノ　ヤマェー・ヒキタレル・ダル（以上、29語）

《馬鹿者》――アンゴー・アンゴータレ・アホー・アホタレ・アホタレ・バカ・バカタレ・ヌケサク・ボンクラ・ボヤスケ・ホーケモン・ホーケマツ・ポンスー・オジサン・オッツァン・オジヤン・アンヤン・ネーヤン・スドナシ・トンマ・フヌケ・ホヌケ・モトーラズヤ・ヒョーロクダマ・ハチブ・ハチモンセン・ハチモン・シャクタラズ・カンドリガ　ワリー・ホトケサンオ　オガンドル・モトーラン　ヒト・ヌケトル　ヤツ・タラン　ヤツ（以上、33語）

まず、《馬鹿者》の意味項目に所属する「ホーケモン・ホーケマツ・ポンスー・オジサン・オッツァン・オジヤン・アンヤン・ネーヤン・フヌケ・ホヌケ・ハチブ・ハチモンセン・ハチモン・シャクタラズ・フヌケ・ホヌケ」の16語は、「仕事に対する態度に関する」意味的カテゴリーのうち、「仕事の役に立たない人」の意味項目にも出現するものである。これは、何を意味するかというと、知恵が足りないために共同労働において＜人なみ＞の働きができないということである。それゆえ、これらの語で指示される人々は、共

同労働の場に参加はしたが、＜人なみ＞以下の仕事が割り当てられたのである。したがって、《馬鹿者》の意味項目は「仕事に対する態度に関する」意味的カテゴリーとクロスすることになり、＜能力＞はあるにもかかわらず＜意欲＞に欠ける《怠け者》とも間接的にクロスすることになる。

　また、「アンゴー・アンゴータレ・アホー・アホタレ・アホーマツ・バカ・バカタレ・ヌケサク・ボンクラ・ボヤスケ・スドナシ・トンマ・モトーラズヤ・カンドリガ　ワリー・モトーラン　ヒト」の15語は、土地人の説明によると、「多少頭の回転が鈍いために、＜人づきあい＞に支障をきたしたり、情報の理解や伝達のプロセスで混乱をきたしたりする」人のことを言い、結果的に、集落の＜つきあい秩序＞や＜人間的秩序＞の円滑な推進を乱すことになる。

　さらに、これらの語彙を自分に向けて使用する際には、それがたとえ＜たてまえ＞であると分かっているにしても、聞く人は決してそのままのマイナス性向と理解することはないのである。

○ワシャー　シェケンニ　デタコトガ　ナェーケー　ナンニモ　シラン　アンゴーデスワイナー。
　私は世間に出たことがないから、何も知らないアンゴーですわねえ。
　　　　　　　　　　　　　　　　　　　　　　　　　　　　　　（老男）
○ワシャー　ミンナカラ　アホーマツジャユーテ　ユワレトル　ニンゲンデスケー　ナー。
　私は皆からアホーマツだと言われているニンゲンですからねえ。（老男）

　このように、《馬鹿者》の意味項目は、＜労働秩序＞とも関係し、また＜つきあい秩序＞においては、重層的な価値を担っていたのである。その点で、「仕事に対する意欲・能力の欠ける人」のプロトタイプ的な位置を占める《怠け者》とは違って、複雑な内容を包含する意味項目となっている、と言える。

また、大分県東国東郡姫島村方言においても、「馬鹿者・知恵の足りない人」の意味項目に、38語の語彙が認められるが、そのうち「フヌケ・ズヌケ・ボケナス・ボケ・ボンクラ・ウッドレ・ウンドレ・ボーブラ」など、やや程度のひどい状態を表す語彙が、「仕事の役に立たない人」の意味項目にも共通して出現する。そして、「ゲドー・ケツロク・ケトロク・ケトジン・ノフードー・ノフード・ノフー・モドロキガ　キカン」などの言葉で指示される人は、「人から聞いたことをすぐに忘れる」（ノフードー・ノフード・ノフー）、「ウチなる世間のことを知らない」（ケツロク・ケトロク・ケトジン）ため、他者とのつきあいがうまくできない、と土地人は説明する。したがって、先に検証した古頃方言の場合と類似する状況を呈している、と言えるだろう。

　これ以外の方言においても、ほぼ同様の事態が認められるので、古頃方言について指摘した「馬鹿者・知恵の足りない人」が＜労働秩序＞の秩序構成と＜つきあい秩序＞の秩序構成という二つの＜秩序構成＞のマイナス要因になるという認識の仕方は、普遍的なものであると考えることができる。

　さて、8地点の方言において、語彙量の多い11の意味項目を、意味分野に分かって示すと、次のようになる。

　Ⅰ．動作・行為の様態に関するもの（6項目）
　　Ⅰa．仕事の態度に関するもの
　　　B．仕事に対する意欲・能力に欠ける人
　　　　「怠け者」「仕事の遅い人」「放蕩者」「仕事の雑な人」
　　Ⅰb．具体的な動作・行為の様態を踏まえた恒常的な性向に関するもの
　　　　「小心な人・臆病な人」「怒りっぽい人」
　Ⅱ．言語活動の様態に関するもの（4項目）
　　Ⅱa．口数に関するもの
　　　　「口数の多い人・おしゃべり」

Ⅱb．言語活動の内容に関するもの
　　　「嘘つき」「お世辞を言う人」「不平を言う人」
Ⅲ．精神の在り方に関するもの（4項目）
　Ⅲa．固定的な性向に関するもの
　　　「強情な人・頑固者」
　Ⅲb．知能・知識の程度に関するもの
　　　「馬鹿者」
　Ⅲc．人柄の善悪に関するもの
　　　「ひねくれ者」「意地わる」

　このうち、「言語活動の様態に関するもの」の中の「口数の多い人・おしゃべり」「嘘つき」「不平を言う人」の三つの意味項目は、＜労働秩序＞の秩序構成においても＜つきあい秩序＞の秩序構成においてもマイナスの要因となることが明らかである。「おしゃべり」をしていては手が動かず、また「口数の多い人」は談話の場を乱したり、他人へあらぬ噂をふりまくと思われ、人に信用されなくなる。また、「動作・行為の様態に関するもの」の中の「小心な人・臆病な人」「怒りっぽい人」の二つの意味項目は、ともに＜つきあい秩序＞の秩序構成を乱す性向と考えられる。

　したがって、上に示した意味分野は、先に行った《馬鹿者》の意味項目の分析結果も加えると、次に示すような＜秩序構成＞の関係図式を構成しているものと考えられる。

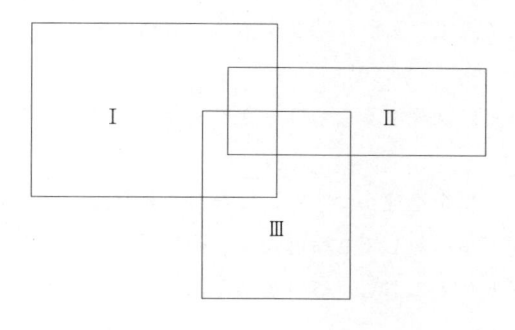

このことを踏まえた上で、地域生活者が＜社会的規範＞を維持するために、どのような性向を保持している人を＜理想的人間像＞と認識していたかを、まず意味分野ごとに意味項目の束として記述し、次いで抽象化の操作を加えて、文章化してみることにする。

Ⅰ．「働き者」＋「仕事の速い人」＋「仕事の丁寧な人」＋「放蕩をしない人」（以上、＜労働秩序＞）＋「大胆・豪胆な人」＋「冷静沈着な人」（以上、＜つきあい秩序＞）
Ⅱ．「正直者」＋「不平を言わない人」＋「口数の多くない人」（以上、＜つきあい秩序＞と＜労働秩序＞）＋「お世辞を言わない人」（＜つきあい秩序＞）
Ⅲ．「賢い人」（＜労働秩序＞と＜つきあい秩序＞）＋「思慮分別があって柔軟な人」＋「誠実で実直な人」＋「人格の優れた人」（以上、＜つきあい秩序＞）

これを文章化すると、次のようになる。

【勤勉家で、仕事を速くしかも丁寧にこなし、遊び歩いてお金を浪費したりしない。また、何事に対しても大胆かつ冷静に対処し、正直者で不平をこぼしたり必要以上のおしゃべりをせず、人にとり入ろうとしてお世辞など言わない。また、賢明な人で、思慮分別があり、他者と柔軟につきあい、常に誠実で実直な態度を示し、人格の優れた人。】

この文章をさらに洗練するならば、次のように記述することができる。

【勤勉家で、仕事を迅速かつ丁寧にこなし、無駄なことにお金を浪費しない。また、何事に対しても冷静かつ大胆に対処し、嘘をつかず不平をこぼさず、必要以上のおしゃべりを慎み、他者にとり入ろうとしてお世辞

など言わない。そして、他者と柔軟で誠実なつきあいができ、世の中のことがよく分かっている賢い人。】

　この＜理想的人間像＞の中には、＜勤勉主義＞＜能率主義＞＜倹約主義＞＜和の尊重＞＜集団主義＞＜柔軟な間人主義＞＜誠実主義＞＜賢人主義＞＜甘えの否定＞＜縮み志向からの逸脱＞などの概念がすべて含まれているのである。これらの前提に、＜恥＞（公恥）の意識が存在することは、すでに第2章で検証したとおりである。したがって、日本人、とりわけ地域生活者の指向性を単一のキー概念で語ることは、とうてい不可能である。また、ここには、「甘え」に埋没し、「縮み志向」にとらわれた、弱くて壊れやすい地域生活者の姿は全く認められないのである。

　もとより、現実は、「甘え」や「縮み志向」[11]が強く見られたであろう。しかし、地域生活者は意識の中ではそれらからの逸脱を強く指向しており、またそのような指向性が＜社会的規範＞として、成員に等しく課せられていたのである。近世を通じて、各地で生起したたび重なる＜百姓一揆＞は、「甘え」や「縮み指向」をはるかに超えた、「ヨコ」性の原理を基盤とする強大なエネルギーに支えられたものだったはずである。

（2）理想的な人間像と秩序構成との相関

　ところで、かつての村落社会の人々は、どのような性向を＜理想的な人間像＞の形成に直接関与しない周辺的な性向と認識していたのだろうか。この問題を検証するためには、二つの分析軸が考えられる。一つは、語彙量の極端に少ない意味項目を見てみることである。語彙量の多さは関心の強さと緊密に相関するから、語彙量が極端に少ないということは、その性向に対して人々がさほど強い関心を寄せてこなかったことを反映すると解される。他の一つは、名詞形の認められない意味項目に注目するということである。名詞形が全く認められないということは、その性向に関する人々の概念化の要求、言い換えれば＜集団意識＞の概念化の同一性に対する要請が弱かったことを

意味する。

したがって、①語彙量が極端に少ない、②名詞形が認められないという二つの分析軸を設定し、これをクロスさせると、次の三つのパタンを仮設することができる。

　(1)語彙量が極端に少ない。
　(2)名詞形が認められない。
　(3)語彙量が極端に少なくて、かつ名詞形が認められない。

このうち、＜対人評価＞あるいは＜理想的な人間像＞において、最も周辺的なカテゴリーに位置づけられる性向は、(3)のパタンに属するものである。

そこで、(3)のパタンに該当する性向にはどのようなものがあるかを、岡山県小田郡矢掛町下高末方言、広島県比婆郡東城町川東方言、山口県防府市野島方言、大分県東国東郡姫島方言の4方言について見てみると、次に示す表のとおりである。

	意 味 項 目
下高末方言	上品ぶる人、大げさな人、物見高い人、悲観家、愛想のよい人、無愛想な人、自慢をする人、雄弁家、厳しい人、厚かましい人、お人好し
川東方言	上品ぶる人、大げさな人、悲観家、愛想のよい人、無愛想な人、自慢をする人、雄弁家、厳しい人、厚かましい人、他人のあげ足をとる人、お人好し
野島方言	上品ぶる人、悲観家、神経質な人、愛想のよい人、無愛想な人、自慢をする人、雄弁家、悪意のあることを言う人、厳しい人、厚かましい人、お人好し
姫島方言	上品ぶる人、大げさな人、悲観家、神経質な人、愛想のよい人、無愛想な人、自慢をする人、雄弁家、厳しい人、厚かましい人、お人好し

この表を見て、まず注目されることは、4方言の間にほとんど意味項目の出入りが認められないという事実である。したがって、これらの意味項目が周辺的なカテゴリーに属すると見なすことは、一応普遍性があるものと了解することができるだろう。

　ついで、「仕事に関する態度に関する」意味項目が全く見られない事実が注目される。この事実からただちに、＜つきあい秩序＞の秩序構成に対して、＜労働秩序＞の秩序構成に対する＜集合意識＞の顕著な卓越性を指摘することはできないにしても、＜労働秩序＞の秩序構成に対する関心がより強かったと解することは可能であろう。

　個々の意味項目について見ていくと、これらの意味項目が周辺的なカテゴリーに属することになっている要因には、いくつかのことが考えられる。まず、「愛想のよい人」「無愛想な人」に関しては、かつての村落社会が擬似家族的な共同体であったことから、「愛想の良さ・悪さ」が話題になることはあったとしても、それが＜つきあい秩序＞の秩序構成に支障を来すことはまずあり得なかったと推定される。「愛想の良さ・悪さ」が問題になる典型的な場面は、客と店員といった本来疎遠な人間関係においてである。また、「悲観家」「神経質な人」は対人関係を前提とする性向ではなく、他者との関係性は比較的希薄である。さらに、「雄弁家」は、内に向けて閉ざされた村落社会にあっては必要価値が乏しかったと考えられる。一見たわいのない「おしゃべり」を通して情報交換をすることによって、円滑なつきあいを維持、強化すればこと足りたのである。ただ、近隣の村落社会といさかいが生じたような場合には、「雄弁家」の存在が金の価値を持ち得たことは、ここに改めて指摘するまでもなかろう。また、「お人好し」も、＜つきあい秩序＞の円滑な遂行に、支障を来す性向とは言えない。むしろ、プラスの作用を及ぼすことの方が多かったと思われる。

　したがって、周辺的なカテゴリーに所属する意味項目の多くは、＜つきあい秩序＞の円滑な維持にほとんど関与することのなかった性向であると見なすことができる。「上品ぶる人」「自慢をする人」も、それに準ずるものと考

えてよかろう。

　問題は残る二つの意味項目である。「厳しい人」「厚かましい人」は、ともに＜つきあい秩序＞の円滑な維持に支障を来す性向であることが容易に想像される。にもかかわらず、この二つの意味項目が周辺的なカテゴリーに属しているのはなぜだろうか。「厳しい人」が家族ではなく、他者に対する厳しさを指すのであれば理解できるが、他者に対して厳しい人を言う、といった説明はどの方言でも得られていない。また、「厚かましい人」は、「厚顔無恥」ということばもあるように＜恥＞の概念と緊密に連関するものであって、ルース・ベネディクトが言うように、日本文化は＜恥の文化＞だとするならば、「厚かましい人」が周辺的なカテゴリーに属する理由を説明することができない。

　ただし、「厚かましい人」の語彙量が極端に少なく、しかも名詞形が全く認められない理由については、次のような事実の存することを考慮に入れなければならないだろう。それは、「厚かましい人」と類義関係を形成する意味項目である「図々しい人」には、かなり多くの語彙量が存し、名詞形も認められるという事実である。たとえば、川東方言を例にとるならば、次のような名詞形が行われている。

　①ノフーゾーモン（②ノフーゾモンとも言う、語源未詳、図々しい人）、③オードーモン（横道者、図々しい人）、④オーチャクモン（横着者、図々しい人、怠け者についても使う）

　「厚かましい」も「図々しい」も、ともに「恥ずかしい」気持ちを持たないという点では共通している。しかも、「図々しい」は世間の眼差しや社会的規範を完全に無視して、普通の人なら遠慮してしないことを平気でする様子を表し、この語を動物にも使う点で、「恥ずかしさ」を無視する程度がより大である。

　したがって、「厚かましい人」を「図々しい人」の中に包含して表現し、あえて区別することをしなかったと考えることもできる。このように考えることができるならば、地域生活者の生き方（行動モラル）の中に、「公恥」

を極力回避ないし排除しようという、明確な認識の方向づけが存在していたと推測して、ほぼ間違いないだろう。

このような問題を残すものの、＜理想的な人間像＞の構成に直接翼与することのない周辺的な意味項目は、＜労働秩序＞や＜つきあい秩序＞の秩序構成にも直接関与することの微弱な意味項目である、と言うことができる。こうして、村落社会の＜集合意識＞が＜理想的人間像＞として指向する価値概念は、社会的規範としての＜労働秩序＞＜つきあい秩序＞と緊密に連関することが知られるのである。

このことから逆に、＜労働秩序＞＜つきあい秩序＞の秩序構成に深く関与する性向群（意味項目）が＜理想的人間像＞を構成するものであり、そのような意味項目が性向語彙の中心的なカテゴリーを形成する、と規定することができる。今、＜秩序構成＞＜理想的人間像＞＜性向語彙の中心的カテゴリー＞の三者の関係を、ラフな構造図として描くならば、次のように示すことができる。

```
┌─────────────────────────┐
│   （性向語彙の中心的カテゴリー）   │
│             ⇧             │
│ ─────────────────── │
│                          │
│    理　想　的　人　間　像    │
│                          │
│             ⇧             │
│ ─────────────────── │
│  〈労働秩序〉〈つきあい秩序〉の維  │
│  持・遂行に直接的に関与する性向   │
└─────────────────────────┘
```

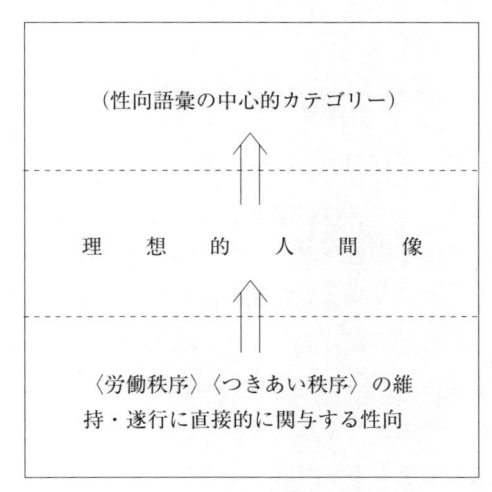

なお、川東方言の場合に限って、各意味項目に所属する語彙を示すことにする。

①上品ぶる人──オヒンナ　ヒト（お品な人、上品ぶる人）、オヒント

シトル　ヒト（お品としている人、上品ぶる人）
② 大げさな人——コータェーナ　ヒト（大げさな人、大仰に振舞う人）
③ 悲観家——ナキゴトー　ユー　ヒト（泣きごとを言う人）
④ 神経質な人——サイキョーナ　ヒト（神経質な人）
⑤ 愛想のよい人——アイソノ　エー　ヒト（愛想のよい人）、エベッサン（恵比須さん、比喩）
⑦ 無愛想な人——モゲナイ　ヒト（無愛想な人）、ブアェーソーナ　ヒト（無愛想な人）
⑧ 自慢をする人——オタェーコオ　タタク　ヒト（お太鼓を叩く人、大声で自慢をする人）
⑨ 雄弁家——ベンガ　タツ（弁が立つ、雄弁家）
⑩ 厳しい人——キチー　ヒト（きつい人、厳しい人）
⑪ 厚かましい人——アツカマシー　ヒト（厚かましい人）
⑫ お人好し——キノ　エー　ヒト（気のよい人）、キヨシナ　ヒト（気よしな人）

4．性向語彙と日本人

　前節で明らかにした＜理想的人間像＞の分析結果から、我々は何を学ぶことができるであろうか。それは、大きく分けて3点ある。第1点は、先に記した＜勤勉主義＞＜能率主義＞が、すでに第5章で検証したように、過度の勤勉と能率を排した＜人なみ＞の勤勉・能率であって、労働に対する意欲・能力さえあれば、誰もが協調可能な＜勤勉主義＞＜能率主義＞だということである。そうでなければ、「ヨコ」性の原理を維持することはできず、さまざまの差別意識を醸すことになり、とても長期にわたる＜労働秩序＞の構成を保持することなどできなかったはずである。

　日本の伝統的な村落社会は、すでに本書でもたびたび指摘し、また『文明としてのイエ社会』（村上泰亮・公文俊平・佐藤誠三郎、1979、中央公論社）の中でも述べられているとおり、基本的に「平等主義」社会であり、そ

の＜秩序構成＞は性向語彙のシステムと運用によってすべての成員に保持され、＜社会的規範＞の前提的な了解が一種の権威として常に存したのである。したがって、より上位の者の支配下におかれたとき、その＜上位＞を受けて＜下達＞させるには、すぐれて機能的なシステムであった。日本人は、前近代においてすでにそのような「ヨコ」性を原理とする＜秩序構成＞のシステムを性向語彙をとおして獲得していたため、短期間に近代化が達成されることに貢献し、また、それ以後も長く続いた過重な労働に対して、「クジクリ」（公事くり、不平を言う人・文句を言う人）にもならず、お国のために滅私奉公したのである。

　もし、日本人が欧米のように、＜自己中心主義＞＜自己依拠主義＞＜対人関係の手段視＞を特徴とする＜個人主義＞を体得していた民族であったならば、権力者がどんなに努力したとしても、日本の近代化は著しく遅れ、戦後の驚異的な経済発展はあり得なかったであろう。日本人の多くが抱いている＜中流意識＞は、まさに「ヨコ」性の原理を根とするものであって、基本的に＜過度の競争主義＞や＜過度の能力主義＞を指向するものではない。

　＜過度の競争主義＞や＜過度の能力主義＞を、今後さらに強化しようとするのであれば、その前に、現在の社会システムをすべての国民が平等に報われるように、大きく改変すべきである。そうでなければ、ますます国民格差が進行し、多くの人々が差別意識にさいなまれることになろう。それは何も大人社会に限ったことではない。子ども社会についても同様のことが言える。

　第2点は、＜つきあい秩序＞の構成において、他者に対する過度の干渉が否定され、ソフトで柔軟な＜人間的秩序＞の構成が指向されてきたということである。＜強い個人主義＞＜進歩主義＞＜過度の競争主義＞というパラダイムが、今後ますます普遍性を強めることになると、21世紀において多くの民族とその言語文化は姿を消し去り、アメリカの一極集中的な支配が急速に拡大されることになるであろう。それを日本の権力者が是とするならば、日本はアメリカの属州になることが目に見えている。日本人の多くが、アメリカの属州になることを望んでいるとは、筆者にはとうてい思えない。

今からでも遅くはない。＜強い個人主義＞＜進歩主義＞＜過度の競争主義＞というパラダイムからの逸脱を試み、ソフトで柔軟性に富み、相互に協調してやっていける＜関係主義＞を構築することによって、アジアからの孤立を防ぎ、地球上の多くの民族と＜不干渉主義＞に立つ信頼のネット・ワークづくりを行うことの方が、将来の日本にとってより重要な意味をもってくるのではなかろうか。

この点に関しては、すでに浜口恵俊に傾聴すべき多くの議論が見られるので[12]、ここでは、朝日新聞の論壇に掲載された神野直彦の「競争社会から協力社会へ」と題する文章の一節を、少し長くなるが、以下に引用することにする[13]。

　　人間のきずなを重視する「協力社会」では、人間同士の能力を高め、人間の生活を護ることに財政が動員される。実際、スウェーデンでは財政再建の過程で、教育・研究開発・情報技術インフラ・福祉に、財源が重点配分されている。

　　教育がとりわけ重視されているのも、経済成長と雇用確保と社会正義（所得平等）という三つの課題を同時に解決するには、教育しかないと考えられるからである。そのため社会人の再教育を含む公教育充実に全力が注がれた。しかし、「他者の成功が自己の失敗」となる「競争社会」では、他者の能力を高める公教育は、顧みられることなく、荒廃するばかりである。

　　「希望の島」からの教訓に学ぼうとすれば、現在の世紀末大不況を新しい時代が生まれいずる苦しみと認識する必要がある。つまり、新しい時代をけん引する戦略産業を創造しない限り抜け出せない転換期不況と認識しなければならない。

　　そうだとすれば、この不況から脱出するには、協力の領域が二つの機能を強化した「協力社会」を築かなければならない。一つは、人々が安心して新産業創造にチャレンジできるように、福祉・教育・医療という

サービス給付で社会的セーフティーネットを張り替えることである。もう一つは新産業の発展を支えるために、新しい時代にふさわしいインフラを整備することである。（中略）

　今からでも遅くはない。日本を「希望の島」に再生するため、「競争社会」に別れを告げ「協力社会」への道を歩み始めようではないか。

　第３点は、「甘え」や「縮み志向」からの逸脱が＜社会的規範＞として、広い地域において事前了解されているということである。今日のような政治・経済状況が今後も長期にわたって継続するようであれば、日本人は「甘え」の構造の中で生きていくことは全く許されなくなるであろう。いやそれ以前に、日本という国が他の国々に対して甘えるのを、当の国々に冷ややかに拒絶するであろう。

　今、我々に求められているのは、「甘え」から逸脱し、権力者に対して勇気をもって是々非々を唱え、行動することではなかろうか。森首相のたび重なる失言（本音？）に対して、なぜ日本の国民はデモ行進をして強く抗議の意思表示をしないのか、とアメリカ人にいぶかしがられるようでは、日本人はますます特殊な民族と思われ、ジャパン・リテラシーは混乱をきたすばかりである。

　なお、地域生活者が＜理想的人間像＞の構成要素として認識してきた＜賢人主義＞の内容を、再度、ここで確認しておくことにしたい。地域生活者が認識してきた＜賢人主義＞は、単に、＜賢明である＞ということではなく、＜人づきあいがよい＞＜世間のことがよく分かっている＞という特徴が包含されている。この特徴を、現在状況に適応するならば、日本は今以上に他の地域社会に広く門戸を開き、欧米のイデオロギーのみに視線を向けるのではなく、広く世界の多様な地域社会のイデオロギーに対して理解を深め、社会・文化多元主義の道を歩むべきだということになろう。そうすることが、日本を世界の中で孤立させないための、唯一とは言わないまでも重要な方途になると考えられる。

最後に、青木保の『「日本文化論」の変容』（1990、中央公論社）から、少し長くなるが、以下の文章を引用して、この章を終えることにしよう。

　1945年10月に新首相幣原が、日本は民主主義的な形態をとるが、古来、天皇は国民の意志をその御心としてきたことから、民主的政治はそうした精神の顕現であると考える、という演説を行ったことを引いて、「このようなデモクラシーの説明は、アメリカ人読者には全く無意味、否、無意味以下のものと思われるのであるが、日本が西欧的なイデオロギーの上に立つよりは、そのような過去との同一視の基礎の上に立つ方が、いっそう容易に市民的自由の範囲を拡張し、国民の福祉を築き上げることができるということは疑いの余地がない。」（ベネディクト『菊と刀』邦訳、351ページ）

　この予測は見事に当たっているといってよいであろう。

注
1) 小松和彦『憑霊信仰論』（1994、講談社学術文庫、p.96〜102）。
2) 浜口恵俊『「日本らしさ」の再発見』（1988、講談社学術文庫）、同「日本研究の新たなパラダイム」（梅原猛編『日本とは何なのか』1990、NHKブックス）、同「国際化のための日本文化」（『岩波講座現代社会学23　日本文化の社会学』1996、岩波書店）。
3) S.ハンチントン『文明の衝突と21世紀の日本』鈴木主税訳、2000、集英社）。
4) 青木保『「日本文化論」の変容—戦後日本の分化とアイデンティティー』（1990、中央公論社）、浜口恵俊「国際化のための日本文化」（『岩波講座現代社会学23　日本文化の社会学』1996、岩波書店）。
5) 室山敏昭『生活語彙の基礎的研究』（1987、和泉書院）、同『生活語彙の構造と地域文化—文化言語学序説』（1998、和泉書院）、G.レイコフ『認知意味論』（池上嘉彦・河上誓訳、1993、紀伊国屋書店）。
6) 第2章を参照されたい。
7) 注6）に同じ。

8）藤原与一『方言学』（1963、三省堂）。
9）室山敏昭『生活語彙の構造と地域文化―文化言語学序説』（1998、和泉書院）。
10）上位11項目に限定する客観的な根拠はないが、全体の意味項目の数が106なので、その一割強の11項目を取り上げたのである。さらに項目数を増やしても、＜理想的人間像＞の複合概念が大きく変わることはない。
11）「縮み志向」を最も端的に表す意味項目は「内弁慶な人」であろう。この性向に、地域生活者が強い関心を寄せてきたことは、語彙量の多さによっても理解することができる。しかし、「内弁慶な人」をマイナス性向と認識し、このような性向からの逸脱を集合意識として強く指向していたことは、所属する語彙のすべての要素がマイナス価値（否定価値）を表すものであるところから明白である。ちなみに、広島県方言には、名詞に限定しても、次に示す33語が認められる。「ウチベンケー・カゲベンケー・ウチベンケーノソトスボリ・ウチベンケーノソトスバリ・ソトスボリ・ソトスバリ・イエスボリ・ウチスボリ・ウチスバリ・ヤドスボリ・ウチスクネ・ウチクスベ・ウチクスボリ・ウチクスベノソトエベス・ウチクスベノソトヨシ・ウチクスボリノソトエベス・セケンオトコノウチクスベ・ウチツラワル・ウチズラワル・イエズラワル・イエワル・ソトヨシノイエワル・ウチニガ・ウチニガラカシ・ソトヨシノウチニガラカシ・ウチウド・ウチュード・クドフンバリ・ダヤワル・ダーヤワル・ソトユーレー・ヘソヌケ・ヒョロクソ」。このうち、「ソトスボリ」（「ソトスバリ」）は家の外（ウチなる世間）に出ると縮こまってしまう男性を表し、「ウチスボリ」（「ウチスバリ」）は家の中にあってさえ小さくなっている男性を意味する。「ウチクスベノソトエベス」「ウチクスボリノソトエベス」（家くすべの外恵比須）は、家の中では不機嫌だがウチなる世間に出ると笑顔を振りまく男性を意味する。「セケンオトコノウチクスベ」は、その意味を前後を逆にして表現したものである。「ソトヨシノイエワル」も同様である。「ウチニガ・ウチズラワル・イエズラワル」は家の中で不機嫌であることを表すことによって、外では機嫌よく振舞うことが含意されている。「ウチワド」「ウチュード」（家人）は、家の中では威勢がよいが外ではまるで影が薄い男性を指す。そのプロトタイプが「ソトユーレー」である。このように見てくると、「家（ウチ）－／外（ウチなる世間）＋」「家（ウチ）＋／外（ウチなる世間）－」という構造を基軸として、「家（ウチ）－／∅」（イエスボリ・ウチスボリ・ヤドスボリ・ウチクスネなど）という、外とは関係なく家

の中でさえ小さくなっている男性の姿が認識されていることが知られる。前者は「ウチなる世間の眼差し」が強く働いており（そのプロトタイプが「セケンオトコノウチクスベ」である）、後者は「家族」（とりわけ「嫁」）の眼差しが強く向けられていると解することができるだろう。
12）注2）に同じ。
13）平成12年1月10日に朝刊に掲載されたもの。筆者は財政学を専門とする東京大学教授である。なお、この問題提起も含めて、さらに広い視線から、日本という国および日本人が21世紀において進むべき方向性を示唆したものとして、大江健三郎の「未来に向けて―往復書簡」（『朝日新聞』平成11年11月2日朝刊、文化欄）がある。

【付記7】

　島根県那珂郡金城町今田方言の性向語彙のデータを見ると、「怠け者」の意味項目について、実に106もの要素（語・慣用句・連語のすべてを含む）が挙がっている。これらの要素において、注目されることの一つは、「怠け者」を身体的な欠陥になぞらえて表現している要素がかなり多く認められるという事実である。確かに、我々がズル休みをするとき、病気を理由にすることが多いが、それは「風邪をひいた」とか「頭痛がする」とかいったいわば一時的な病気が理由にされることが大半である。しかし、今田方言（に限らないが）の「怠け者」の要素に見られる身体的な異常は、一時的なものは少なく、しかも身体内部の全体的な欠陥になぞらえて表現されているものが多い。そのような要素を成員のすべてが共有すれば、とても「怠け」てはいられない＜集合意識＞が成立することになるはずである。この点にも、日本人の血となっている＜勤勉主義＞が端的に反映していると言うことができる。
　以下には、その要素をすべて抽出して示すことにする。

1．ズイヌケ（髄抜け）　髄は脊髄・脳髄などの語からも分かるように体の中心である。それが抜けているという見立ては強意比喩であって、極め

第 6 章　地域文化としての方言性向語彙　219

て厳しい批判意識が根底にある。
2．ズイヌケシ（髄抜けし）
3．ズイワル（髄悪）　意地悪という意味でも使用され、ここに身体と精神との連続性が認められる。
4．ズイワルモン（髄悪者）　本来は体の調子が悪いこと。だるい感じがすること。
5．ズイナ　ヒト（髄な人）
6．ズイワルナ　ヒト（髄悪な人）
7．ズイガ　ワルイ（髄が悪い）
8．ズイガ　ワリー（髄が悪い）
9．ズィーガ　ワリー（髄が悪い）
10．コズイガ　ワルイ（小髄が悪い）　「ズイガ　ワルイ」よりもやや程度が小。
11．コジィーガ　ワルイ（小髄が悪い）
12．ズイノ　ワルイ　ヒト（髄の悪い人）
13．ホネガ　イタイ（骨が痛い）　仕事が嫌いなこと。仕事をする気がない。
14．ホネガ　イター（骨が痛い）　働かない。
15．ホネガ　イタイ　ヤツ（骨が痛い奴）
16．ホネクサリ（骨腐り）　仕事をしない人。
17．ドボネクサリ（ど骨腐り）　「ホネクサリ」よりも程度のはなはだしい怠け者。
18．ホネキリ（骨切り）　骨が切れている。仕事をしようとしない人。
19．ホネキリモン（骨切り者）
20．ノーヌケ（脳抜け）　仕事をする能力に欠ける人。頭が足りないという意味もある。
21．ノーナシ（脳無し）
22．ノーナエ（脳萎え）　働こうとしない人。
23．フヌケ（腑抜け）仕事をする気力がない人。

24. ホヌケ（腑抜け）
25. クソホヌケ（くそ腑抜け）　「ホヌケ」より程度のはなはだしい怠け者。
26. フヌケナ　ヒト（腑抜けな人）
27. ドーナエ（胴萎え）　働こうとしない人。
28. ダル（だる）　体がだるいと言って働こうとしない人。
29. ダルイ　ヤツ（だるい奴）

　「ズイ」（髄、12語）、「ホネ」（骨、7語）、「ノー」（脳、3語）、「フ」（腑、4語）などが焦点化されており、そのため強烈な批判意識が具体的に表象化されることになる。このような言葉が他者や自己に差し向けられれば、誰しも「怠け者」ではいられないという思いになるであろう。このようにして、かつての地域社会はすべての成員が「働き者」にならざるを得ないように性向語彙を生成したのである。今日、さまざまの組織が生き残りをかけて厳しい労働を強いているのと同様、かつての地域社会にあっても、成員が仕事の手を抜くことは、自分たちが生きていくミクロコスモスである村落の存続を危うくすることを事前に了解していたからである。

　なお、大分市の老年層カテゴリーは、「怠け者・仕事をしない人」を意味するプロトタイプとして、「ゴテシン」という語を多用する。「ゴテシン」の語源は「五体死に」であって、身体的異常の極を表している。したがって、この語には極めて厳しい批判意識がこめられていると解される。今田方言の「ズイヌケ」に比べて、より厳しい造語発想に支えられた＜集合意識＞がうかがい知られるのである。

　しかも、土地の古老が、

○ゴテシンワ　シゴトノ　キライナ　ヒトヤ　ネ。オンナノ　ゴテシンワ　ドーニモナラン。
　ゴテシンは仕事の嫌いな人だね。女のゴテシンはどうにもならない。

（老女）

と説明しているところから、男性よりも女性の「怠け者」に対する批判意識が一段と強かったものと思われる。兵庫県但馬地方では、現在でも古老が「嫁」を「テマ」（仕事をする人、労働力）と読んでいることが思い合わせられる。かつての地域社会における女性の地位や役割を端的に物語る言語的表象と言ってよかろうか。

さらに注目されることは、地域生活者が＜怠け者＞の極を、市川浩の言葉を借りるならば、「精神としての身体」（『精神としての身体』1992、講談社学術文庫）、言い換えれば精神と身体が同時に現れるものとして、認識しているという事実である。精神が愚かで、その上身体も虚弱な人は、全く仕事の役に立たない＜怠け者＞である。このような＜怠け者＞をも排除せず、社会秩序の中に組み入れて扱ってきたというところには、協働における＜秩序構成＞の厳しさと同時に寛容さもまた、うかがわれるのである。

【付記8】

広島県比婆郡東城町、同比和町などにおいては、「馬鹿者」を表す意味項目に「オジサン」「オッツァン」「オジヤン」など、本来は親族語彙のカテゴリーに所属する要素が出現するという現象が認められるのである。これら3語は、昭和20年代までは「次男以下の子ども」を指示する言葉として用いられていたとのことであるが、30年代以降は「叔父」を指して使用されるようになったとのことである。しだがって現在、この地域における親族語彙を調査しても、「オジサン」「オッツァン」「オジヤン」はいずれも「叔父」を指す親族語として使用するという回答が得られ、「馬鹿者」を意味するとか、まして「次男以下の子ども」を指して使うとかいった説明は全く聞くことができない。

ところが、性向語彙について詳しく調査を試みると、「馬鹿者」の意味項目において、これらの語が必ずといってよいほど採録されるのである。そこで、なぜ、「オジサン」「オッツァン」「オジヤン」が「馬鹿者」を意味する

ことばとして使用されるのかを確かめると、70歳以上の老年層は、これらのことばは「仕事の役に立たない馬鹿者」について使用され、もともとは「次男以下の子ども」に対して両親や家の長子が使用していたという事実を語ってくれるのである。

「次男以下の子ども」を、「オジ」系のことばによって表現していたという事実から、広島県比婆郡東城町、同比和町などの地域における村落社会は、在村大手地主たる本家とそれに従属する血縁を主とする分家によって構成された「同族結合」の村落社会であり、本家と分家が主従的な縦の結合を形成し、それが「共同労働」の編成枠組を構成していたことが知られるのである。

それではなぜ、「オジサン」「オッツァン」「オジヤン」などの語が、親族語彙のカテゴリーから性向語彙のカテゴリーに転換し、しかも「仕事の役に立たない馬鹿者」の意味に変化したのであろうか。この意味の変化については、土地の老年層話者にたずねても、明確な回答を得ることができない。ただ、本家が次男以下の子どもに分割する田畑や山林をあまり所有していなかったため、次男以下の子どもは本家の貴重な労働力として成人後もかなり長く本家にとめおかれて、なかなか分家させてもらうことができなかった、という土地の古老の説明を一つの根拠として、次のような意味の変化のプロセスを推定することができるように思われる。

すなわち、「次男以下の子ども」は成人後もかなり長く本家の労働力として、いわばただ働きをさせられるわけだから、仕事に身が入るわけがない。いくら仕事に精を出しても、なかなか分家させてもらえないとなると、自然、仕事を怠けるようになるであろう。それが両親の長子夫婦の眼には、「次男以下の子ども」は「仕事に対する意欲」のない「怠け者」に映ることになる。このような見方が村落社会における＜集団意識＞として定着すると、「次男以下の子ども」はいずれも「怠け者」ということになり、親族語彙の意味から性向語彙の意味へと変化することになる。そして、「怠ける」程度がさらにひどくなると、「全く仕事の役に立たない馬鹿者」の意味へと変化することになる。

このように考えられるのは、「全く仕事の役に立たない怠け者」を表す意味項目に、「ボケサク」「ボケヤス」「ボンヤリ」「ボンクラ」「アンゴー」などのように、基本的に「馬鹿者」を意味する語彙が出現して、二つの意味項目が緊密にクロスしているからである。

仮に、このような意味変化のプロセスが想定されるとすると、これは、長子と次男以下の子どもの深刻な差別がもたらした意味変化であるということになる。

ところが、同じ広島県比婆郡高野町南集落においては、「馬鹿者」の意味項目に「オジサン」「オッツァン」「オジヤン」などの語が全く現れない。それは、南集落がほぼ同等の家によって構成される横の連繫に基づく「講組結合」の社会であって、身分的な支配従属の関係が認められないからである。この集落では戦前まで、12戸が一組を成して「共同労働」の単位体を形成していたのである。

したがって、同じ広島県比婆郡において、「同族結合」と「講組結合」の2類型が併存していることになる。そして、性向語彙の「馬鹿者」の意味項目に「オジ」系の語が出現するか否かが、この2類型を弁別するための重要な指標となっているのである。

このように、親族語彙によってはすでに明らかにすることのできなくなった重要な問題を、性向語彙の分析を通してかろうじて明らかにすることができるのである。

【付記9】

かつての村落社会には、「ヨコ」性の原理によって＜労働秩序＞の秩序構成を行い、それを維持・継承していくために、「怠け者」を表す意味項目とは別に「放蕩者」を表す意味項目を用意し、「放蕩者」に対する差別意識を強めることによって、成員のすべてを＜指向価値＞である「働き者」に仕向けるというメカニズムが存していたことについては、すでに触れたとおりである。

それでは、「放蕩者」は村落社会においていかなる存在として認識されていたかというと、まず社会的規範である＜労働秩序＞と＜つきあい秩序＞の秩序構成に組み入れない存在として認識されていた。が、それだけではない。村落社会の成員がこぞって共同労働に従事している時間に働きもしないで遊び歩くという、村人が共有している＜時間的秩序＞からも逸脱した存在であった。

　このように認識されてきた「放蕩者」は、いかなるプロセスを経て村落から追放され、「コジキノ　トナリ」（乞食の隣）に身をおくようになるのか、それを鳥取県倉吉市生田方言の性向語彙に即して検証してみることにする。

　まず、「ドーラクムスコ」（道楽息子、遊んでばかりいて、少しも働こうとしない息子）という段階から出発する。この「ドーラクムスコ」を両親をはじめ親族が厳しく注意しないで放置しておくと、それが成人して「ドーラクモン」（遊んでばかりいて少しも働こうとしない、そのため家の財産を食いつぶす者）となる。「ドーラクモン」は単に「ドラ」とも呼ばれるが、この語の意味は「遊んでばかりいて少しも働こうとしない」という前半の特徴に重点がおかれる。それを端的に表す語が「アソビドーラク」であり、「アソビニン」である。

　この段階がさらにひどくなると、「ゴクドーモン」（極道者）と表現されることになる。「ゴクドーモン」は単に「ゴクドー」とも呼ばれ、厳しい非難の意をこめて「ゴクタレ」とも呼ばれるが、この語は「家の財産を食いつぶす者」という意味に重点がおかれ、家の衰滅を予告する言葉となる。それが現実となると、「ゴクヌスト」（穀盗人）、さらには「ゴクツブシ」（穀つぶし）と表現される。こうして、家が破産すると、その家族は「ムラバナレ」（村離れ）をし、放浪者になるわけである。

　放浪者になることは、多くの場合、死を意味することであったという。

　「放蕩者」のたどる運命は、当該社会の成員に、性向語彙の共有化をとおして事前に認識されており、したがってすべての成員はそうならないために、社会的規範である「働き者」になることを＜指向＞せざるを得なかったので

ある。

　しかしながら、「怠け者」は先にも述べたように、村落社会における＜労働秩序＞や＜つきあい秩序＞に組み入られた存在であり、決して村から追放されるような存在として位置づけられることはなかった。それに対して、現代という時代環境を生きている日本人は、少しでも「怠け者」になれば、たちまち自己が属する組織からリストラされかねない状況におかれている。してみると、我々は、前近代よりもさらに厳しい時代環境の中を生きていることになると言わなければならない。はたしてそれが、人間として、あるいは人間らしく生きることであるのかどうかを、＜進歩主義＞という幻想から醒めて、国民一人ひとりがよく考えてみなければならないであろう。

　日本には、＜足るを知る＞という思想のあったことを、今こそ思い起こすべきではなかろうか。

第7章　方言性向語彙の変容

1．性向語彙の変容の実態と傾向性

　長年にわたって地域社会に行われてきた「性向語彙」は、他の語彙カテゴリーと同様、戦後の大きな社会変動やマス・メディアの影響によって、変容を余儀なくされている。
　「瀬戸内海域方言における性向語彙の地域性と変容に関する調査・研究（１）─愛媛県宇和島市方言を中心にして─」は、宇和島市の周辺部の３地点において、老年層と青年層の男性各１名を対象として調査を実施し、当該方言における性向語彙の実態・特色・変容の諸課題について、分析・考察を試みたものである[1]。
　この研究によって明らかにすることのできた変容の実態と傾向性の概略を記すと、おおよそ以下のとおりである。

(1)　青年層の語彙量が老年層の語彙量の約２分の１に減少している。
(2)　語彙量の減少を意味分野、意味項目との関係から見てみると、分野、項目によって多少の異同は認められるものの、特に顕著な偏りは見られない。
(3)　減少の著しい語彙の性質を形態面から見てみると、「カイショバス」（働き者）、「シンボーニン」（辛抱強い人）、「トロケツ」（仕事の遅い人・要領のわるい人）、「ヨモダクリ」（不平を言う人）など、接尾辞を取る派生語である。
(4)　(3)とは逆に、青年層が盛んに使用している語彙は、「コマメナ　ヒト」「イソシー　ヒト」（働き者）、「オーチャクナ　ヤツ」（怠け者）な

どの、いわゆる連語である。
(5) また、青年層は、「ウデッコキ」(仕事の上手な人)、「ケチンボ」「バカ」「ダイタンナ」「ゴージョーナ　ヤツ」などのように、共通語と語形・意味ともに一致する語彙を取り入れている。
(6) 3名の青年層の語彙を見てみると、年齢が高くなるにつれて（27歳・31歳・35歳）、老年層と共通する語彙量が増加するという現象が認められる（約50語ずつ増加している）。
(7) 老年層の全体的な構造と青年層の全体的な構造の上には、意味項目の増減に伴う顕著な変化は認められない。

　宇和島市方言の性向語彙に見られる変容の実態と傾向性を総合的に解釈するならば、伝統的な閉鎖社会における濃密な人間関係の中から生成された、侮りや卑しめ、さらには非難の意識を伴う方言色の濃厚な語彙が捨て去られ、代わりにそのような意識を伴わない、いわば客観的な評価語彙が盛んになりつつある状況を示すものと解される。
　人間関係に即して言えば、かつての濃密な人間関係が急速に希薄化の方向へと向かっているということになろう。このような動態の中にあって見落としてはならない事実は、青年層の年齢が高くなるにつれて老年層と共通する語彙が増加しているという事実である。また、性向語彙の全体的な構造の上には、意味項目の増減などによる顕著な変動はほとんど認められないという事実である。
　このうち、後者の事実は、とりわけ重要な意味を持つものと解される。なぜなら、性向語彙の変容とは＜何が変容することなのか＞と問うとき、変容するものは構造であるという答えに行き着くからである[2]。量的な変容も形態的な変容も確かに重要ではあるが、それはいわば表層的な変容であって、全体的な構造が大きく変容しないかぎり、深層的（本質的）には何も変容していないと考えられるからである。
　別の言い方をするならば、全体的な構造が大きく変容していなければ、伝

統的な＜理想的人間像＞や＜秩序構成＞の構成原理そのものは、変化していないと考えなければならないからである。したがって、宇和島市周辺部の村落社会においては、確かに人間関係が希薄化の方向へ大きく変化してはいるものの、＜理想的人間像＞や＜秩序構成＞の原理そのものは、青年層にあってもなお本質的には継承されているという解釈が成立することになるのである。

　これがはたして宇和島市周辺部の村落社会にかぎって指摘される個別的な現象なのか、それとも他地域の村落社会にあっても同様に指摘し得る普遍的な現象であるかを検証するために、次の節では、広島県大竹市栗谷町方言の性向語彙を対象化して、変容の実態とその構造分析を試みることにする[3]。

2．性向語彙の変容の構造分析

　大竹市栗谷町は、大竹市の中心部から北西約10kmの地点に位置する農業を中心とする町であり、山口県に隣接する。この地で、60歳代後半の老年層男性2名と20歳代前半の青年層男性2名を対象として、1994年に4日間かけて性向語彙の調査を実施し、さらにその翌年、同一のインフォーマントを対象として、2日間かけて補足調査を実施した。

　2度の調査によって得られたデータのうち、以下には、特に「仕事に対する態度に関する性向語彙」に限定して、変容の実態を確認し、その構造分析を行うことにする。

《語彙量に関する分析》
(1)老年層に特徴的な語彙（93語）
　　①「働き者」（4語）
　　　ハタラキヤ・ガムシャラ・シンボーニン・コラエジョーガ　エー
　　②「仕事の速い人・要領のよい人・器用な人」（18語）
　　　チャリー・ハツメージン・キレモン・キヨージン・キリョージン・
　　　コーシャ・コーシャン・チャリコイ・スドイ・ハツメーナ・キヨーナ

・コギリョーナ・テマメナ・コーシャナ・テバヤイ・ハバシー・ヨーリョーガ　エー・コバイガ　ハヤイ

③「仕事を丁寧・丹念にする人」（4語）
テーネーヤ・キチョーメンヤ・コマメナ・ネツイ

④「辛抱強い人」（2語）
シンボーモン・コラエジョーガ　エー

⑤「人一倍仕事に熱中する人」（5語）
ガシ・ガシガシ・ガリガリヤ・ノボセヤ・ネツイ

⑥「怠け者・仕事をしない人」（23語）
ノークレ・ノークレモン・ノータレ・ノータレモン・ナエットー・ナエトー・ナイトー・アカナイトー・ナイトーサク・テレ・テレモン・テレスケ・オーテレ・アカオーチャクモン・アブラウリ・ノラクラ・ノラクラモン・ホーケモン・ダラズ・ノホーズ・オーチャクナ・ノホーズナ・ノークレル

⑦「仕事の遅い人・要領のわるい人」（4語）
オートロサク・トロスケ・ヌルイ・テヌルイ

⑧「仕事の下手な人」（2語）
ブキヨー・ブサイクナ

⑨「仕事の雑な人」（5語）
ガサ・アラシコ・アラマシヤ・ザマクナ・ソマツナ

⑩「仕事の役に立たない人」（14語）
ボヤスケ・テレ・テレスケ・テレサク・テンクラ・オーテンクラ・ヘボクソ・ヘナチョコ・ノータレ・ホートクナイ・ホートクナイ　ヒト・ホーゲナイ・ドジオ　クル・ラチノ　アカン

⑪「放蕩者」（12語）
ホートーモン・ゴクドーモン・ドラ・ドラコキ・ドラッキ・ドーラクモン・ナガレモン・ナグレモン・カネグイムシ・ズイトー・ボンクラ・ゴクドーナ

(2) 青年層に特徴的な語彙（20語）
　①「働き者」（3語）
　　ハタラキバチ・マジメ・マメ
　②「仕事の速い人・要領のよい人・器用な人」（1語）
　　コスイ　ヒト
　③「仕事を丁寧・丹念にする人」（3語）
　　キチョーメンナ　ヒト・マメ・ネンイリナ　ヒト
　④「辛抱強い人」（2語）
　　シンボーヅヨイ　ヒト・コラエモン
　⑤「人一倍仕事に熱中する人」（4語）
　　ノボセショー・コリショー・コリカタマリ・ネツー　イレチョル
　⑥「怠け者・仕事をしない人」（2語）
　　アブラオ　ウル・オーチャクナ　ヒト
　⑦「仕事の遅い人・要領のわるい人」（1語）
　　オソイ　ヒト
　⑧「仕事の下手な人」（なし）
　⑨「仕事の雑な人」（1語）
　　イーカゲンナ
　⑩「仕事の役に立たない人」（2語）
　　ツカエナイ　ヒト・ウスボンヤリ
　⑪「放蕩者」（1語）
　　ホートームスコ
(3) 老年層と青年層が共有している語彙（44語）
　①「働き者」（4語）
　　ハタラキモノ・ハタラキモン・バシャウマ・マジメガタ
　②「仕事の速い人・要領のよい人・器用な人」（3語）
　　ヤリテ・サクシ・テバヤイ
　③「仕事を丁寧・丹念にする人」（2語）

テーネーナ・コマメナ　ヒト
④「辛抱強い人」（1語）
　　　クローニン
⑤「人一倍仕事に熱中する人」（5語）
　　　ガリ・ガリガリ・ノボセ・ノボセモン・ノボセショー
⑥「怠け者・仕事をしない人」（3語）
　　　ナマケモノ・オーチャクモン・ズボラ
⑦「仕事の遅い人・要領のわるい人」（7語）
　　　ノロマ・ドン・トロイ・テガ　トロイ・グズ・マドロッカシー・ラチ
　　　ノ　アカン　ヒト
⑧「仕事の下手な人」（2語）
　　　ヨーリョーガ　ワリー・ブチョーホーナ
⑨「仕事の雑な人」（4語）
　　　ワヤ・ワヤスケ・ザツナ・オーザッパ
⑩「仕事の役に立たない人」（6語）
　　　ヤクタタズ・ボンヤリ・ボケサク・ノーナシ・ヘナチョコ・ハシニモ
　　　ボーニモ　カカラン
⑪「放蕩者」（7語）
　　　ホートー・ホートーモノ・ゴクドー・ゴクドーモン・ドラムスコ・
　　　ドーラクモン・アソビニン

　このデータによって、まず、老年層が所有している語彙（老年層に特徴的な語彙＋老年層と青年層が共有している語彙）と青年層が所有している語彙（青年層に特徴的な語彙＋老年層と青年層が共有している語彙）の量的対立関係を見てみると、次のようである。

　　A．老年層が所有している語彙……137語
　　B．青年層が所有している語彙……64語

したがって、青年層が所有している語彙量は、老年層が所有している語彙量の約2分の1弱に減少しており、その点で宇和島市方言の場合と一致する。

ついで、青年層が所有している語彙の減少数・減少率を意味項目別に見てみると、次に示す表のようになる。なお、各意味項目は番号で表し、A・Bはそれぞれ「老年層語彙」、「青年層語彙」と略称することにする。

意味項目 番　号	老年層語彙	青年層語彙	減少数	減少率
①	8語	7語	1語	12.5%
②	21語	4語	17語	80.9%
③	6語	5語	1語	16.7%
④	3語	3語	0語	0.0%
⑤	10語	9語	1語	10.0%
⑥	26語	5語	21語	80.8%
⑦	11語	8語	3語	27.3%
⑧	4語	2語	2語	50.0%
⑨	9語	5語	4語	44.4%
⑩	20語	8語	12語	60.0%
⑪	19語	8語	11語	57.9%
		平均	6.6語	40.0%

この表から、青年層語彙の減少数・減少率には、意味項目によってかなり大きな偏りの認められることが分かるが、その偏りは大略老年層語彙の語彙量の多少と関係していることが理解される。すなわち、⑤、⑦の二つの意味項目を除くと、②、⑥、⑩、⑪の語彙量の多い意味項目の減少率がいずれも平均値を大きく上回っているのである。

また、老年層の語彙量が比較的多い①、⑤、⑦の三つの意味項目において、減少率が極端に低くなっている事実（平均すると、16.6%）も注目される。

さらに、評価という観点から見るならば、プラス評価に所属する意味項目の減少率の平均値が21.4%であるのに対して、マイナス評価に所属する意味

項目の減少率の平均値が56.2%になり、両者の間に実に34.8%の開きが認められるという事実も注目されるのである。

これらを総合的に判断するならば、青年層が所有している語彙は意味項目間の語彙量の差異が相対的に小さくなって平均化され、それは主としてマイナス評価に所属する意味項目の語彙量の顕著な減少によってもたらされていると言うことができよう。すなわち、老年層に顕著な＜負＞性の原理が、少なくとも「仕事に対する態度に関する性向語彙」においては明確に指摘し得ない状態に変化しているのである。この現象は、青年層において、意味項目の数が減少しているという構造的な変化は認められないものの、＜負＞性の原理がファジーとなり、プラス性向とマイナス性向に対する関心がかなり均等化していることを表していると理解することができる[4]。

しかし、この現象の意味するところをより正確に理解するためには、形態面からの精緻な分析を行う必要があるであろう。そこで、以下には、減少率の高いマイナス性向を表す意味項目に焦点を当て、特にどのような形態的特徴を持つ語彙が青年層に継承されていないかを検討してみることにする。

《形態に関する分析》

老年層語彙のうち、⑥以下のマイナス性向（「仕事に対する意欲・能力に欠ける」性向）を表す意味項目を見てみると、「～タレ・サク・スケ・クソ・ヤ・トー」などの接尾辞を取る語形や「アカ・オー」などの接頭辞を取る語形がかなり多く見出される。これらの接尾辞や接頭辞を取る語形は、プラス性向を表す意味項目には全く出現しないものである。したがって、マイナス性向を表す語彙の減少率が高くなっている要因の一つに、この現象が関与しているものと考えられる。そこで、これらの接尾辞・接頭辞を取る語彙が⑥以下の意味項目にどのように現れるかを見てみることにする。

(1)接尾辞（17語）
　⑥ノータレ・ノータレモン・ナエットー・ナエトー・ナイトー・ナイ

トーサク・テレスケ（7語）
⑦トロスケ（1語）
⑧なし
⑨アラマシヤ（1語）
⑩ボヤスケ・テレスケ・テレサク・ヘボクソ・ノータレ（5語）
⑪ドラコキ・ドラッキ・ズイトー（3語）

(2)接頭辞（5語）
⑥アカナイトー・アカオーチャクモン・オーテレ（3語）
⑦オートロサク（1語）
⑧なし
⑨なし
⑩オーテンクラ（1語）
⑪なし

　⑥以下の意味項目において、青年層が継承していない語彙の総数は55語である。そのうちの22語がこれらの接尾辞・接頭辞を取る語形であって、40.0％に相当する。接尾辞を取る語形は、濃密な＜つきあい秩序＞を背景として生成された侮りや揶揄などの＜集合意識＞を伴うものである。また、程度性を拡大する接頭辞を取る語形は、共同労働の＜労働秩序＞の強化を目的として生成されたものである。

　昭和40年以降、伝統的な村落社会は急速に解体していき、共同労働の慣行も消滅したため、濃密な人間関係も次第に希薄化し、＜労働秩序＞の秩序構成の必要性も極端に弱まっていった[5]。先に見た＜負＞性の原理のファジー化や、上に見た接辞を取る語形を青年層が全く継承していないという事実は、昭和40年以降の村落社会における＜労働秩序＞や＜つきあい秩序＞の秩序構成の密度の変容を明確に反映する事実である、と解される。

　しかし、このような状況を示す中にあって、意味項目の減少が認められないこと、「人一倍仕事に熱中する人」をマイナス性向と認識していること、

どの意味項目においても基本的な語彙を継承していること、といった事実が認められるのは、構造的変容はいまだなお大きいとは言えず、共同労働に根ざす＜労働観＞そのものはさほどゆらいでいないと見なすことができよう。

粟谷町は、先にも記したように、大竹市の中心部から約10km離れた山地部に位置しており、農業を中心とする村落によって構成されている。そのため、いまだ村落の村落度がかなり高い共同体である。若年層においては社会関係が外に向かって開かれてはいるが、老年層にあっては社会関係が村落の内部に集積して、個人や家を共同体的に拘束している。したがって、＜労働観＞そのものはさほどゆらいでいないが、先に見た＜負＞性の原理の大きなゆらぎは、社会関係における老年層と若年層のあり方の差異を明確に反映するものと解される。

この事実は、近世以降長年にわたって、村落社会における＜社会的規範＞として秩序の安定と維持に機能してきた記号システムとしての＜性向語彙＞が、近い将来、都市部から離れた村落社会においても、単なる他者への眼差しとしての記号表象である＜対人評価語彙＞へと転換することを、暗示しているものと解される。

(3) 青年層に特徴的な語彙の性格

青年層の語彙に特徴的な性格は、ほぼ次の2点に要約することができる。第1点は、連語形式の語形が多くを占めること、第2点は共通語の影響が見られるという事実である。

連語形式の語形を取るものは、次のようなものである。

②コスイ　ヒト、③キチョーメンナ　ヒト・ネンイリナ　ヒト、④シンボーズヨイ　ヒト、⑥オーチャクナ　ヒト、⑦オソイ　ヒト、⑩ツカエナイ　ヒト（以上、7語）

また、共通語の影響の認められる語彙は、次に示すようなものである。

①マジメ、②コスイ、③ネンイリ、④シンボーズヨイ、⑦オソイ、⑨イーカゲンナ、⑩ツカエナイ（以上、7語）

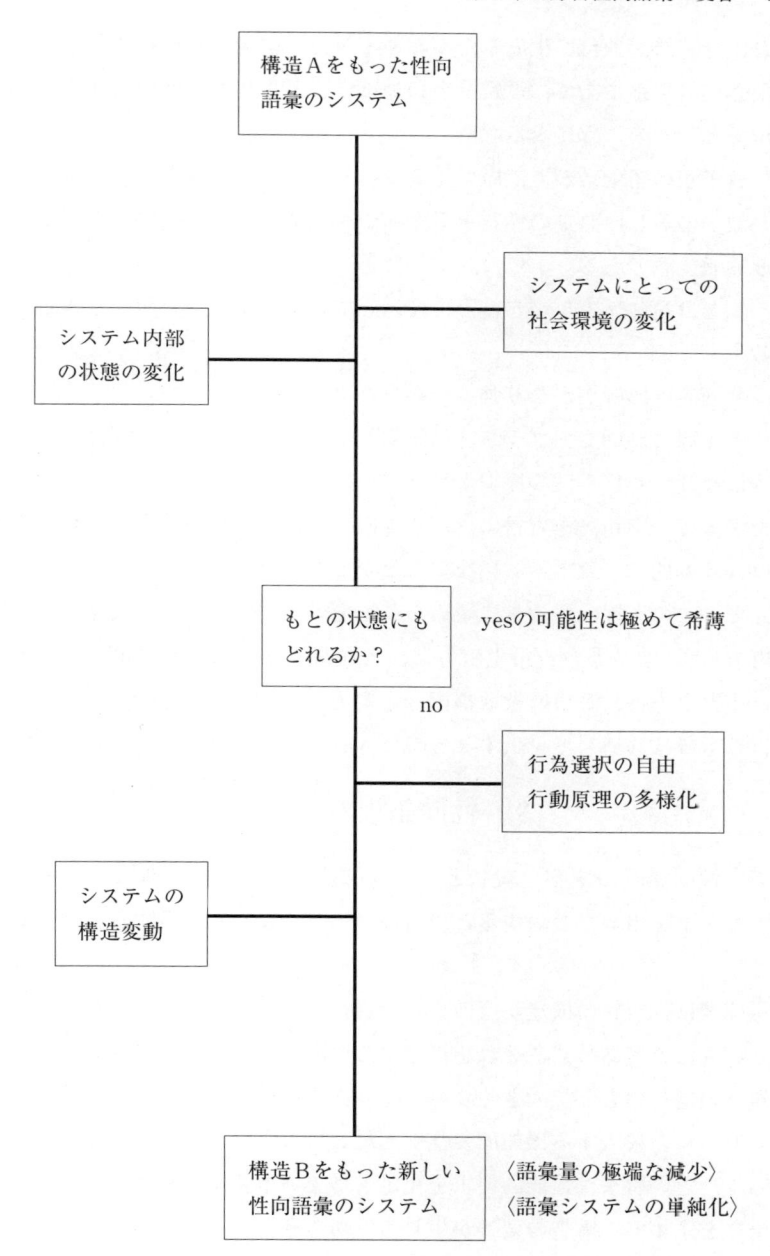

構造Aをもった性向
語彙のシステム

システムにとっての
社会環境の変化

システム内部
の状態の変化

もとの状態にも　　yesの可能性は極めて希薄
どれるか？

no

行為選択の自由
行動原理の多様化

システムの
構造変動

構造Bをもった新しい　〈語彙量の極端な減少〉
性向語彙のシステム　〈語彙システムの単純化〉

なお、青年層が独自に生成したいわゆる新方言は全く認められない。

以上の検討を踏まえて、愛媛県宇和島市方言と当該方言との共通性を整理して示すと、次のようになる。

(1) 青年層の語彙量が老年層の語彙量の約2分の1に減少している。
(2) 減少の著しい語彙の性質を形態面から見てみると、接尾辞や接頭辞を取る派生語である。
(3) (2)とは逆に、青年層が盛んに使用している語彙は、いわゆる連語である。
(4) 共通語の影響がかなり強く認められる。
(5) 青年層において、プラス評価語彙とマイナス評価語彙の割合がほぼ均等になり、＜負＞性の原理がファジーになっている。

したがって、宇和島市方言における性向語彙の動態と当該方言におけるそれとは、基本的に一致すると見なすことができるだろう。

そして、この＜性向語彙＞に認められる変容傾向は、京都市伏見区日野馬場出町方言[6]、鳥取県倉吉市生田方言、広島県比婆郡比和町古頃方言、山口県防府市野島方言、香川県綾歌郡国分寺町方言、大分市王子町方言[7]などの諸方言にもほぼ共通して見出すことのできる、普遍的な傾向性なのである。

3．性向語彙の将来

さて、性向語彙の変容の現状と、それに基づく将来の予測について、フローチャートを用いて要約すると、前のページのように図示することができる。

中心問題は、現状の構造が今のままで維持されるか、それとも変動が生じるかということであって、それを決定する要因は、性向語彙のシステムの能力が現状の構造のもとで大きく変動しつつある社会環境（社会的規範・秩序構成の原理）の要求する機能的要件を充足し得るか否か、ということである。おそらく、近い将来、機能的要求を充足し得ない事態が予測されるので、新しい構造を求めて、構造の変換が生じるであろう[8]。

ただ、ここで、再度、問題として考えてみなければならないことは、愛媛県宇和島市方言において、青年層の語彙が年齢が多くなるにつれて、老年層と共通する語彙量が約50語ずつ増加しているという事実である。27歳の青年と35歳の青年との間には、106語もの語彙量の差異が認められるという事実、これをどのように解釈すればよいかという問題性である。

この問題について、我々は二つの解釈を導くことができる。一つは、年齢が高いほど伝統的な性向語彙を多く継承しているという、変容の実態を客観的に反映するものとしての解釈である。他の一つは、村落社会における人間関係の密度が高くなるにつれて、現在状況にあってもなお伝統的な性向語彙を獲得することによって、これまた伝統的な＜社会的規範＞としての＜秩序構成＞に参加することが要請されているがための学習の結果であるとする解釈である。

変容のプロセスを示す事実であると解釈するか、それとも伝統的な方言への一種の＜回帰現象＞と解釈するか。いずれの解釈が正しいかを確定するには、さらに多くの方言社会を対象として、検証を試みなければならないであろう。が、27歳の青年が未婚であって、両親と同居しており、宇和島市役所に勤務しているのに対し、35歳の青年が既婚であって両親と同じ集落に住んではいるものの別居しており、宇和島市の伝統的な生業の一つである漁業に従事しているという事実を指摘しておきたい。広島県大竹市栗谷町の青年も22歳と23歳でともに未婚であり、大竹市内の企業に勤務している。

一家をかまえ、地域社会に根をおろすことによって一種の＜回帰現象＞が広い地域において生じるのか、それとも生じないのか、これが性向語彙の将来を大きく左右する要因となろう。＜回帰現象＞が極度に希薄になれば、性向語彙のシステムは単純化し、現在の構造とは大きく異なったものへと変化することになるであろう。そうなったとき、地域社会における＜理想的人間像＞や＜秩序構成＞の原理もまた、大きく変質していくことが予測されるのである。

すでに述べたように、性向語彙に表象化される伝統的な＜社会的規範＞の

存続は、関与者たちが一定の生活様式を継続して営んでおり、この生活様式において一貫する行為選択を否定できないということを前提としている。それゆえ、＜社会的規範＞が作動プロセスにおいて、伝統と結びついた＜首尾一貫性＞を大きく逸脱していくならば、＜社会的規範＞へ回帰していく正当性は失われ、やがて消滅することにならざるを得ない[9]。

すなわち、生活様式の多様化に伴う行為選択の自由が、日本の周辺社会に完全に定着することになれば、多くの性向語彙は消滅していき、＜負＞性の原理、＜ヨコ＞性の原理、＜集団我の原理＞、＜男性＞性の原理、＜協調＞性の原理などもファジーになっていくだろう。その先がけが、すでに近畿地方の都市部周辺に顕著に認められることは、佐藤虎男の報告[10]によっても明らかである。

ところで、＜社会的規範＞としての性向語彙が、やがて場面依存的な対人評価語彙へと転換することによって、長年にわたって日本人を拘束してきた「恥の文化」「世間体の文化」「ヨコ性に基づく均質的な集団主義」「平等主義」「相互依存的な和の文化」「相互信頼に基づく協調主義」「組織・集団の超越的価値」などは、完全に地を払うことはないにしても、次第に希薄化し、変容していくことであろう。そのとき、日本人は、どのような独自と普遍のバランスがとれた新しい文化を生み出すことができるだろうか。また、普遍へ向けていかなる対応可能な文化を構築すべきだろうか。この問題についての一つの認識の方向性を、次の「おわりに」で語ってみたい。

注
1）『内海文化研究紀要』第17号（1988、広島大学文学部内海文化研究施設）。宇和島市方言における性向語彙の変容に関する分析は、井上博文が中心となって行った。
2）富永健一『近代化の理論―近代化における西洋と東洋―』（1996、講談社学術文庫）。同『社会学講義―人と社会の学―』（1995、中公新書）。
3）1994年の調査は、当時広島大学大学院文学研究科博士課程前期に在学していた正本絞子君が筆者の性向語彙のシソーラスを用いて実施し、定量的・定

性的分析に耐えるデータを整えた。翌年の調査は、筆者が正本の採録したデータをもとに、確認と補正をかねて実施した。

4）これと同様の傾向性は、愛媛県宇和島市方言についても指摘することができる。すなわち、老年層が所有する語彙量と青年層が獲得している語彙量との間には大差が認められるが、次に示すように、＜社会的規範＞であるプラス性向を表す意味項目の語彙量の減少率は低く、逆に＜社会的規範＞から逸脱するマイナス性向を表す意味項目の語彙量の減少率は極めて高くなっているのである。その結果、青年層にあっては、プラス性向とマイナス性向の語彙量の差が小さくなり、性向語彙における基本的特性の一つである＜負＞性の原理を指摘することが困難な状況を呈している。

意　味　項　目	老年層	青年層	減少率	
働き者	14語	14語	0%	プラス性向
仕事の速い人・要領のよい人	13語	10語	29.3%	
豪胆な人	12語	11語	9.8%	
賢い人	12語	11語	9.8%	
怠け者	25語	13語	48.0%	マイナス性向
仕事の遅い人・要領のわるい人	20語	11語	45.0%	
小心な人	11語	5語	54.4%	
嘘つき	12語	4語	66.7%	
頑固者	19語	10語	47.0%	
馬鹿者	31語	12語	61.3%	

　プラス性向を表す意味項目の減少率の平均値はわずか12.2%である。それに対して、マイナス性向を表す意味項目の減少率の平均値は53.7%の高率を示す。これによって、マイナス性向を表す語彙量の著しい減少によって、プラス性向とマイナス性向との均等化という現象が急速に進行していることがうかがわれるのである

5）富永健一『近代化の理論―近代化における西洋と東洋―』（1996、講談社学術文庫）、中田実他編『リーディングス日本の社会学6　農村』（1986、東京大学出版会）。

6）1994年の2日間、当時広島大学大学院文学研究科博士課程前期に在学していた橋村勝明君が、筆者の用意した性向語彙のシソーラスを用いて調査を行った。
7）1994年の3日間、当時広島大学大学院文学研究科博士課程前期に在学していた植木ゆかり君が、筆者の用意した性向語彙のシソーラスを用いて調査を行った。
8）変容を問題とするとき、なぜ一定のカテゴリーを対象としなければならないかというと、＜何が変容するのか＞と問うとき、＜構造が変容する＞という答えに行き着くからである。断片的なデータを対象として、変容の実態を明らかにしても、変容傾向や将来の動向を明確に語ることはできない。
9）富永健一『近代化の理論』(1996、講談社学術文庫)、三浦典子他編『リーディング日本の社会学5　生活構造』(1986、東京大学出版会)、有賀喜左衛門『村の生活組織』(1968、未来社)。
10）佐藤虎男「瀬戸内海東部域の言語流動に関する一考察―性向語彙に注目して―」(『瀬戸内海における東西、南北交流の総合的研究』平成元年度科学研究費補助金＜総合A＞『研究報告書』1991、広島大学文学部内海文化研究施設)。

【付記10】

　広島県大竹市栗谷方言においては、たとえば「嘘つき」の意味項目に所属する語彙についても、「仕事に対する態度に関する」性向語彙に認められる変容傾向とほぼ同様の事実を指摘することができる。

　すなわち、以下に示すように、青年層が所有する語彙は老年層が所有する語彙の約2分の1弱に減少しており、卑しめの意識を伴う「～コキ」という接尾辞を取る語形は全く継承しておらず、程度性を強める「オー」という接頭辞を取る語形もあまり継承していないのである。

　なお、「センミー」「マンミー」に関して、次のような慣用表現が行われている。

　　〇オヤガ　センミー　コガ　マンミー。

語　彙	老年層	青年層
①ウソツキ	＋	＋
②オーウソツキ	＋	＋
③ウソイー	＋	＋
④オーウソイー	＋	－
⑤ウソコキ	＋	－
⑥オーウソコキ	＋	－
⑦ホラフキ	＋	＋
⑧オーホラフキ	＋	＋
⑨センミー	＋	－
⑩マンミー	＋	－
⑪テンクラ	＋	－
⑫オーテンクラ	＋	－
⑬カバチ	－	＋
⑭ヘボ	＋	－
合　　計	13語	6語

＋はその語を所有していることを表す。
－はその語を所有していないことを表す。

「～コキ」を取る語数
　老年層：2語
　青年層：なし

「オー」を取る語数
　老年層：5語
　青年層：2語

　　親がセンミー、子がマンミー。
　○オヤガ　センミー　コガ　マンミー　ユー　ノイネ。ムカシャー　イッツモ　イーヨッタケー　ネー。
　　「親がセンミー　子がマンミー」と言うのよね。昔はいつも言っていたからねえ。
　　　　　　　　　　　　　　　　　　　　　　　　　　　　　　（老男）

【付記11】

　中国・四国地方の多くの村落社会で、＜ずる賢い人＞を表す意味項目に10語から15語の語彙が認められ、しかも程度性を強めたり非難の意識を伴う語が生成されている事実が注目を引く。確かに、「ずる賢い人」は悪知恵にたけていて、自分の利益のためにうまく立ち回る性質の人だから、他者にとっては油断のならない、迷惑な存在である。しかし、「ずる賢い人」が個人と個人との関係において捉えられていたのであれば、現代とは違って前近代の

地域社会にさほど多く「ずる賢い人」がいたとも考えられないので、村落社会の成員が多くの語彙を共有することによって、事前に予防する必要性もなかったはずである。

かつての地域社会は、土地も富も最初から限定されていたので、成員共同の努力で生産量を著しく拡大し、富を蓄積することも困難だった。しかも、成員の＜人間的秩序＞は基本的に「ヨコ」性による平等主義に支えられており、労働力の提供と富の分配との間には相関性が認められたのである。

したがって、村落社会の誰かがずる賢く立ち回って得をすれば、必ず誰かが損をしなければならず、それによって村落社会の＜和＞が大きく乱れ、強固な＜秩序構成＞を維持できなくなる。すなわち、個人と個人との関係を超えて、村落社会の全体に係わる深刻な問題をはらんでいたと推定される。そのために、＜ずる賢い人＞を表す多くの語彙を生成し、しかもその程度性を拡大したり、非難の意識を強めるという＜集合意識＞が働いたものと考えられるのである。

以下には、広島県比婆郡高野町南集落の老年層男性が所有している、＜ずる賢い人＞の意味項目に属する語彙を示すことにする。

①スッチョータレ（ずる賢い人、非難の意識を伴う）、②ドスッチョータレ（特にずる賢い人、非難の意識も強くなる）、③スランコー（ずる賢い人、狡猾な人）、④ドスランコー（特にずる賢い人、強い非難の意識を伴う）、⑤スラッコー（③に同じ）、⑥スコト（ずる賢い人、狡猾な人、あまり使わない）、⑦スッチョーナ　ヤツ（ずる賢いやつ）、⑧ドスッチョーナ　ヤツ（⑦よりも程度がひどく、非難の意識も強い）、⑨スッチョーナ　ヒト（ずる賢い人、⑦の方をよく使う）、⑩スッチョーナ（ずる賢い様子だ）、⑪ドスッチョーナ（⑩よりも程度がひどく、非難の意識も強い）、⑫コシー（こすい、ずる賢い、スッチョーナの方をよく使う）、⑬スランコーナ（ずる賢い様子だ）、⑭ドスランコーナ（ひどくずる賢い様子だ）、⑮ケッチャクナ（狡猾な様、ずる賢い様子だ、

あまり使わない)

　接頭辞の「ド」を取る語形（「ドスッチョータレ」「ドスランコー」「ドスッチョーナ　ヤツ」「ドスッチョーナ」「ドスランコーナ」）は、＜ずる賢い人＞の意味項目にしか現れない。この点も注目される。

おわりに

　以上見てきたとおり、前近代から昭和40年代までの村落社会における＜集合表象＞としての＜社会的規範＞は、「タテ」性によるものではなく、「ヨコ」性の原理によって貫かれていたのである。村落社会における成員は、＜性向語彙＞のシステムとその運用メカニズムを共有することによって、平準的な＜指向価値＞としての＜社会的規範＞を明確に認識し、自分たちが生きる環境である村落社会の存続と発展を至上価値として日々の生活を営んできたのである。

　村落社会の成員には、「人なみ」以上に行動する自由も、また「人なみ」以下に行動する自由も与えられていなかったが、彼らはそのような「ヨコ」性の原理による平等主義が長い歳月にわたる＜労働秩序＞と＜つきあい秩序＞の秩序構成と維持にとって最も有効に作用することを事前に了解していたのである。働ける者は等しなみに働き、働けない者や村落社会の周縁部に位置する者を扶助しながら、村落社会の存続に努めてきたのである。このような成員全体がとり結ぶ関係性が長い年月にわたって継承されることによって、村落社会は極めて濃密な＜疑似家族的関係体＞を形成することになったと考えられる。

　従来、村落社会の＜秩序構成＞については、そこに生きる成員にとって周知の事実であるとされてきた。言い換えれば、日本の村落社会が社会秩序を構成するプロセスと、社会秩序がすべての成員の間に事前了解の円環構造を形成し得た根拠性については、何一つ実体性のある明確な答えが提示されていなかったのである。

　筆者は、そのような状況が学界において長く続いたのは、ひとえに人文科学や社会科学の研究領域に身をおく研究者が、＜性向語彙＞の存在に気づか

なかったためであると考える。方言学者や社会言語学者に限定するならば、筆者も含めて、＜性向語彙＞の存在に気づいていながらも、その文化・社会的意味や価値について深く考えることを怠っていたからである。

　性向語彙の構造分析を通して、明確に見えてきたことは、＜負＞性のフィード・バックによるコントロール・メカニズムを基盤とする強固な「ヨコ」性の原理（平準化の原理）の構築であり、「ヨコ」性の原理に支えられた＜協調的な関係主義＞である。＜協調的な関係主義＞は、境界を厳しく限定された村落社会の存続、発展を至上価値とする強固な＜集団主義＞をベースとするものであり、強固な＜集団主義＞は性向語彙という記号システムによって客観的に構成され、維持されてきたのである。したがって、前近代の地域社会は、成員が性向語彙という記号システムを共有することによって、制度化された社会としてではなく、記号システムにかたどられた＜人間的＝人格的＞な支配下におかれていた、と言うことができるであろう。

　また、従来、ワンワード・スタイルで語られてきた＜日本人＞の心性の複合的概念への転換の必要性である。さらに言えば、確かなデータに依拠することなく、いわば印象判断的に語られてきた＜日本人論＞＜日本文化論＞に、性向語彙のデータ解析を通して、客観的な実体性を付与することができたのである。

　　　　　　　　　＊　　　　　＊　　　　　＊

阿部謹也は、『「世間」とは何か』（1995、講談社現代新書）の中で、次のように述べている。

　　いわば世間は、学者の言葉を使えば「非言語系の知」の集積であって、これまで世間について論じた人がいないのは、「非言語系の知」を顕在化する必要がなかったからである。しかし今私達は、この「非言語系の知」を顕在化し、対象化しなければならない段階にきている。そこから世間のもつ負の側面と、正の側面の両方が見えてくるはずである。世間

という「非言語系の知」を顕在化することによって新しい社会関係を生み出す可能性もある。(中略) 特に大学や新聞などのマスコミにおいて社会という言葉が一般的に用いられるようになり、わが国における社会の未成熟あるいは特異なあり方が覆い隠されるという事態になったのである。しかし、学者や新聞人を別にすれば、一般の人々はそれほど鈍感ではなかった。人々は社会ということばをあまり使わず、日常会話の世界では相変わらず世間という言葉を使い続けたのである。

　阿部の言う「世間」が「非言語系の知」であったという判断も、世間の内実を＜性向語彙＞という言語の網目によって語ることができることに気づかなかったことから来るが、しかし一般の人々の生活知を重視しようとする姿勢には、筆者も強い共感を覚える。筆者が、いわば永遠の課題とも言われる「日本人とは何か」という問いに答えようとして、生活者が内面化している＜性向語彙＞を対象化し生活者の生活知という総合知（民の文化）に学ぼうと考えてきたのは、阿部の考え方と大きく重なるところがある。今、我々に必要なことは、研究者の知と生活者の知の間に存する大きな乖離を直視し、生活者の過剰ともいうべき総合知に学ぶことではなかろうか。
　方言性向語彙は、地域生活者の人間と社会に対する認識のシステムであり、またモデルでもある。それは、現代を生きる我々の日常生活において常に強く意識されることは少なくなっているが、意識の深層にあってはいまだ強く生きているものである。地域社会における老年層が内面化している性向語彙に深くアプローチすることによって、我々は日本人としてのアイデンティティの根源性を確かな形で再構成することが可能になるのであって、地域生活者の総合知とも言うべき生活知に、なお多くのことを学ばなければならないのである。

　　　　　　　　　＊　　　　　＊　　　　　＊

　タキエ・スギヤマ・リブラは、従来の＜対立理論＞に対し、新たに＜対応

理論＞を提唱して、次のように述べている（浜口惠俊編『日本文化は異質か』1996、日本放送出版協会）。

　　日本人はアメリカ人に比べて、はるかに上下の階統制、ランキングに敏感であると言われ、これを肯定するレポートは中根千枝の『タテ社会』（『タテ社会の人間関係』講談社現代新書等、筆者注）をはじめとして数多くある。しかし同時に日本社会はアメリカ社会よりも平等が徹底しているという報告もそれに劣らず多数にのぼっている。この謎をどう解くか。対立理論によれば、Ａは上下すなわち不平等であり、Ｂはそれと相容れぬ平等であって、一方を捨て他方を採るほかない。そして実際に日本社会のタテ論対ヨコ論をめぐって日本はタテ社会だ、いやヨコ社会だという「対立」的論争がくりひろげられてきた。しかし対応論理に従えば、Ａ、Ｂは相互関係にある上位者と下位者の言動に帰せられ、そこに上下の倒錯が入り組む仕組みになっているのであって、平等対不平等に単純対立化させることができない（223〜224ページ）。

　しかし、日本が「タテ社会」としての先鋭度を極端な形で強化してのは、明治新政府が成立した近代以降のことであって、それはあくまでも国民をその支配下に置くための戦略であった。一つの日本を作り、天皇を頂点として「富国強兵」「脱亜入欧」のスローガンを掲げて価値の一元化を効率的に計るための戦略によって、日本は「タテ社会」へと大きく変動することになったのである。しかしながら、前近代の日本社会は、網野善彦も説くようにいくつもの日本があり、江戸時代に定められた「士農工商」という身分制度（正確には「職分」と言うべき性格のもの）も、「支配─被支配」という「タテ」の関係によって統一されていたわけでない（『「日本」とは何か』2000、講談社）。それぞれの階層がそれぞれの「掟」を作って、自らが生きる世界の秩序構成を行い、「ヨコ」の関係性を維持・強化することに専念したのである。その典型を、本書の中でもたびたび触れたように、地域における「村

落共同体」に見出すことができるのである。
　この点に関連して、田中圭一が次のように述べていることは注目される。

　　　農民は土地に縛りつけられ、領主裁判に服する、というヨーロッパの農奴社会特有のきめごとも江戸時代の日本にはとてもあてはまるものではない。江戸時代の百姓は、自らの自治で村を運営し、寄合で村掟を定め、それに従って生活しているのである（『百姓の江戸時代』51ページ、2000、ちくま新書）。

　したがって、日本社会は長い歴史を背景に見るならば、伝統的に「ヨコ社会」であって、それが「タテ社会」にパラダイム・チェンジを企ててからたかだか140年余りしか経過していないのである。しかも「タテ社会」に変化したように見える近代以降の日本社会にあっても、現在もなお基本的には、「終身雇用」「年功序列」「労使関係」（企業内組合）「非契約制」であり、国民の大半は「中流意識」という幻想の中に安住しているのである。すなわち、「ヨコ」関係の平等主義が制度の上にも意識の上にもしっかりと生きているのである。
　日本人は一般に、「平等意識」に敏感で、「不平等意識」に鈍感であると言ってよいだろう。だからこそ、無能な政府や経営者を徹底的に糾弾することを避けようとする。日本人の深層心理の中に、相互依存による「平等意識」が強くインプットされているからであろう。
　もし日本が、中根千枝が言うように「タテ社会」であるとしたら、おそらく敗戦後における驚異的な経済発展はなかったであろうし、また今日のような社会的混乱を招くこともなかったであろう。さらには、どのような集団や組織においても、人々は自己の利益や昇進を最優先して、同僚にとって有益な情報を提供することはもとより、上司が部下を熱心に指導することなど、あり得ないことであろう。そのため、あちこちの集団や組織内部の人間関係は極めてギスギスしたものになり、協調的・一体的な関係性を構築し、維持

することなどとうてい不可能になっているはずである。

　日本社会は現在においてもなお、決して「タテ社会」ではなく、「タテ」の関係性と「ヨコ」の関係性があたかもあざなえる糸として機能している複合的社会であると言わねばならない。言い換えれば、「タテ」の関係性と「ヨコ」の関係性が並存し、複雑に対応している社会である。

　したがって、「タテ社会」と「ヨコ社会」とは、二項対立の＜対立論理＞で説明すべきものではなく、状況を背景とする＜対応論理＞で説明すべき関係性であることになる。＜対立論理＞に依拠するアメリカ人から見れば、これは不透明な論理のように見えるかも知れないが、日本人にとっては十分に透明な論理である。要するに、かけているメガネも色が違うだけであって、これを優劣の論理でもって裁断することは許されないことである。アメリカ人が日本人を非論理的だと非難し、日本を不思議な国だと言ってはばからないのは、彼らが自分たちの論理を一方的に普遍的なものと信じているからにすぎない。それは、長い歴史と独自の文化を持たない、いわば実験国家であるアメリカ人、とりわけリビジョニストたちの勝手というものであろう。

　　　　　　　＊　　　　　＊　　　　　＊

　文化人類学者の梶原景昭は、「対立から共存へ」と題する論文の中で、次のように述べている。

　今日われわれが注目すべき点とは、個別の文化的アイデンティティを承認するといった文化多元主義のひとつの理解をこえて、「文化」という次元を、より公正な社会実現の基盤として承認する意味での、文化多元主義の深化の可能性である。「文化」という厄介な問題系をわきに置いてしまっては、近代の「普遍的」思想および制度が成立した経緯を再考し、再構築してゆくことはできない。このことは政治、経済的な現象にも文化的側面が存在する、といった消極的な理解の域をこえる課題である（『岩波講座文化人類学第8巻　異文化の共存』21～22ページ）。

しかし、梶原が言う「より公正な社会実現の基盤として承認する意味での、文化多元主義の深化の可能性」をどこに求めるかが、さらに大きな課題となってくるだろう。この課題を達成するためには、単に＜文化概念＞をより洗練するといった手法ではとうてい対応することができないであろう。目的を達成するためには、世界の諸民族の人間観、労働観、環境観などを共通の尺度によって精査し、互いの差異と共通性を深く、しかもミクロレベルで理解することが必要とされるだろう。欧米の一般市民は、いまだにルース・ベネディクトの『菊と刀』によって日本人を理解しようとしている、という。また、オリエント、とりわけ日本人の環境概念は欧米の一部の研究者を除いては、ほとんど理解されていない状況にあるという[1]。

このような状況を大きく転換し、欧米中心ではない真の文化（＝言語）多元主義を世界というマクロ社会において実現するためには、諸民族の人間観や労働観を環境概念を背景として共通のメタ言語で理解し、了解できる状況を構築しなければならない。そのためには、＜性向語彙＞の比較対照研究が極めて重要な意味を持つことになると考えられる。なぜなら、＜性向語彙＞の構造分析と深い解釈を通して、世界の諸民族の＜人間観＞と＜労働観＞の世界像認識が明確に見えてくる可能性が存するからである。それだけではない。世界の諸民族の＜秩序構成＞の構成原理を客観的に把握することもまた、可能になると考えられるからである。

村落社会の共同労働や人間関係が円滑に遂行されてきたのは、すでに見たように、成員のすべてが＜性向語彙＞という記号システムを共有することによって、同一の「価値」の共有による強固な統合化が果たされたからである。それは、今日の産業社会が円滑に作動するためにも、同じことが言えるであろう[2]。

したがって、＜性向語彙＞の研究は、今後、学際的研究のレベルを超えて、さらにグローバルな研究を強く志向するものとならなければならない[3]。

　　　　　＊　　　　＊　　　　＊

S. ハンチントンは「文明の衝突」(『中央公論』1993年8月号、349～374ページ) の中で、次のような趣旨のことを述べている。冷戦以後の新時代に発生する紛争は、これまでのようにイデオロギーや経済をめぐる対立によって引き起こされることはないとする。むしろ彼は、人類に分裂をもたらし、紛争を引き起こすことになるのは、＜文化的要素＞ではないかと考えている。彼の予見は、現在の世界を覆う紛争と暴力がなんらかの形で＜文化＞と不可分の関係にあるという事実からみると、的確、妥当なものと思われる[4]。

　このような状況を解決し、異文化間のコミュニケーションを円滑に推進するためにも、＜性向語彙＞という記号的表象によって、個々の文化におけるミクロな差異を具体的に明らかにしていくことが必要とされよう。異文化間の接触が進めば進むほど、ミクロな差異の相互理解が重要になってくるからである。

　したがって、今後、早急になすべきことは、日本の地域社会はもとより、地球上に存在する多くの地域社会を対象化した＜性向語彙＞の綿密な個別的記述の遂行である。それらの結果を総合的に分析していくことこそ、異文化の共存の将来の方向性を予測させるものとなろう。

　従来、言語文化はともすれば、「閉鎖系」の価値観で語られてきた。それを今後は、「開放系」の価値観で語らねばならないだろう。

　　　　　　　　＊　　　　　＊　　　　　＊

　21世紀を生きる地球市民にとって、欧米中心の＜個人主義・進歩主義・過度の競争主義＞を普遍的なパラダイムとして選択することが良いのか、それとも言語相対主義＝文化相対主義に基づく＜協調的な相互関係主義＞、略して＜協関主義＝共感主義＞というパラダイムを選択することが良いのか、グローバルな観点からよく考えてみなければならない岐路に、今、我々は立たされているのではないだろうか。異文化間の新しい＜つきあい秩序＞の構築を真剣に考えなければ、地球上に存在する多様な言語文化は、欧米中心のパラダイムに呑みこまれてしまうことになるだろう。

＊　　　　　＊　　　　　＊

　方言性向語彙の構造分析を通して明らかにすることのできた、一つの重要な原理は、地域社会の中で、成員が互いに「ヨコ」性の連携をとって協調し合うことによって、共同体に＜労働秩序＞と＜つきあい秩序＞を中心とする価値と規範が共有され、しかも共同体の利益が個人ないしは家族のそれにまさることによって、そこに成員相互の＜信頼関係＞が形成されるということである。

　この＜信頼関係＞ないしは＜信頼感＞は、フランシス・フクヤマによると、自発的な社会参加とともに、今後の自由主義経済体制にとって不可欠な「社会資本」を構成するとみなされている（加藤寛訳『「信」無くば立たず』1996、三笠書房）。この考え方は、N．ルーマンが「システム信頼」は複雑性の縮減に役立ち、それは単なる人格的信頼を超えた、社会の文明化の過程であるために、複雑で不確定な世界に対する安定的な適応をもたらす、とするシステム概念に共通するところが大きい（大庭健・正村俊之訳『信頼』、勁草書房）。

　方言性向語彙の構造分析によって明らかになった、伝統的な日本人の他者や行動に対する価値観――すなわち、相互信頼によって構築された「協調的な関係主義」――は、フクヤマやルーマンの考え方に依拠するならば、日本に特殊な価値観ではなく、世界に向けて普遍化し得る展望的な価値観である、と言うことができる。それは、「個人主義」と相補的連関性を保ちながら、マクロな地域社会の編成原理を構成する可能性を有するものである。

　浜口惠俊は、『間人主義の社会　日本』（1982、東洋経済新報社）の中で、集団と個人の概念に代えて、「間人」という概念を提唱している。欧米の個人主義中心の人間観に対して、日本では「人間」（じんかん）という対人関係の中に内在化された関係的存在としての＜ひと＞が支配的であるとして、集団主義的日本人の「連帯的自立性」を強調している。自律は自立を意味す

るのではなく、他者との緊密な関係性を意味し、そのことは何ら自律性を失うことにつながらないと主張している。

これに対して、小坂井敏晶は、浜口の主張を一応評価しながらも、次のように述べている。

> 人間の生存は常に連帯的自律性を基にしており、それは日本人だけに限られるのではない。(中略)「自己」なるものが先験的に存するはずのないことは、いつの時代、またどの文化であろうと変わるわけではない。「個人」は、ヨーロッパで、とくにキリスト教の変遷の中ででき上がってきた歴史的・イデオロギー的表象ではある。アジア人やアフリカ人に比べると西洋人が自らをそして他者を原子のような自立した存在として錯視する傾向が、一般に強いとはいえ、だからといって、西洋人も独立した「個人」として存在しているわけでは当然ない。そのような独我論的な存在は、日本人を特殊視したがる「日本人論」が、自らの陰画としてその地平線の彼方に投影した蜃気楼に過ぎないのである。
>
> (『異文化受容のパラドックス』189ページ、1996、朝日選書)

小坂井の考えにしたがうならば、それゆえに、筆者が主張する信頼関係に基づく「協調的な関係主義」(協調主義＝共感主義)は、いわゆる「個人主義」の社会にも十分根づき得るイデオロギーと解されることになる。しかも、信頼関係に基づく「協調的な関係主義」は、＜土地と富の有限化＞を等しく認識した＜民の文化＞に根ざすものである。地球とその富が有限であることは今や自明であるから、愚かしい権力争いから一日も早く脱し、地球人類が真に守るべきものを守るために、柔軟で親和的な「協調的関係主義」を構築すべきときではなかろうか。

注
1) 渡邊欣雄「思想がはぐくまれる環境認識」(『岩波講座文化人類学第2巻

環境の人類誌』1997、岩波書店)、青木保『「日本文化論」の変容』(1990、中央公論社)。

2) 富永健一『社会変動の理論——経済社会学的研究』(1965、岩波書店)、同『社会学原理』(1986、岩波書店)、塩原勉『組織と運動の理論』(1976、新曜社)。

3) その前になすべきことは、日本という地域社会の全体を視野に入れた性向語彙のシステムの精緻な比較研究である。すでに、近畿地方に関しては佐藤虎男の、北陸地方に関しては天野義廣の、中国・四国地方に関しては筆者や神部宏康、上野智子、灰谷謙二などの研究蓄積があり、九州地方に関しては井上博文の研究成果があるが、東日本や沖縄地方に関してはいまだ見るべき成果がほとんどないと言ってよい状況である、一日も早く、これらの地方の調査・研究を急ぎ、日本というマクロ社会における性向語彙のシステムの地域差を明らかにすることによって、＜日本人＞＜日本文化＞の地域的類型性と多元性を解明しなければならない。

4) S. ハンチントン『文明の衝突と21世紀の日本』(鈴木主税訳、2000、集英社新書)。

【付記12】

『最新ひと目でわかる全国方言一覧辞典』(江端義夫他編、1998、学研)の第2部をみると、「都道府県別方言ランキング」としてその地方の代表的な方言22語が、方言番付のようなものをイメージして挙げられている。編者によれば、「地方の居酒屋などにある『方言番付のれん』をイメージしている」とのことである。これによれば、実に28府県に、性向語彙のカテゴリーに所属する語がランキング入りしており、総語数は61語になる。これは、それぞれの地方に特徴的な性向語彙が行われており、しかも他者の性向に対する関心(眼差し)の強さが、早くから広い地域にわたって共通して認められたことを反映するものと解される。

以下には、北から順に、挙げられている性向語彙を府県別に示すことにする。なお、( )つきで示したデータは、筆者が独自に調査して採録

し得たほぼ同義の語彙である。東日本での調査が不十分なため、補足し得る語彙は259語にとどまる。

1．青森県
　ジョッパリ　頑固者　あのふとだばジョッパリだはんでの＜あの人は頑固者だからねえ＞

2．岩手県
　セッコギ　骨惜しみ　セッコギしねえでちゃんとかせげ＜骨惜しみをしないでしっかり働きなさい＞

3．宮城県
　キカネー　気が強い　あえづキカネーでば＜あいつ気が強いよ＞

4．秋田県
　カチャペネ　軽薄な　そんなカチャペネまねすんな＜そんな軽薄なまねをするな＞

5．福島県
　タレカモノ　怠け者　おめみでなタレカモノは、いねど＜お前のような怠け者は、いないぞ＞
　ドショナシ　臆病者　あいづはドショナシだからなあ＜彼は臆病者だからなあ＞

6．群馬県
　サクイ　気さくだ　あの人はサククていいのう＜あの人は気さくでいいねえ＞
　キモッキレ　短気だ　あの人はキモッキレだいなあ＜あの人は短気だよねえ＞

7．埼玉県
　ソラッペ　うそ　あいつはソラッペべえこいている＜あいつはうそばっかりついている＞
　ツラッパジネー　ずうずうしい　ツラッパジネー野郎だ＜ずうずうしい奴だ＞

ハシッケー　ずる賢い　あの子はハシッケーから気をつけろ＜あの子はずる賢いから気をつけろ＞

8．千葉県

ユージン　のろま　あんもんはえらいユージンだなあ＜あの人はずいぶんのろまだねえ＞

チョコシンボ　うそつき　あんもんはえらいチョコシンボだなあ＜あの人はずいぶんうそつきだね＞

ブショッタカリ　無精者　ブショッタカリはおいねえ＜無精者はだめだ＞

9．神奈川県

キョーコツ　おおげさだ　ちょっとの傷で痛がって、キョーコツナ奴だ＜少しの傷で痛がって、大げさな人だ＞

ススデー　悪賢い　ススデー奴にゃあ気をつけろ＜悪賢い奴には気を付けろ＞

10．新潟県

ショータレ　不潔　ショータレしねぁで手洗えて＜不潔にしないで、手を洗いなさい＞（ショータレモン・ナリャモン・ナリシンデーモン・ナリシライモン・ブショモン・ビショモン・ビショーズキ・コビショーズキ）

ノメシ　怠け者　あのノメシ、まら寝てる＜あの怠け者、まだ寝ている＞（ノメシコキ・ノメリ・ノッタリモン・ノラ・ノラクラモン・ダオ・ダオモン・ダオコキ・ラオ・ラオコキ・ショータレ・ショータレモン・オーズリモン・ドクサリ・ドーズリモン・ロンベングラ・ズクナシ・ズクナシモン・ダマリモン・ズルスケ・アルキガミ・オーチャクモン・クリャードーサレ・ジョイジョイモン）

11．富山県

ハシカイ　賢い　あんたハシカイねえ、よう分かったね＜あんた賢いねえ、よく分かったね＞（ナベノフタ）

ヤクチャモナイ　どうしようもない　あの人ヤクチャモナイ仕事すんが

やぜ＜あの人どうしようもない仕事をするよ＞

ショワシナイ　せわしない　この子落ち着きなくてショワシナイやね＜この子は落ち着きがなくてせわしないね＞

12. 石川県

アイソラシー　愛想がよい　今度来た窓口の子ぁ、アイソラシー＜今度来た窓口の子は、愛想がよい＞

イジクラシー　不快でしつこい　イジクラシー子や。くんずねんずして＜不快でしつこい子ね。ぐずついて＞

ハツメーナ　聡明な　あこの兄貴はハツメーナ人や＜あの家の長男は聡明な人だ＞

ダラ　ばか　ダラ。何べん言うたら分かるがいや＜ばか。何度言ったら分かるんだい＞（シャバシラズ）

13. 山梨県

チョビチョビスル　調子づいてでしゃばる　じぶんはちょびちょびしていとう＜おまえは調子づいてでしゃばっていたよ＞

ノブイ　ずうずうしい　おまんだってノブイほこだったぞ＜おまえだってずうずうしい子供だったぞ＞

14. 静岡県

ブショータェー　だらしない　ブショータェー格好すんな＜だらしない格好をするな＞

15. 愛知県

カンコーガエー　利発な　この子はカンコーガエー子だねえ＜この子は利発な子だねえ＞

16. 大阪府

アカンタレ　どうしようもない性格　一人でよう行かんか、アカンタレやなあ＜一人でいけないのか、どうしようもないねえ＞

イラチ　短気者　うちの親父、ほんイラチや＜我が家の父は、本当に短気者だ＞（イラ・イライラ・キョロ・キョロスケ・チャラテン・アセリ・

チョロ・チョロマツ）

イケズ　いじわる　ちぃちゃい子にイケズしたらあかん＜小さい子にいじわるしたらだめだ＞

ズボラ　無精だ　いつまでたってもズボラナやっちゃ＜いつまでたっても無精なやつだ＞（ブショモン・モノグサオンナ・ドーラクモン）

コスイ　ずるい　あんまりコスイてえ使いな＜あんまりずるい方法を使うな＞

17. 鳥取県

ショーカラ　わんぱくだ　あんげの子はショーカラだ＜あの家の子はわんぱくだ＞（ガキ・ガキッタレ・シオカラ・ショーカラゴ・イケズゴ・ゴンタ・ヤンチャ・ヤンチャゴ・ヤンチャクソ）

ダラズ　愚かだ　ダラズげなことを言うな＜ばかげたことを言うな＞（ダーズ・ダラ・ダラクソ・ダークソ・ダラスケ・オーダラズ・ホーケ・ホーケモノ・ホーケモン・ボケ・ボケタレ・ボケサク・アホー・アンタラズ・アンポンタン・オロカモン・ボンヤリモン・ノロ・ノロマ・ウスノロ・ノロスケ・オタンチン・オタンチンサン・トーヘンボク・ヒョーロク・ヒョーロクダマ・ヌケ・ヌケサク・フヌケ・マヌケ・トッパー・オートッパー・ウスバカ・ドベ・ドベサク・トボケ・ハチモン・テンポーセン・ウトイ）

18. 岡山県

トッパー　ばかげたこと　トッパーばあ言うて、あてんならん＜ばかげたことばかり言って、あてにならない＞（トッパーモン・トッパースケ・オートッパー・アンツク・ドンツク・アボ・アンゴー・オーアンゴー・アンゴータレ・アンゴサク・トワズ・タラズ・ダラズ・アホーダマ・ヒョーロク・ヒョーロクダマ・イモサク・チョロサク・ブースカ・ホーケダマ・ホーゲダマ・ダマシ・ヌケサン・ホータクラェー）

オケンテェー　図々しいようす　オケンテェーデすわっとってじゃ＜図々しく座っておられるよ＞（オードーモン・ノフードーモン・ノフー

ドー・オーズラシー・セバリ・オードクサェー・ノサナ）

19．広島県

ガンボー　わんぱく小僧　あいつぁ手に負えんガンボーじゃ＜あいつは手に負えないわんぱく小僧だ＞（ガキ・ガキッタレ・ガキットー・イケズ・ジンバリ・ドツワル・ガンボータレ・ガンドー・ガンドーデッチ・ゴンボー・ゴッポータレ・ゴッポーコキ・コシットー・シオカラ・ショーカラゴ・シオカラゴンボー・シオカラトンボ）

カバチタレ　理屈言い　言うだけ言わしんさい、カバチタレにゃあ＜言うだけ言わしておけ、理屈言いには＞（カバチュータレル・シャクタレ・リクツイー・ジクツイー・コージクイー・ジブグリ・モガリ・ジナクソイー）

クジュークル　不平を言う　子供がクジュークッてもほうときんさい＜子供が不平を言っても放っておきなさい＞（コゴトイー・コゴトヒキ・グズリ・イジクリ・イジュークル・ヘンカー・ナキゴトイー・ゴトゴトイー・ムチャイー・サカクジクリ・ブックサイー）

20．山口県

アラマシ　粗雑だ　アラマシナ仕事をする大工じゃのう＜粗雑な仕事をする大工だなあ＞（アラマシー・ザツイ・オーデッポー・オーデッポーナ・シメンガアワン・ズヘーナ・ジダラクモン・ジダラクイ・アラクイ・ワヤク・ウトーワヤク・ワヤクナ）

ジラオクル　駄々をこねる　こまいころようジラオクリよったで＜小さいころよく駄々をこねていたよ＞（ジラクリ・ジレモノ・ジラマイ・シワーコ・スルガイモン・ワガンマナ）

カバチ　口答え　カバチばっかりたれよったらしらんよ＜口答えばかりしていたら相手にしないよ＞

21．徳島県

ドクレル　すねる　口ふくらましてずうっとドクレとう＜口をふくらませてずっとすねている＞

おわりに　263

ショータレ　だらしない人　あんなショータレのどこがええんで？＜あんなだらしない人のどこがいいのですか？＞

ヘラコイ　ずるい　ほんまにヘラコイやっちゃなあ＜本当にずるいやつだなあ＞

22．香川県

オトッチャマ　臆病者　いかさまオトッチャマやのう＜なんとまあ臆病者だね＞（オジケモノ・オジケンボー・オジケミソ・オトロシガリ・オトロシガッリャ・キョートガリ・オンビン・オンビクソ・オビンクソ・オブギョー）

ヒョーゲル　おどける　あいと、がいにヒョーマゲよる＜あいつ、ずいぶんおどけている＞（ヒョゲル・チョケル・ヒョーキンダマ・ヒョーゲダマ・ヒョーゲマイ・ヒョーヤクモン・ヒョットコ・ヘッパクゲナ・ヘッテゲナ・ヘヤッケナ）

23．愛媛県

ヘラコイ　意地が悪い　ヘラコイことせられんよ＜意地が悪いことをしてはいけませんよ＞（コンジョワル・コンジョクレ・ドショーネワル・ドショーネクレ・ドショクネワル・ゴネ・ゴネサク・ゴネハチ・イゴ・イゴサク・イゴハチ・イゴスケ・イジクサリ・ワルンボ・モガリ・ショーネクダマ・オネクリ・オネクリミソ・ワルサク・イガリ・イガリミソ・イゴタン・イジク・イヤミサク・コシクレ・コジケル・シクネル・ヤネコイ）

オヘツ　おべっか　オヘツぎりいよらい＜おべっかばかり言っているよ＞（オベラコキ・オベンチャラコキ・オベンサイ・オベンザイ・ツイショイー・ジョーズイー・ジョーズモン・オキンタマカキ・オマイスカク・オマシカク・コジョーケスル）

24．高知県

インゴッソー　頑固者　おまんはまったくインゴッソーじゃのう＜お前は本当に頑固者だなあ＞

ハチキン　向こう見ずな人　おとなになっても、あのこはハンチキじゃ＜大人になっても、あの人は向こう見ずの人だ＞

ンゴクンドー　怠け者　ありゃあンゴクンドーじゃきにどもならん＜あいつは怠け者だからどうにもならない＞

イラレ　せっかち　あれはイラレじゃきに、もういんだ＜あいつはせっかちだから、もう帰った＞

25．福岡県

ビッタリ　だらしない女　あっちの嫁ごはビッタリじゃもん＜あの家の嫁さんはだらしない女だもの＞（ズンダレ・ショッタレ・ジョッタレ・ズンダレタヒト・ジョッタレタヒト）

スラゴツ　ウソ　スラゴツ言わんとばい＜うそを言ってはいけないよ＞（スラゴツユーヒト）

26．佐賀県

トンコズク　子供が反抗する　トンコジーて、こん子が＜反抗して、この子が＞

27．熊本県

ヤリバナシ　無鉄砲だ　ヤリバナシ飛ばすと、ぼくぞ＜無鉄砲に走ると、失敗するぞ＞（ヨンボレ・シックワラキャ・ウーバンギャ・ザートシャ）

モッコス　頑固者　モッコスだけん、やおいかんもん＜頑固者だから、簡単にはいかないもの＞（クソイジ）

28．宮崎県

エジー　賢い　こん子はまこちエジーが＜この子はほんとうに賢いなあ＞（エジラシー・エズラシー・エズロシー・エジモン）

【付記13】

『新明解国語辞典』第4版（1989、三省堂）をみると、「理屈」という語の意味が次のように記述されている。

①世の多くの人が当然とする考え方。「世間は―通りにはいかない・―（論理）に合わない・―〔＝世間的な物の道理〕の分かった人」②自分の意見や行動を合理化するための、筋道が立っているように見える理由づけ。「なんとか―〔＝言っている範囲では、もっともらしい理由〕を付ける・あいつは―ばかり言って〔＝講釈ばかりして〕何も仕事をしない・―が成り立つ・―の通った」

　これによると、①はポジティブな意味で、②はネガティブな意味だと、一応区別することができる。確かに、「理屈」には、このような両義的意味が存する。
　しかし、中国・四国地方の村落社会に行われる＜理屈言い＞の意味項目に所属する語彙を見てみると、およそポジティブな意味を表す要素は認められず、＜理屈言い＞そのものがマイナス価値に属するものと、認識されているのである。これは、かつての村落社会が全体指向の共同性と連帯関係性を重視するコミュニティーであり、秩序構成のシステムも性向語彙のシステムによって成員に了解されていたため、＜理屈＞を必要としない集合体、さらに言えば、＜理屈＞を排除する集合体であったことを意味するものと解される。その点では、＜理屈＞が充満している現代社会とはまさに対照的である。
　以下には、広島県三次市向江田町の老年層カテゴリーが使用している＜理屈言い＞の語彙を示すことにする。

　①リクツイー（何かと理屈を言う人、理屈っぽい人、人の和を乱し、まとまるものもまとまらなくなるので嫌われる）、②リクツコキ（何かと理屈を言う人、①よりも批判意識が強い）、③コーシャクイー（講釈言い、単に④コーシャクとも言う、何かと理屈を言う人、この語を最もよく使う）、⑤ジナクソイー（自分勝手な理屈を言う人、⑥単にジナクソとも言う、強い批判意識を伴う）、⑦カバチタレ（自分勝手な理屈を言

う人、聞いていていやに思われるような理屈を言う人、最も強い批判意識を伴う)、⑧コーシャク　タレル(理屈を言う)、⑨ヘコーシャク　タレル(屁講釈を垂れる、屁理屈を言う、古老が使う)、⑩コリクツオユー(ちょっと生意気な理屈を言う、子どもに対して使うことが多い)、⑪カバチュー　タレル(自分勝手な理屈を平気で言う)、⑫ネソー　タレル(よく理屈を言う)、⑬リクツニンゲン(理屈人間、理屈ばかり言って何もてようとしない人、皆に嫌われる)

「理屈言い」に関して、多くの語彙が生成、運用されているのは、先にも述べたように、かつての村落社会が小難しい＜理屈＞を必要としない共同体であったということが考えられる。だが、それとは別に、次のような要因も想定することができるのではなかろうか。すなわち、村落社会の成員が、自分勝手な理屈をこねて自らの家を富まそうとしたり、故意に他者を陥れようとする企みを＜社会悪＞として事前に了解させ、村落社会の秩序を維持するための指標としたのではなかろうか、という解釈の仕方である。自分に都合のよい企みが集落の中で表明されるのは、個々の成員間においてではなく、村の「会合」の場であった。「リクツイー」について、土地人が「まとめるものもまとまらなくなるので嫌われる」と説明しているのは、そのことをよく物語っていると言ってよかろう。「理屈言い」に対する警戒心の＜集合意識＞が、多くの語彙の生成と運用の背景にあったとする解釈は、あながち的外れとは言えないだろう。

付　章　「仕事の遅い人」を表す名詞語彙の生成と意味構造
　　　——岡山県浅口郡鴨方町方言の場合——

はじめに

　「岡山県浅口郡鴨方町方言の性向語彙」(『広島大学方言研究会会報』第31号、1992、以下、原資料と呼ぶ) のうち、「仕事の遅い人」を表す意味項目には、78の構成要素が認められる。その内訳は名詞16語、名詞句9語、形容詞31語、形容動詞3語、オノマトペ3語、動詞句8語、形容詞句1語、その他が7語である。この内訳から、当該方言の「仕事の遅い人」を表す意味項目は、形容詞を中心として構成されていることが分かる。この事実は、「仕事の遅い人」の意味項目における「(仕事が) 遅い」という概念内容と対応するものであって、他の方言社会にも広く認められる普遍性の高い事実であると考えられる。

　当該方言には、上記のごとく名詞が16語、名詞的連語が9語認められる。これらを一括して名詞語彙と呼ぶことにし、これらの名詞語彙は他の品詞を基にしてどのようなプロセスを経て生成されたのか、また名詞語彙の生成パタン (派生パタン) はいくつの種類に類別できるのか、さらには生成パタンのプロトタイプは何か、といった問題群を明らかにすることが本論の前半の課題となる。

　後半では、名詞語彙の意味構造を、「仕事の遅い人」に対する認識の焦点化と「仕事が遅くなる要因」の二つを分析軸として構築し、また名詞語彙の意味的カテゴリーのうちどのカテゴリーが中心的位置を占めるかを、他の品詞語彙との量的関係性にも目配りして解明することが主たる課題とされる。

　さらに、名詞語彙の意味構造の上、当該社会にあって昭和30年代まで継続

して行われた共同労働の慣行における特色がどのような形で反映しているかという問題についても、言及することになる。

このような試みを実践しようとするのは、従来の方言性向語彙の研究の多くが、主として名詞語彙を対象化して展開されており、特定の意味項目における名詞語彙と他の品詞語彙との定性的・定量的な関係性が不問に付されてきたためである。

なお、当該方言を取り上げたのは、個々の構成要素の意味用法について、当該社会の成員から多くの説明が得られており、その内容に関しても客観度が高いと判断されるからである。また、「仕事の遅い人」という意味項目を対象化したのは、形容詞を中心として多くの品詞が認められ、名詞語彙の生成を客観的な手法で再構築するのに必要な要素がほぼ尽くされていると考えたからである。

ところで、78に及ぶ構成要素のうちには、「マドロカシー」「テーガテー」「メダリー」「ダチガ　アカン」「マニアワン」などのような仕事の遅い対象や状態に向ける他者のネガティブな心情・判断を表す要素や、「アホ」「オーチャク」のような名詞が含まれている。しかし、これらの要素は、「仕事の遅い人」という意味項目における周辺的な存在と考えられるので、以下の分析からは除外することとする。

1．名詞語彙の生成とそのパタン

（1）形容詞を基にするもの

意味項目の概念内容を反映して、形容詞を基にかなり多くの名詞語彙が生成されている。そのうち名詞は6語、名詞的連語（後に「ヒト」をとる連語）は9語である。以下には、名詞ないしは名詞的連語が生成されている個々の形容詞について、まずそれらが生成されるまでのプロセスを再構築し、ついで再構築されたプロセス（これを派生パタンと呼ぶ）に抽象化を施して類型化を試みることとする。なお、語の存在が予測されるにもかかわらず、原資料に見えない場合は、⌀を用いて示す。また、派生パタンの中の［N］、

付　章「仕事の遅い人」を表す名詞語彙の生成と意味構造　269

[Ns] [A] は、それぞれ名詞、名詞＋接尾辞、形容詞であることを表す。

①ノロイ——ノロ [N] ——ノロマ・ノロスケ [Ns]
　　└————ノロイ　ヒト・ノレー　ヒト
②トロイ——∅——————トロスケ・トロスコ・トロサク
　　└————トロイ　ヒト・トレー　ヒト
③ヌルイ——————————∅
　　├————ヌルイ　ヒト
　　├—ヌリー———ヌリー　ヒト
　　└—テヌルイ——テヌルイ　ヒト
④ニブイ——————————∅
　　├——————∅
　　├—ニビー——∅
　　└—テニブイ——テニブイ　ヒト
⑤チョロイ——チョレー——チョレ [A] ——チョレ [N]
　　　　　　　└————∅
⑥オソイ——オセー
　　　　　└——オセー　ヒト

　形容詞を基に生成された名詞語彙の派生パタンは、以上の6類に整理される。これを、派生パタンの類似性に着目して統合化を図ると、次の4類に類化される。

　　第1類……①、②
　　第2類……③、④
　　第3類……⑤
　　第4類……⑥

このうち、名詞と名詞的連語のいずれもが認められる派生パタンは第1類であり、これが基本的な派生パタンと認定される。このことから、鴨方町方言の「仕事の遅い人」の意味項目に所属する形容詞の中にあって、「ノロイ」「トロイ」の2語が最も中心的な位置を占めるプロトタイプと考えることができる。また、第2類についても、「ヌルサク」「ニブスケ」などの名詞が生成される可能性は十分考えられるが、これらの名詞が「仕事の遅い人」の意味項目に現れていないのは、「ヌルイ」「ニブイ」という形容詞に認められる「頭の働きが足りない」という意味が強くなり、土地の人々が「馬鹿者」に所属する要素と判断したためだと推測される。

　なお、「トロイ」は、接尾辞「〜クサイ」をとる「トロクサイ・トロクサェー・トロクセー・トロクシュー」などの語彙が認められる。これらを基にした名詞的連語は派生していないが、強い卑しめの意識を伴うこれらの語が生成されていること、また、島根県那珂郡金城町今田方言において、「トロイ」を基に「トロトロ」「トロサク」「トロスケ」「トロンボー」「トロインボー」の5語の名詞が生成され、「ノロイ」を基に生成された2語（「ノロマ」「ノロサク」）を大きく上回っており、この傾向性は広く中国・四国地方の村落社会に共通して認められることなどから、「トロイ」の「ノロイ」に対する優位性はまず動かない、と言ってよかろう。

（2）形容動詞を基にするもの

　形容動詞は、「ドンナ」「ドンコナ」「スコドンナ」の3語が現れるが、このうちの「ドンナ」の語幹を基に、「ドンツク」という名詞が生成されている。それを派生パタンとして示すと、次のようになる。

　　①ドンナ──ドン──ドンツク

（3）オノマトペを基にするもの

　オノマトペには、「グズグズ」「ノラクラ」「ボヤット」の3語が認められ、

付　章「仕事の遅い人」を表す名詞語彙の生成と意味構造　271

これを基に語の名詞が生成されている。それを派生パタンとして示すと、次のようになる。

①ノラクラ──ノラクラ［N］──ノラクラモン［Ns］
②グズグス──グズ［N］───グズマ・グズマー・グズッタレ［Ns］
③ボヤット──　　∅　　───ボヤスケ［Ns］

　オノマトペを基にするものについては、名詞的連語は派生していない。そのため、派生パタンは単純な構造を示すことになる。その点に、形容詞を基にするものとの大きな差異性が認められる。
　以上の分析を通して、鴨方町の成員は、「仕事の遅い人」を状態（－速さ）と動作（－動き）の両面から特徴の認知と弁別を行っていることが知られるのである。とりわけ、状態について、多様な派生パタンが認められることから状態認知が基本であると判断されるが、多様な派生パタンの生成が見られるところには、当然、（－速さ）をもたらす要因として個々の形容詞の意味の差異が関与していると考えられる。また、オノマトペの（－動き）に関しても、仕事のプロセスにおけるものなのか、それとも仕事の開始におけるものなのかが問題となろう。これらの点も含めて、名詞語彙の意味構造の分析と構築が、次の節の問題となる。

2．名詞語彙の意味構造

　当該方言における「仕事の遅い人」を表す意味項目について、採録された語彙は78語にのぼるが、その名詞語彙（名詞的連語を除く）は、すでに第1節で示したように16語である。それを、形態の類似性（名詞が生成される基になった各品詞の形態）に着目して類化すると、次の7類となる。

　(1)　トロスケ・トロスコ・トロサク
　(2)　ノロ・ノロマ・ノロスケ

(3) チョレ

(4) ドンツク

(5) グズ・グズッタレ・グズマ・グズマー・グズグズ

(6) ノラクラ・ノラクラモン

(7) ボヤスケ

　この7類に所属する一々の語について、土地生え抜きの複数の老年層話者から得られた意味の説明を整理し、各類の意義特徴を遺漏なく盛りこんで記述すると、以下の通りである。

(1)類　［トロスケ・トロスコ・トロサク］
　とろ助。仕事の遅い。遅いだけでなくうまく出来ない。
　とろ作。仕事が遅い。遅いだけでなくうまく出来ない人について用いる。
　○アリャー　トロスコジャ　ナー。
　　あいつは仕事が遅い人だねえ。　　　　　　　　　　　　　（老男）

(2)類　［ノロ・ノロマ・ノロスケ］
　のろま。仕事がのろいし、取りかかりも遅い。のっそのっそと仕事をする人。生まれつき愚図な人。
　○ノレー。ハヨー　デキン。シゴトガ　ノレー。
　　のろい。早く出来ない。仕事がのろい。　　　　　　　　　（老男）
　○ノロマワ　ウマレツキ　シゴトガ　シャンシャン　デキン　ナー。
　　ノロマは生まれつき仕事がてきぱき出来ないねえ。　　　　（老男）
　○ノロスケジャケー　ノー。シゴトガ　トレーンジャガ　ナー。トリカカリモ　オセー　ナー。
　　ノロスケだからねえ。仕事が遅いのだがねえ。（仕事の）取りかかりも遅いねえ。

(3)類　［チョレ］
　ちょれ。抜けたところがあり、仕事がさっさと出来ない。人に先を越さ

付　章 「仕事の遅い人」を表す名詞語彙の生成と意味構造

れてしまう。
　○キバヤイノ　ハンタイジャカラ　ナ。スコドンナ　トコロガ　アルンジャ。
　　気早いの反対だからね。スコドンナ（すこ鈍な、頭の回転が鈍い）ところがあるのだ。　　　　　　　　　　　　　　　　　　　（老男）
⑷類［ドンツク］
　鈍つく。仕事が遅い。生まれつき動作が遅いため、仕事が遅くなる。人の半分もできない。
⑸類［グズ・グズッタレ・グズマ・グズマー・グズグズ］
　愚図。仕事の遅い人。ぐずぐずしていて仕事が遅い。取りかかりも遅い。仕事をするけれど遅い。
　○サッサト　デキン。ヒマノ　カカル　ヒト。
　　さっさと出来ない。時間のかかる人。　　　　　　　　　　（老女）
　○グズワ　ウマレツキ　ドーサガ　ニビー　ナー。
　　愚図は生まれつき動作が鈍いねえ。　　　　　　　　　　　（老男）
　愚図ったれ。ぐずぐずしていて仕事が遅い。取りかかりも遅い。グズグズよりも程度がひどい。強くけなしたり非難したりするときに使う。
　ぐずぐず。ぐずぐずしていて仕事が遅い。取りかかりも遅い。
⑹類［ノラクラ・ノラクラモン］
　のらくら。のらくらして仕事に打ちこもうとせず、そのため仕事が遅くなる。
　○シゴトオ　ショー　オモート　ヒトナミニ　デキルンジャガ　シンボーニ　シヨー　ユーキガ　ナェーケー　ヤクニ　タタン。
　　仕事をしようと思う人なみにできる（能力）はあるのだが、辛抱してやろうという気がないから（仕事の）役に立たない。　　（中男）
　のらくら者。
　○ノラクラモンワ　ラチガ　アカン。
　　ノラクラモンは埒が明かない。　　　　　　　　　　　　　（老女）

○シゴトー　シャンシャン　ショー　ユー　キガ　ナェー。
　　　仕事をてきぱきしようという気がない。　　　　　　　　（老男）
(7)類　[ボヤスケ]
　　ぼや助。ぼやっとしている。少し足りないからぼやっとしていて、仕事がひどく遅くなる。人の半分も出来ない。
　　○ボヤスケワ　ウマレツキ　チート　タリン　ナー。
　　　ボヤスケは生まれつき少し足りないねえ。　　　　　　　（老男）

　以上、7類の名詞以外に、「トドロカン」「トトロカン」という動詞句によって指示される恒常的に性向を有する人がいる。これを、今、名詞に準じて、(8)類として立てることにする。「トドロカン」「トトロカン」という表現によって指示されるのは、次のような性向の人である。

(8)類　[トドロカン・トトロカン]
　　轟かない。仕事してくれ。こうこうしてくれと言っても動こうとしない。仕事の取りかかりが遅く、なかなか行動に移せない。
　　○ヒトガ　ユーテモ　タノミガイガ　ナェー。
　　　人が言っても頼み甲斐がない。　　　　　　　　　　　　（老男）
　　○シゴトニ　トリツカン。テーゲノバージャ　ナ。
　　　仕事に取りかからない。大儀のばかり（面倒臭がるばかり）だねえ。
　　　　　　　　　　　　　　　　　　　　　　　　　　　　　（老女）
　　○ナカナカ　セン　ナー。
　　　なかなか（仕事を）しないねえ。　　　　　　　　　　　（老女）
　　○ヤレ　ユータ　コトオ　キチット　ヨー　ヤラン　コト。
　　　やれと言ったことをきちんと出来ないこと。　　　　　　（老男）

　以上の8類について、各類の意味の差異化に関わる弁別的特徴（ただし、認知的特徴に限定）を漏れなく帰納して示すと、以下の通りである。

(1)類——仕事が遅いだけでなく、うまく出来ない人。
(2)類——仕事が遅く、取りかかりも遅い。生まれつき愚図な人。
(3)類——知力が足りなくて、仕事が遅い人。人に先を越されてしまう。
(4)類——生まれつき動作が遅いため、仕事が遅くなる人。人の半分もできない。
(5)類——ぐずぐずしていて仕事が遅くなり、取りかかりも遅い人。生まれつき動作が遅い。
(6)類——仕事に打ちこむ気力がなく、そのため仕事が遅くなる人。仕事を人なみにこなす能力はあるが、やる気がない。
(7)類——知力が足りなくて、仕事がひどく遅くなる。人の半分も出来ない。
(8)類——仕事の取りかかりが遅く、なかなか行動に移せない人。動こうとしない。

　これによると、当該方言社会の人々（ただし、老年層）は、「仕事の遅い人」を＜仕事の進捗状況＞における「終了」「開始から終了まで」「開始」のそれぞれに、認識を焦点化しており、＜仕事が遅くなる要因＞を、「知力が足りない」「気力が足りない」「動こうとする意志がない」「生まれつき動作が遅い」の４つに弁別していることが知られる。そこで、＜仕事の進捗状況＞と＜仕事が遅くなる要因＞という二つの認識特徴を弁別軸として、各類を再度、整理・統合すると、以下のようになる。

　　＜仕事の進捗状況＞
　１．終了に焦点化するもの
　　(1)類、(3)類、(4)類、(6)類、(7)類
　２．開始から終了までに焦点化するもの
　　(2)類、(5)類
　３．開始に焦点化するもの
　　(8)類

＜仕事が遅くなる要因＞

1. 知力が足りない

　　(3)類、(7)類

2. 気力が足りない

　　(6)類

3. 動こうとする意志がない

　　(8)類

4. 生まれつき動作が遅い

　　(2)類、(4)類、(5)類

　この結果に基づいて、横軸に＜仕事の進捗状況＞と＜仕事が遅くなる要因＞を取り、縦軸に各類を取って一覧表の形に示すと、次のような意味的マトリックスを作成することができる。これが、当該方言における「仕事の遅い人」の名詞語彙の意味構造（意味体系）にほかならないものである。

　この意味的マトリックスから、＜仕事の進捗状況＞に関しては［(仕事の) 終了］に認識の焦点化が大きく傾斜していること、＜仕事が遅くなる要因＞に関しては(1)類に何ら意義特徴（認識特徴）が認められないという、二つの注目すべき事実を読み取ることができる。なぜ、この二つの事実が注目されるかというと、これによって(1)類が名詞語彙の意味構造のうち、プロトタイプのカテゴリーを形成していることが理解されるからである。とりわけ、＜仕事が遅くなる要因＞と全く関与することがないという事実は、(1)類で指示される人が＜人なみ＞の精神的・身体的能力を有していることが事前了解されていることを意味するものである。(1)類が名詞語彙の意味構造のプロトタイプなすという事実は、第1節で分析を試みた名詞語彙の派生パタンにおいて、第1類の中の「トロイ」型がプロトタイプの位置を占めることとも符合するのである。

　以上の分析から、鴨方町の老年層カテゴリーは、「仕事の遅い人」を主に＜仕事が終了する時点＞に焦点を当てて捉え、精神的・身体的に＜人なみ＞

	〈仕事の進捗状況〉			〈仕事が遅くなる要因〉			
	終了に焦点化するもの	開始から終了までに焦点化するもの	開始に焦点化するもの	知力が足りない	気力が足りない	動こうとする意志がない	生まれつき動作が遅い
(1)類	+	−	−	−	−	−	−
(2)類	−	+	−	−	−	−	+
(3)類	+	−	−	+	−	−	−
(4)類	+	−	−	−	−	−	+
(5)類	−	+	−	−	−	−	+
(6)類	+	−	−	−	+	−	−
(7)類	+	−	−	+	−	−	−
(8)類	−	−	+	−	−	+	−

＋：その意義特徴が認められる
－：その意義特徴が認められない

である人と、そのいずれかに＜人なみ＞以下の＜能力＞しか有さない人に二分し、さらに＜人なみ＞以下の＜能力＞を細かく弁別していることが理解される。

3．「仕事の遅い人」の特徴認知と「共同労働」

　明治維新後、鴨方は在郷町として周辺地域の中心的村落であり、鴨方藩の陣屋が設けられた。現在は、倉敷市と福山市のベッドタウンの趣を呈しており、山麓を利用した桃の産地としても知られ、素麺の生産も行っている。しかし、前近代から昭和30年代までは、典型的な農業村落として、田植、稲刈りなどを中心とする「共同労働」の長い慣行が存続したのである。

　鴨方において伝統的に継承された「共同労働」の中で、その秩序構成にマイナス価値をもたらす「仕事の遅い人」は、＜人なみ＞の能力を有する(1)類の語彙で指示される人を基準として、＜人なみ＞以下の能力しか有さない人も能力の性質と程度によって細かく分節され、＜労働秩序＞の秩序維持とい

う成員共有の＜指向価値＞の円還構造の中に位置づけられていたのである[1]。

「共同労働」の円滑な推進という＜社会的規範＞を「善」とする日常的な思考の論理からするならば、＜人なみ＞の能力を有する(1)類で指示される人々の＜仕事の遅れ＞に最も強い非難の眼差しが向けられたはずである。それは、「トロイ」にだけ強い批判の集合意識を表象化する接尾辞「〜クサイ」が後接する、「トロクサイ」「トロクサェー」「トロクセー」「トロクシェー」などの要素が生成されていることからも明らかである。

それとともに注目されることは、＜人なみ＞以下の能力しか有さない人々も、「共同労働」の構成員として扱われてきたという事実である。「共同労働」の構成員として扱われてきたからこそ、このような恒常的性向を持つ人々を能力の観点から細かく分節して指示する語彙を生成、使用してきたのである。とりわけ、＜知力が足りない＞ために＜人なみ＞を基準とすると、仕事を終えるのに２倍以上の時間がかかる人も、「共同労働」の構成員に組みこまれていたことに注目しなければならない。農繁期は「猫の手も借りたい」ほど忙しかった村落社会が、＜生産のための秩序＞を維持するためには、たとえ能力が劣っても「共同労働」の構成員に組みこまなければならなかった、かつての農作業の状況をよく物語るものだと思われる。事実、田植において、幼児を除くすべての成員を動員しても、なおかつ人手が足りない場合には、周辺の集落や他の村落に人手を求めていたのである。そのような他の集落から手伝いに来る人々を、たとえば広島県の安芸地方では「ハマリ」とか「ハマリサン」と呼んでいた[2]。

「仕事の遅い人」を表す語彙の生成と意味構造の分析を通して、明確に見えてきたことは、「共同労働」の円滑な進捗を＜社会的規範＞とし、それに反する「仕事の遅い人」を徹底してネガティブに捉える「認識の方向づけ」である。それは、そのような人々に対する一種の＜差別の眼差し＞であったと言うこともできよう。しかし、ここで、忘れてはならないことは、「仕事の遅い人」に差別の眼差し向けながらも、「共同労働」の構成員に組み入れることによって、そのような人々との共生も、同時に図られていたというこ

付　章「仕事の遅い人」を表す名詞語彙の生成と意味構造　279

とである。この＜差別との共生＞が図られてきたことによって、濃密な＜人間的秩序＞の維持も可能になったものと考えられる。そして、＜労働秩序＞の秩序構成から完全に逸脱する人々、すなわち「放蕩者」は、一代限りのアウトローとして、村落社会の周縁部でさらに厳しい差別の眼差しの中で生きていたのである[3]。

おわりに

　以上、岡山県浅口郡鴨方町の性向語彙のうち、「仕事の遅い人」という意味項目を対象化して、名詞語彙の生成と意味構造という二つの視点を中心に、分析、考察を試みた。その結果、明らかにし得た事実をここで再び繰り返すことは避けたい。ただ、本論を終えるに当たって、鴨方町方言に認められる事実が単に、当該方言に独自のものなのか、それとも他地域の方言にも共通する一般性を基盤とするものなのか、この問題を検討することは、避けて通るわけにはいかないだろう。

　そこで、島根県那珂郡金城町今田方言における「仕事の遅い人」の意味項目に見られる名詞語彙の意味構造との比較を試みてみたい。詳しい分析手順はここでは省略し、鴨方町方言の名詞語彙の(1)類から(7)類までの意味的カテゴリーと対比する形で、今田方言の名詞語彙を示すと、次のようである。

　　　　〈鴨方町方言〉　　　　　　　　　　〈今田方言〉
(1)類　［トロスケ[4]・トロスコ[5]・トロサク[6]］　　［トロトロ・トロサク・トロスケ・
　　　　　　　　　　　　　　　　　　　　　　トロンボー・トロインボー］
(2)類　［ノロ・ノロマ・ノロスケ］　　　　　　［ノロマ・ノロサク］
(3)類　［チョレ］　　　　　　　　　　　　　　［トンマ[7]］
(4)類　［ドンツク］　　　　　　　　　　　　　［ノソノソ］
(5)類　［クズ・グズッタレ[8]・グズマ・グズ　　［グズ・グズッタレ・グズグズ］
　　　　マー・グズグズ］
(6)類　［ノラクラ・ノラクラモン］　　　　　　［テレー］

(7)類［ボヤスケ］　　　　　　　　　　［ボヤスケ］

　今田方言を基準にとると、鴨方町方言と語形が一致する語彙は50.0％を占めるに過ぎないが、しかし、両方言の意味的分節体系（意味的カテゴリー化）は完全に一致することが知られる[9]。また、「トロ」系の名詞は、中国・四国地方の全域において、最も盛んに行われているものであり、それに次いで盛んなものが「ノロ」系の名詞である。これによって、鴨方町方言における「仕事の遅い人」に見られる認識特徴の焦点化と分節の仕方は、ひとりこの方言社会に独自のものではなく、中国・四国地方の村落社会に一般的に認められる普遍性の高いものであることが予想されるのである。

注
1 ）橋爪大三郎「権力の可能条件」（『岩波講座現代社会学16　権力と支配の社会学』1996、岩波書店）。
2 ）室山敏昭『生活語彙の基礎的研究』（1987、和泉書院）。
3 ）宮本常一『忘れられた日本人』（1984、岩波文庫）、赤坂憲雄「差別のエスノメソドロジー」（『岩波講座現代社会学15　差別と共生の社会学』1996、岩波書店）。
4 ）「トロスケ」の「～スケ」は、男性専用の人名「助」を語源とする接尾辞であり、揶揄や侮りの意識を添加するものである。
5 ）「トロスコ」の「～スコ」が「スコドンナ」の「スコ」と同様、程度性を強める接辞なのか、それとも単に「～スケ」（助）の音訛形と解すべきかは、現在のところ未詳と言うしかない。教示者の意識も不明確であり、「～スケ」から変化した「～スコ」の類例もいまだ得られていないからである。
6 ）「トロサク」の「～サク」は、「～スケ」と同様、男性専用の人名である「作」を語源とする接尾辞であり、揶揄や侮りの意識が添加されるものである。
7 ）「トンマ」は全国共通語であるが、土地の老年層カテゴリーにあっては、共通語意識は希薄である。
8 ）「グズッタレ」は、土地人の説明にもあるように、「グズ」に比べて程度性が大で、強くけなしたり非難したりするときに使用される語である。「グズ」に対して、より状況的であり、主観性が強いと言ってよかろう。

9）これと同様の事実が、鳥取県倉吉市生田、同西伯郡大山町所子、島根県出雲市、広島県比婆郡比和町古頃、同三原市西原、同三次市向江田町、同東広島市西条町、同廿日市市地御前、山口県防府市野島、同美祢市、愛媛県宇和島市、同大洲市、大分県東国東郡姫島などの諸方言にも認められる。

【付記14】

『方言資料叢刊』第3巻（「方言比喩語の研究」、1993、方言研究ゼミナール）によると、「動作がのろく、仕事をするときなど時間のかかる人」を、全国各地で次のように言い表している。

1. 北海道奥尻島方言——ベゴシーナ　ヒト（牛のような人）、ヘゴ、ウシドシウマレ、ウシドシウマレノブタソダチ
2. 青森県西津軽郡深浦町方言——トロケ
3. 山形県東田川郡三川町方言——ヤグダズヤロ（役に立たない野郎、能力がなくて仕事ののろい人）
4. 栃木県塩谷郡氏家町方言——ウスノロ、ノロマ
5. 栃木県芳賀郡益子町方言——ノロマ
6. 群馬県藤岡市中大塚方言——ノロマ、ノレー
7. 千葉県松戸市小金方言——ノロマ
8. 千葉県安房郡白浜町方言——ノロマ、グズグズー
9. 神奈川県横須賀市秋谷方言——ウスノロ
10. 長野県松本市島立方言——ノロマ
11. 新潟県五十嵐三の町方言——ノロマ
12. 愛知県海部郡十四山村方言——ノロコイ、ニブイ
13. 岐阜県不破郡関ケ町方言——ノロマ
14. 石川県石川郡美川町方言——ノロマ、ノロイ　シト
15. 福井県大飯郡高浜町方言——ハチモン（普通を十として、八の能力し

かない人）

16. 三重県飯南郡飯高町方言——ノロマ、ドンケチ
17. 和歌山市中島方言——ノロ
18. 大阪市都心部方言——ノロマ、カメ、トロイ、トロクサイ
19. 兵庫県加東郡滝野町方言——ノロマ、ノソ、ナメクジニ　イカリ　ツケタヨーナ　ヒト（蛞蝓に錨を付けたような人）
20. 兵庫県加西市方言——グズ、マドロシー　ヒト
21. 岡山県新見市坂本方言——チョレー　ヒト、チョロクシャー　ヒト
22. 鳥取県日野郡江府町方言——チョロイ　ヒト、チョロクシャー　ヒト、トロクサェー　ヒト、モトラン　ヒト
23. 島根県大原郡木次町方言——ノロマ
24. 広島県尾道市三軒屋町方言——ノロイ
25. 広島県山県郡芸北町方言——トロ、トロンボー、トロイ
26. 広島県安芸郡蒲刈町方言——トロサク、グズサク、ヤメシリ（青大将、動作の鈍さを「青大将」のそれに見立てた）
27. 山口県岩国市方言——トロサク
28. 山口県萩市大井方言——テレーグレー（オノマトペ）
29. 香川県綾歌郡国分寺町方言——ノロマ、ヨモヨモスル（のろのろする）、ドンクサイ
30. 愛媛県伊予郡松前町方言——トロイ、ニブイ　ヒト、グズ、ドンクサイ
31. 高知県高岡郡佐川町方言——ドンクサイ
32. 福岡県久留米市山本町方言——フータラヌッカ
33. 福岡県八女郡黒木町方言——フーヌルカ
34. 長崎市柿泊町方言——ヌッタモ　ハゲタモ　ワカラン　ヒト（塗ったも剥げたも分からない人、塗ったも剥げたも、見た目にはっきりしない＜壁塗り仕事＞のような人、のろのろしていて、しかも仕事にけじめがない人）
35. 大分県東国東郡姫島村方言——ヌーリー

36. 佐賀県武雄市朝日町方言——コッテーウシンゴター（牡牛のようだ、オトコウシは動作がノッソノッソしているから）
37. 熊本市下益城郡砥用町方言——ナメクジ、マメクジ（蛞蝓、蛞蝓のように動作が鈍いから）
38. 熊本県鹿本郡鹿本町方言——グズロ（愚図郎）
39. 熊本県宇土市網津町方言——クズロ
40. 鹿児島県大島郡与論町方言——ドゥンナー（遅い人）
41. 沖縄県国頭郡伊江村方言——トゥリバイムシ（頭の働きが鈍く、ボーっとしている人）

　これによると、東日本では総じて「ノロイ」型の語形が優勢であり、近畿地方から中国・四国地方にかけては「トロイ」型の語形が優勢であることが知られる。また、九州においては「ヌルイ」型の言い方が盛んであるが、特に熊本県下にあって「グズ」に男性専用の人名から転成した接尾辞の「ロ」（郎）が下接した語形の盛んであることが注目される。
　さらに、語形の地理的（空間的）差異を超えて、「動作ののろい人」を＜人なみ＞の能力に欠ける人と捉える認識の認められることが注目される（3．「役に立たない野郎、能力がなくて仕事ののろい人」、15．「普通を十として、八の能力しかない人」、41．「頭の働きが鈍く、ボーっとしている人」）。「動作ののろい人」を「人なみの能力に欠ける」と捉える背景には、共同で行ってきた労働の慣行が存するものと推定されるからである。

資料　広島県比婆郡東城町川東大字川東方言の性向語彙

はじめに

　以下に記述する川東方言の性向語彙は、松本宝雄氏（76歳、僧侶）ただ一人から得られたものである。したがって、当該方言の性向語彙がすべてここに採録されているということは、決してない。まだ、相当に多くの要素がこれに加えられることになるであろう。しかし、約2300語を含む調査簿を用いて行った質問調査なので、体系の枠組みと基本的要素は、すべて尽くされているといってよかろう。記述に洩れたものがいくつか出て来る可能性はあるが、それは、枠組みの中の要素をふやすことで処理できると判断される。一人の個人から得られた個人語彙であるということは、一方から言えば、語彙として、最も純粋で単純な内容であって、諸種の観点からの分析がきわめて容易であるという利点も存する。

　当該方言社会は、JR東城駅から徒歩で約30分の所に位置する純然たる農業社会であって、比婆牛の生産でも有名な地域である。筆者は、昭和62年8月5日に松本氏にお願いし、性向語彙調査のインフォーマントをつとめていただいた。松本氏は、長年、高校で書道の教師をつとめられた方で、言語感覚にすぐれ、一々の語の意味内容や使用頻度についても的確な説明が得られた。調査に要した時間は、5時間05分である。

　以下に示す性向語彙の枠組みは、『内海文化研究紀要』第15号に発表したものを基本としているが、当該方言の実態に即して、枠組みの最下位のレベルにくる意味項目のごく一部に改変を加えている。

　なお、松本氏から得られた性向語彙の異なり語数は、570語である。この中には、たとえば、「キヨーナ　ヒト」（器用なヒト）のような語連続の形態、

「シオガ　カラェー」（仕事の要領がよい）のような慣用句、「ショーケガ　ヨー　キートル」（仕事を実に要領よくこなす）のような文的な形式のように、語以外のものも取り上げている。これは、当該方言社会の人々の対人評価の様態をできるだけ多様に、しかも生き生きと描叙したいがための処置であって、以下の分析においては、語・語連続・慣用句の三者だけを問題にしたいと考える。「キヨージン」と「キヨーナ　ヒト」とは、形態的には明確に異なるが、意義素としては連続的だと判断され、また、慣用句はそれ全体で一つの意義素を表すと考えるからである。

当該方言における性向語彙の実態

(1) 動作・行為の様態に重点を置くもの
1 a．仕事に対する態度に関するもの
　A．仕事に対する意欲・能力のある人
　（１）働き者
　　①ハタラキモノ（働き者、この意味項目の総称）、②ハタラキモン（働き者、この語の方をよく用いる）、③ガンジョーニン[1]（よく働き、しかも仕事の量もこなす人）、④ガンジョーモン（よく働き、しかも仕事の量もこなす人）、⑤カイショーモン（よく働いて、家族にとって頼りがいのある人、財を成す人の意もある）、⑥ヤリテ（仕事のよく出来る人）、⑦シンボーニン（よく働く人、辛抱強く働く人の意に用いられることが多い）、⑧シンビョーナ　ヒト（一生懸命働く人、根をつめてよく働く人）、⑨カイショーナ　ヒト（よく働いて財を成す人）、⑩コマメテ　ヒト（よく気がついてこつこつ働く人）、⑪ガンジョースル（頑丈する）、⑫ガンジョーナ（根をつめて一生懸命働く様）、⑬コマメナ（よく気がついてこつこつ働く様）、⑭ショーワ　ヤク（仕事に精を出す）、⑮コラエジョーガ　エー（一生懸命働く様子だ、辛抱強く働く様子の意に用いられることが多い）
　（２）要領のよい人・器用な人
　　①ヨーリョーシー（要領よく仕事をこなす人）、②ヨーリョーシ（同前、

この語の方をよく用いる)、③キヨージン（器用に仕事をこなす人）、④ヤリテ（要領のよい人）、⑤ショーカラ（要領よく仕事をこなす人、要領がよすぎる場合はマイナスに評価される）、⑥キヨーナ　ヒト（器用な人）、⑦コギョーナ　ヒト（⑥よりさらに器用な人、この語の方をよく用いる）、⑧ハシカイー（てきぱきと要領がよい）、⑨シオガ　カラェー（要領がよい）、⑩ショーケガヨー　キートル（仕事の要領が実によい）

（3）仕事の早い人

①テパヤェー　ヒト（仕事を早くかたづける人）、②コバヤェー　ヒト（仕事を素早くかたづける人、早さの程度は①とほぼ同じ）、③トトロク（仕事を早くする）、④テバヤェー（仕事を早く行う様）、⑤コバヤェー（仕事を早く行う様）、⑥マェーガ　ハヤェー2)（舞が早い、仕事を早く済ます）、⑦マェーガ　アガル（舞が上がる、仕事を早く済ます）、⑧コバェー（仕事を手早く行う様、○コバェー　キリアゲテジャ　ナー。手早く終えられますねえ。）

（4）仕事を丁寧・丹念にする人

①ネンシャ（仕事を念を入れて丁寧にする人、○アリャー　ネンシャジャ　ナー。あの人はネンシャだねえ。）、②キチョーメンナ　ヒト（几帳面な人）、③メンミツナ　ヒト（仕事を綿密に行う人）、④ネンイリナ　ヒト（念の入ったヒト）、⑤ネチー　ヒト（仕事を熱心にしかも丹念にする人）、⑥コージクナ　ヒト（仕事を丹念にする人、小理屈を言ってなかなか妥協しない人の意にも用いる）、⑦テーネーナ（丁寧にする様）

（5）仕事に熱中する人

①ガリガリ（必要以上に仕事に熱中する人）、②ノボセ（必要以上に仕事に熱中する人、程度はほぼ同じ、ただこの語の方をよく用いる）、③ノボセショー（生まれつきの性格として特に強調する場合に用いる）、④ノボセモン（必要以上に仕事に熱中する人、ノボセよりもやや程度が小）、⑤ノボセル　ヒト（必要以上に仕事に熱中する人、あまり使わない）、⑥ノボセル（仕事に熱中する）

（6）辛抱強い人

①シンボーニン（辛抱強く仕事をする人、最もよく用いる）、②シンボーモン（辛抱強く仕事をする人、①の方をよく用いる）、③シンボーナ ヒト（辛抱のよい人）、④シンボーノエー ヒト（辛抱のよい人）、⑤コリャージョーガ エー ヒト（よく辛抱してこつこつ働く人）、⑥ガンジョーナ ヒト（辛抱強く、しかも他人よりも多く働く人）、⑦コリャージョーガ エー（辛抱強い性格だ、辛抱強く働く様子だ）、⑧シンボースル（辛抱して働く）、シンボーナ（辛抱強い）、⑩ガンジョーナ（辛抱強く他人よりも頑張る様）

B．仕事に対する意欲・能力に欠ける人
（7）仕事をしない人

①ダラズ[3]（仕事をしない人、よく使う、ただし、馬鹿者の意には用いない）、②ダラズモン（仕事をしない人、ダラズよりもこの語の方をよく用いる）、③ダラヘー（仕事をしない人、「ヘー」は男性専用の人名由来の接尾辞で「平」）、④オーダラズ（仕事をしない大変な怠け者）、⑤クソダラズ（大変な怠け者、④よりも卑罵の意識が強い）、⑥ダラズー オコス（仕事をしないで怠ける）、⑦ズボラ（できるだけ仕事を怠けようとする人）、⑧ズボラコキ（できるだけ仕事を怠けようとする人、人を意味し、多少卑罵意識が強い場合はこの語を用いる）、⑨ズボラモン（⑦とほとんど同義だが、あまり使わない）、⑩アブラウリ（油を売って仕事をしようとしない人）、⑪アブラー ウル（油を売る）、⑫オーチャクモン（横着者）、⑬オーチャクタレ（横着者、⑫よりも卑罵意識が強い）、⑭オーチャクボーズ（親の言うことを聞かないで横着をきめこむ子供）、⑮オーチャクビョー（横着病、どうしようもない横着者）、⑯グズ（ぐずぐずして仕事をしようとしない人）、⑰グータラ（からだを動かすのをひどく嫌がる怠け者）、⑱グーダラ（⑰とほとんど同義、ともによく用いる）、⑲ヒキタレ[4]（からだをうごかそうとしない怠け者）、⑳ヒキタレモン（⑲とほと

んど同義だが、ヒキタレの方をよく用いる、⑲、⑳とも特に岡山県で盛ん)、㉑ヒキタレル(仕事を怠ける、○ヒキタレテ ソージモ シャーシェン。怠けて掃除もしやあしない。)、㉒ノフーゾーナ ヤツ(生意気な態度をとって、全く仕事をしようとしない人)、㉓ダル(怠ける)

(8)放蕩者

①ホートー(仕事をせず金を使って遊んでばかりいる人)、②ホートーモノ(①よりも人を表す意味が明確になる)、③ホートーモン(②とほとんど同義だが、この語の方をよく用いる)、④ホートームスコ(仕事をせず金を使って遊んでばかりいる若者)、⑤ゴクドー(仕事を全くしないで遊んでばかりいる者、①よりも程度が一段と大)、⑦ゴクドーモン(⑤とほとんど同義)、⑧オーゴクドー(⑦とほとんど同義だが、程度が大)、⑨ゴクドームスコ(仕事を全くしないで遊んでばかりいて、親泣かせの若者)、⑩ドーラクモン(金を使って遊んでばかりいる者)、⑪ドーラクムスコ(金を使って遊んでばかりいる若者)、⑫ドラ(金を使って遊んでばかりいる者、⑩よりも卑罵意識が強い)、⑬ドラコキ(⑫とほとんど同義、この語の方をよく用いる)、⑭ドラムスコ(⑪とほとんど同義だが、この語の方をよく用いる)、⑮ゴクツブシ(金を使って遊んでばかりいて、家族に迷惑をかける者)、⑯アソビニン(遊ぶことが専門で、全く仕事をしない人)、⑰コクレ(遊んでばかりいる不良)、⑱コクレル(すっかりひねくれる)

(9)仕事の下手な人

①カェーショーナシ(仕事が下手で役に立たない人)、②ブチョーホーモン(仕事や物の取り扱いが下手な人)、③ブチョーホー(②とほとんど同義だが、人を表す場合は②の方をよく用いる)、④ブチョーホーナ(仕事や物の取り扱いが下手な様子)

(10)仕事の遅い人

①グズ(ぐずぐずしていて仕事の遅い人、よく使う)、②グズタレ(ぐずぐずしていて仕事の遅い人、①よりも侮辱する意識が強い)、③グズッ

タレ（②とほとんど同義だが、侮辱の意識がやや強い）、④グズグズ（①とほとんど同義だが、あまり使わない）、⑤トロサク（仕事の遅い人を揶揄して言う）、⑥トトロカン　ヒト（仕事の遅い人、よく使う）、⑦トロクサェー（仕事が遅い様、非難や卑罵する意識が強い）、⑧トロェー（仕事が遅い様子、⑦に比べて、非難したり卑罵したりする気持ちが弱い）、⑨マドロコシー（仕事の遅い様を見て、こちらが感じる気持ち）、⑩ダチガ　アカン（仕事が遅くてどうにもならない、全く役に立たないという意にも用いる）

(11) 役に立たない人

①ヤクタタズ（仕事の役に立たない人）、②ボンクラ（ボケッとして仕事の役に全く立たない人）、③ヤクニタタン　ヒト（仕事の役に立たない人）、④キテンノキカン　モン（仕事をしていてうまく気の回らない人）、⑤クサリオナゴ（特に気の付かない、役に立たない女性を言う）、⑥トリエガ　ナェー（仕事の役に立つところがない）、⑦ブチョーホーモン（仕事の役に立たない人の意にも用いる）、⑧ダチガ　アカン（仕事の役に立たない）

(12) 仕事を雑にする人

①ザマクモノ（仕事を雑にする人）、②ザマクモン（①とほとんど同義だが、この語の方をよく用いる）、③ザマクナ　ヒト（仕事を雑にする人、②よりやや丁寧な言い方になる）、④ガサツモン（仕事を雑にして平気でいる人、②よりやや程度が大か）、⑤ガサツナ　ヒト（④とほとんど同義だが、やや丁寧な言い方になる）、⑥アラマシ（仕事の仕方が雑な人、この語形で人を表す）、⑦アラマシヤ（仕事の仕方が雑な人、㊁④ほど使わない）、⑧ヒキタレ（仕事の手を抜いて雑にやる人）、⑨ザツナ　ヒト（仕事を始め万事に雑な人）、⑩ザマクナ（仕事を雑にする様子だ）、⑪ガサツナ（仕事を雑にして平気な様子）、⑫ジダラクナ（やり方や態度がいかにも雑な様子だ）、⑬オーザッパナ（仕事のやり方が大雑把だ）、⑭ヒキタレナ（仕事の手を抜いてやる様子だ）、⑭アラマシナ　ヒト（仕事を雑にす

る人)、⑮アラマシー（仕事のやり方がいかにもいい加減な様子だ）

1 b．具体的な動作・行為の様態を踏まえた恒常的な成功を示すもの
　A．自己完結しているもの
(13) きれいずきな人
　①キレーズキ（きれいずきな人）、②キレーズキシャ（きれいずきな人、①の方をよく用いる）、③コマメナ　ヒト（からだをよく動かしてきれいにする人）
(14) 必要以上にきれいずきな人
　①ケッペキ（必要以上にきれいずきな人）、②ケッペキショー（生まれつき必要以上にきれいずきな人）、③ケガレ（必要以上にきれいずきな人、あまり使わない）
(15) いつも汚くしている人
　①ブショーモン（からだを動かすのを嫌がっていつも回りを汚くしている人）、②ブショータレ（①とほぼ同義だが、卑罵意識が強い）、③ブショー（不精、この語形で人を表す）、④ヒキタレ（いつも部屋などを汚くしている人、最もよく用いる）、⑤ヒキタレモン（④とほとんど同義）、⑥ジータレ（いつも回りを汚くしている人、食い意地のはった人の意に用いることもある）、⑦ジダラク（いつも汚くしている人）、⑧ジダラクモン（いつも汚くしているだらしのない人）、⑨ズボラ（ずぼらな人）、⑩シビッタレ（ひどくだらしのない人、⑨よりも程度が大）、⑪ダラズ（いつも汚くしている人、この意にも用いる）、⑫ザマクナ　ヒト（いつも汚くしている人、この意にもよく用いる）、⑬サンジラカシ（放りっぱなしで散らかす人）、⑭ブショーナ（不精）、⑮ザマクナ（回りを散らかしている様）、⑯ヤゲローシー（部屋などを汚くしている、きちんと整理されていない様子）、⑰ジジー（汚い、幼児語）
(16) 落ち着いた人・沈着な人
　①オッチラシタ　ヒト（落ち着いた人、古い言い方）、②オチツイタ

ヒト（落ち着いた人、今はこう言う）、③ユッタリシタ　ヒト（ゆったりと落ち着いている人）、④ドッシリシタ　ヒト（落ち着いてどっしりと構えている人）、⑤オシノットル　ヒト（落ち着いて堂々と構えている人）、⑥オシノットル（落ち着いて堂々と構えている）

(17) 呑気な人

　①ノンキモン（呑気な人、この語をよく用いる）、②ノンビリヤ（のんびりと呑気に構えている人）、③ノンキナ　ヒト（呑気な人、①よりもやや丁寧な言い方）、④ノンビリシタ　ヒト（のんびりとした人）、⑤ノンビリ　シトル（のんびりとしている）、⑥キガ　ナガェー（気が長い様、のんびりしている様子）

(18) 豪胆な人

　①オーギモナ　ヒト（大胆な人、豪胆な人）、②キモダマノ　エー　ヒト（大胆な人、豪胆な人、この語の方をよく用いる）、③キモダマガエー（大胆だ、豪胆だ）、④キモッタマガエー（③とほとんど同義だが、③ほど使わない）、⑤キモガ　フトェー（肝が太い、大胆である）、⑥キモガ　スワットル（大胆である、⑤よりもやや程度が大）、⑦クモッタマガ　スワットル（大胆である、⑥よりもさらに程度が大）、⑧ハラガ　スワットル（大胆だ、落ち着いている）、⑨オーギモナ（大胆な、大胆だ）、⑩ダェータンナ（大胆だ）

(19) 横柄な人・生意気な人

　①オードーモン（横柄な人、図々しい人）、②オードーナ　ヒト（横柄な人、図々しい人）、③ノフーゾーモン（横柄で、図々しい人）、④ノフーゾーナ　ヒト（③とほとんど同義だが、やや丁寧な言い方）、⑤コーヘーナ　ヒト（横柄で、生意気な人、よく使う）、⑥コーヘーナ（横柄で、生意気な様子、○コンナー　チート　コーヘーナ　ヨ。この人は少し生意気だよ。）、⑦オーヘーナ　ヒト（横柄な人）、⑧オーヘーナ（横柄な様子）

(20) 落ち着きのない人・あわてもの

　①ワガサモノ（あわてもの、よく使う）、②ワガサ（あわてもの、この

語形で人を表す)、③ソソクローモン(落ち着きのない人、あわてもの)、④ソソクロー(落ち着きのない人、この語形で人を表す)、⑤ヤツキゴ(八月児、落ち着きのないあわてもの、よく用いる)、⑥オッチョコチョイ(おっちょこちょい)、⑦アワテモン(あわてもの)、⑧アワテンボー(あわてんぼう)、⑨ワガサー　スル(落ち着きを失ってあわてる)、⑩ソソクローナ(落ち着きのない様子)、⑪チョコチョコ(あわててうろうろする様)

(21) じっとしていられないであれこれする人・せっかち

　①チョロ(じっとしていられないであれこれする人)、②チョロマツ(①とほぼ同義だが、揶揄する気持ちが①よりも強い)、③コソコソスルヒト(じっとしていられないでこそこそする人)、④コソコソ(そわそわこそこそする人)、⑤イラ(せっかちでいらいらする人)、⑥イライラ(⑤とほぼ同義だが、イラの方をよく用いる)、⑦コセコセ(せっかちでいらいらする人)、⑧ソワソワ(せっかちでそわそわする人、この語形で人を表す)、⑨コセズク(せっかちであれこれする)、⑩イライラスル(いらいらする)

(22) 気分の変わりやすい人

　①キムラ(気分の変わりやすい人、よく使う)、②キムラナ　ヒト(気分の変わりやすい人)、③ムラキ(気分の変わりやすい人、①の方をよく用いる)、④ムラキナ　ヒト(気分の変わりやすい人、あまり使わない)、⑤オテンキヤ(お天気屋、気分の変わりやすい人)、⑥オテンキモン(お天気者、⑤よりも卑罵意識が強い)、⑦ウツリギ(移り気な人)、⑧ウツリギナ　ヒト(移り気な人、⑦ほど使わない)、⑨ネコノメ(猫の目、猫の目のように気分がくるくる変わる人)

(23) 臆病な人・小心な人

　①ショートギモ[5] (臆病で小心な人、よく使う)、②ショートーギモ(小心な人、臆病な人、①の方をよく用いる)、③ショーシンモン(小心者、あまり使わない)、④オソレ(臆病な人、○オソレン　ナッタ。臆病に

なった。)、⑤オソレンボー（臆病な人、子供に使うことが多い）、⑥ヘソヌケ（小心者、①よりも卑罵意識が強い）、⑦ヒョロ（小心者、気の弱い人）、⑧ヒョロクソ（気の弱い人、弱虫、⑦よりも卑罵意識が強い、あまり使わない）、⑨ウチクスベ（極端な小心者）、⑩ウチクスベノソトエベス（極端な小心者）⑪ウチベンケー（内弁慶）、⑫カゲベンケー（内弁慶、この語の方をよく用いる）、⑬ノミノキモ（蚤の肝、極端な小心者）、⑭キノコマェー　ヒト（気の弱い人）、⑮キガ　コマェー（気が小さい）、⑯キガ　ヨヤー（気が弱い）、⑰ケツノアナガ　コミャー（気が小さい）、⑱クスボル（家のなかでも小さくなっている）

(24) 遠慮がちな人・引っ込み思案な人

　①キガネシ（遠慮がちで小心な人）、②キガネースル　ヒト（気兼ねをする人）、③キーツカウ　ヒト（気を使って遠慮する人）、④ヒッコミソ（引っ込み思案な人）

(25) 上品ぶる人

　①オヒンナ　ヒト（上品ぶる人）、②オヒントシトル　ヒト（上品ぶっている人）、③オヒント　シトル（上品ぶっている）

(26) いたずらもの

　①ワルサズキ（いたずらずき）、②ワルサツキ6)（いたずらもの、①よりもよく用いる）、③ヨーマー（いたずらで、わるさずき、よく使う）、④ヨーマツ（わるさずき、中年男子を指して言うことが多い）、⑤ワルサシ（いたずらで、わるさずき）、⑥イタズラモン（いたずらもの）、⑦ニンゲ（いたずらもの、○ニンギョー　スル。いたずらをする。）、⑧ムチャシ（無茶ないたずらをする者）、⑨シゴンボー（いたずらもの、特に悪意があってするいたずらではない）、⑩ゴネル（人の言うことを聞かず、いたずらをする）

(27) 腕白小僧

　①ガキ（腕白小僧、卑罵意識が強い）、②ガキッタレ（腕白小僧、①よりもさらに卑罵意識が強い）、③ガンボー（腕白小僧）、④コシット（腕白

小僧、よく用いる）、⑤コシットー（④とほとんど同義だが、④の方をよく用いる）、⑥シオカラ（手に負えない腕白小僧）、⑦ショーカラ（⑥とほとんど同義だが、⑥ほど用いない）、⑧シオカラゴンボー（全く手に負えないいたずら小僧、よく用いる）、⑨ヤンチャ（いたずら小僧）、⑩ヤンチャボー（いたずら小僧、①⑥に比べて程度は小）、⑪ガキダイショー（餓鬼大将）、⑫ショーカラゴ（いたずら小僧、⑦ほど使わない）、⑬クソガキ（手に負えない腕白小僧、卑罵意識がきわめて強い）、⑭ジュンナランボー（思うようにならない腕白小僧）、⑮ジュンナラン（親の思うようにならないこと）

(28) お転婆

①コージンサン（お転婆、古い言い方で今はあまり使わない）、②ハチマン（お転婆、よく用いる）、③ハチマンタロー（八幡太郎、お転婆）、④テンバクロー（お転婆、②よりも程度が大）、⑤オテンバ（お転婆、若い人がよく使う）

(29) 我が儘な子

①ジレモノ（我が儘で手に負えない子）、②シワェー　コ（なかなか親の言うことを聞かない我が儘な子）、③ジレル（我が儘を言う）

(30) 大袈裟な人

①コーテャーナ　ヒト（誇大家）

(31) お調子乗り

①チョーシー（すぐ調子に乗る人）、オチョーシー（お調子者、揶揄する気持ちが強い）、③チョーハー（すぐ調子に乗る人、①よりもこの語の方をよく用いる、④トッパー（お調子乗り、よく使う）、⑤トッパーモン（お調子乗り）、⑥チョーシモン（お調子乗り、あまり使わない）、⑦チョーシノリ（お調子乗り、あまり使わない）

(32) 滑稽な人

①ヒョーケンザー（滑稽なことをしたり言ったりして回りの人を笑わせる人、最もよく用いる）、②ヒョーケー（滑稽な人、おどけもの）、③

ヒョーケモン[7]（②とほとんど同義だが、②ほど使わない）、④ヒョーケンジン（剽軽者、おどけもの）、⑤オドケモン（おどけもの）、⑥ヒョーケタヒト（剽軽者、あまり使わない）、⑦ズキミソ（よくふざけるおどけもの）、⑧ヒョーケル（おどける）

(33) 物見高い人

①デベソ（物見高い人、〇アリャー　デベソジャケー　ナー。あいつは物見高い奴だからねえ。よく用いる）、②ヤジウマ（野次馬）、③モノミダキャー（物見高い様、あまり使わない）

(34) 冒険好きな人

①ムサンコー（冒険好きな人）、②トッパナシ（何でも大胆に思いきりやる人）、③ムサンコーナ（冒険好きな様子）

(35) 怒りっぽい人

①カンシャク（すぐに怒り出す短気者）、②ドガンシャク（大変な短気者）、③カンシャクモチ（すぐに怒り出す短気者、生まれつきの性分を言う）、④カンシャクダマ（ひどい短気者）、⑤ハブテ（すぐにふくれっ面をする短気者）、⑥キミジカ（短気、短気者）、⑦ハブテル（腹を立てる、怒る）、⑧フテル（腹を立てる、〇アノ　ヒター　ナニガ　キニ　イラーデ　フテョーテン　カナー。あの人は何が気にいらないで腹を立てておられるのかねえ。よく用いる）、⑨シネオ　ハル（人の言うことにすぐに腹を立てて反対する人）

(36) よく泣く人

①ナキジョーゴ（よく泣く人）、②ナキミソ（よく泣く人）、③ビータレ（よく泣く人、子供について使うことが多い）

(37) 大食漢

①ジータレ（とにかくよく食べる人、大食漢）、②ジーボー（大食漢、①②ともによく用いる）、③オーガチ（大食漢、古い言い方）、④ジーショー（人が食べているのを見るとすぐに欲しがる人）、⑤オーガチトリ[8]（大食漢、③と同じく古い言い方）、⑥オーメシグイ（大飯食い、最

もよく用いる)、⑦オーメシクイ（大飯食い）、⑧バカノ　オーメシクイ（馬鹿の大飯食い、卑罵意識が強い）、⑨クイイジガ　ハットル（食い意地が張っている、食欲が異常なほどである）、⑩イヤシー（食べ物に卑しい）

(38) 大酒飲み

①ノミスケ（大酒飲み）、②ノンダクレ（大酒飲み、①よりも卑罵意識が強い）

(39) 酔っぱらい

①エータンボー（酔っぱらい、よく使う）、②エータンボ（酔っぱらい、①の方をよく用いる）、③ヨイタンボ（酔っぱらい、①②ほど使わない）、④オロチンナル（すっかり酔っぱらってへべれけになる）

(40) 欲の深い人

①ヨクバリ（欲の深い人）、②ヨクドー（欲の深い人、この語の方をよく用いる）、③ヨクッショー（生来の欲深者）、④ヨクドーナ（欲の深い様子だ）、⑤ヨクドーシー（欲の深い様子だ、④の方をよく用いる）、⑥ガメチー（欲の深い様、若者がよく使う）

(41) けちな人

①ニギリ（けちな人、特によく用いる）、②ニギリコブシ（けちな人、①よりも程度が大）、③シミッタレ（僅かなお金も出し渋るけちな人）、④ガリ（けちな人）、⑤ガリッポー（けちな人、①よりやや程度が大か）、⑥ガシンタレ（けちな人）、⑦ガッシン（けちな人、あまり使わない）、⑧シブチン（けちな人）、⑨ケチ（けち、新しいことば）、⑩ケチンボー（けちな人、若者が使う）、⑪ベツナベ（けちな人、古いことば）、⑫ギシー（けちな様子だ）、⑬シワェー（けちな様子だ、⑫よりも程度が大）、⑭コマェー（けちな様子だ）

B．対人関係に関するもの

(42) 世話好きな人

①サイトーヤキ（世話好きな人）、②シェワヤキ（人の世話をよくする人）、③キモイリ（自分から進んで人の世話をする人、先頭に立って人の世話をする人）、④シェワーヤク　ヒト（人の世話をする人）、⑤シェワズエー（辛抱してよく世話をする人）

(43) 出しゃばり

①サイタラ（出しゃばってお節介をやく人、よく用いる）、②サイタラコキ（①とほとんど同義だが、やや程度が大、よく使う）、③サイタラマツ（出しゃばってお節介をやく人、特によく用いる）、④デベソ9)（出しゃばり））、⑤オシェッカイ（出しゃばり、この語形で人を表す）、⑥オシェッカイヤキ（出しゃばってお節介をやく人）、⑦トワズガタリ（イラぬお節介をやく人）、⑧デシャバリ（出しゃばり）、⑨デシャバリヤ（出しゃばり、この語の方をよく用いる）、⑩サイタラー　スル（いらぬ人の世話をやく）、⑪ソベオ　ヤク（いらぬお節介をやく）

(44) 愛想の良い人

①エベッサン（愛想の良い人）、②アイソノ　エー　ヒト（愛想の良い人）、③アイソガ　エー（愛想が良い）

(45) 無愛想な人

①モゲナイ　ヒト（無愛想な人）、②ブアェーソーナ　ヒト（無愛想な人、①の方をよく用いる）、③モゲナイ（無愛想な様子だ）

(46) 外見を飾る人・見栄をはる人

①ダテコキ（外見を飾る人、男性について使う）、②ショシャツクリ（外見を飾る人、女性について言う場合が多く、よく用いる）、③ハデシャ（外見を飾る人、万事に派手な人、男女の区別なく用いる）、④ミエッパリ（見栄をはる人）、⑤ミエーハル　ヒト（見栄をはる人）、⑥ショシャ　ツクル（外見を飾る）、⑦ミエー　ハル（見栄をはる）

(47) 自慢をする人

①オタェーコ[10]（大声で自慢する人）、②オタェーコオ　タタク（大声で自慢をする）

(2) 言語活動の様態に重点を置くもの

2 a．口数に関するもの

(48) よくしゃべる人・口の達者な人

①チョボクリ（よくしゃべる人、特によく冗談を言う人）、②ベチャベチャ（よくしゃべる人、この語形で人を表す）、③オシャベリ（おしゃべり）、④チョボクル（よくしゃべる）、⑤チャーチャーユー（よくしゃべる、④よりも批判意識が強い）、⑥クチダッシャ（くちの達者な人）、⑦ベンガタツ（弁が立つ）

(49) 無口な人

①ダマリ（無口な人）、②ダマリジネ（無口な人、これは、単に無口な人というよりも、意地悪くおし黙っている人のことを言う、よく用いる）、③ムッツリ（無口な人）、④ムッツリヤ（無口な人、③よりも人であることが明確）、⑤モノカズーユワン　ヒト（ことば数多く言わない人）

2 b．言語活動の様態に関するもの

(50) 嘘つき

①シェンミツ（千に三つしか本当がない、ひどい嘘つき、よく用いる）、②ウソコキ（嘘つき、よく用いる）、③オーウソコキ（大嘘つき）、④ウソイー（嘘言い、嘘つき、あまり用いない）、⑤ヨーマーイー（憎めない嘘をつく人）、⑥スッパク（ずる賢い嘘をつく人、よく用いる）、⑦スッパクイー（⑦とほとんど同義だが、あまり使わない）、⑧トッパー[11]（憎めない嘘をつく人、揶揄する気持ちを伴う）、⑨オートッパー（⑧の程度のひどい人）、⑩ウソツキ（嘘つき）、⑪オーウソツキ（大嘘つき）、⑫シネクソ（意地の悪い嘘をつく人）、⑬シネクソイー（意地の悪い嘘をつく人、人であることがより明確となる）、⑭ウソー　コク（嘘を言う）、⑮ヨーマーオ　ユー（冗談まじりに嘘をつく）、⑯ホーテ　ニゲルヨーナ　ウソー　ック。（誰にでもすぐわかるような嘘をつく。）、⑰ドヒョーシナ（とんでもない嘘をつく様）

(51) 誇大家

①ホラフキ（誇大家）、②オーホラフキ（誇大家、①よりも程度が大）、③オーボラフキ（誇大家、②よりもこの語の方をよく用いる）、④オーブロシキ（ものをとんでもなく大仰に言う人）、⑤オーモノイー（自慢して大仰に言う人）、⑥オーモノタレ（自慢して誇大に言う人、卑罵意識を伴う）、⑦トッパー（誇大家、この意にも用いる）、⑧オートッパー（⑦の程度のひどい人）、⑨トッパーモン（誇大家）、⑩ドヒョーシモン（質の悪い誇大家、程度のひどい場合を言う）、⑪ドヒョーシナ（とんでもない大仰なことを言う様）、⑫ギョーサンナ（誇大にものを言う様）、⑬オーブロシキオ　ヒロゲル（とんでもない大仰なことを言う）

(52) お世辞を言う人

①オヘツ（お世辞を言う人、単にお世辞の意にも用いる）、②オヘツイー（お世辞を言う人）、③オセジ（お世辞を言う人、単にお世辞の意に用いられることが多い）、④オツイショー（お追従者）、⑤オチーショー（お追従、お追従者）、⑥ツイショイー（追従者）、⑦チーショイー（追従者）、⑧オチーショーイー（お追従者）、⑨ベンチャラ（お世辞を言う人）、⑩ベンチャライー（お世辞者）、⑪オベンチャライー（お世辞を言う人）、⑫フタマタゴーヤク（お追従者）、⑬マタグラゴーヤク（お追従者、⑫の方をよく用いる）

(53) 評判言い

①マタグラゴーヤク（評判言い、この意に用いられることの方が多い）、②シェンデンカー（宣伝カー、評判言い）

(54) 悪意のあることを言う人

①ニクマレグチ（憎まれ口、よく用いる）、②シネクソ（悪意のあることを言う人、意地悪者の意にも用いる）、③イヤミユー　ユー（厭味を言う、悪意のあることを言う）、④コズラガ　ニキー（憎まれ口をたたく）、⑤クチュー　コヤス（悪意のあることを言う）

(55) 他人のことに口出しする人

①サイタラグチ（他人のことに口出しする人）、②サェータラグチ（①とほとんど同義だが、この語のほうをよく用いる）、③サイタラ（他人のことに口出しすること、この語形で人を表すことは少ない）、④サイタラマツ（他人のことに口出しする人、侮辱する気持ちを伴う）、⑤ネンダーコキ（他人のことに口出しする人、①よりも程度が大、よく用いる）、⑥ネンダー（他人のことに口出しすること、また人）、⑦ヤカマシヤ（口やかましい人）

(56) 理屈っぽく言う人[12]

①リクツコキ（理屈っぽく言う人、また何かというと理屈を言う人）、②リクツイー（何かというと理屈を言う人、理屈っぽい人、この語の方をよく用いる）、③カバチタレ（聞いていて嫌に思われるような理屈を言う人）、④ジナクソイー（自分勝手な理屈を言う人）、⑤ジナクソ（自分勝手な理屈、また、そのような理屈を言う人）、⑥コーシャク　タレル（理屈を言う）、⑦カバチュー　タレル（自分勝手な理屈を平気で言う、⑥にはさほど批判意識は認められないが、この語には、きわめて強い批判意識が認められる）、⑧ネソー　タレル（よく理屈を言う）

(57) 不平を言う人・文句を言う人

①ジナクソ（不平を言う人、この語形で人を表す）、②ジナクソイー（不平を言う人、この語の方をよく用いる）、③ナキゴトイー（よく不平や文句を言う人）、④ムチャイー（どうにもならない不平を言う人）、⑤コージクイー（文句を言う人、こむずかしいことを言う人）、⑥ヘンジョーコンゴー（不平不満を言う人）、⑦コゴトオ　タレル（ぶつくさ文句を言う）、⑧ドクー　ヒル（ひどく不平を言う）、⑨イジュー　ユー（文句を言う）、⑩ゴテオ　イレル（文句を言う）、⑪サカネジクリ（こっちが思ってもみないような不平や文句を言って困らせる人）、⑫サカネジュー　クワス（こっちが思ってもみないような不平、不満を言う）、⑬モガル（不平を言う）、⑭ヒチクデー（くどくど文句を言う様子だ）

(3) 精神の在り方に重点を置くもの
3 a．固定的に性向に関するもの
(58)堅物

　①カチカチ（堅物）、②イシベノキンキチ（全く融通のきかないかちかちの堅物）、③カタブツ（堅物）、④ユーズーノキカン　ヒト（融通のきかない人）、⑤ユーズーガ　キカン（融通がきかない）

(59)強情な人・頑固者

　①イッコクモン（強情な人・頑固者）、②イタガイモン（強情な人、頑固者、どちらもよく使う）、③コクレ（屁理屈を言ってでも自分の考えを曲げようとしない頑固者）、④コクレモノ（③とほとんど同義だが、この語の方をよく用いる）、⑤ワカラズヤ（融通のきかない頑固者）、⑥ゴージョッパリ（強情な人）、⑦イジッパリ（意地っぱり、あまり使わない）、⑧イッコクナ（強情だ、強情な様子）、⑨イチガイナ（強情な様子）、⑩イコジナ（依怙地だ、強情にこりかたまっている様子）、⑪エコジナ（依怙地だ、古いことば）、⑫コフーナ（古風だ、頑固な様子だ）

(60)厳しい人

　①キチー　ヒト（性格がきつい人、他人に対して厳しい人）、②キチー（厳しい）

3 b．知識・知能の程度に関するもの
(61)賢い人

　①エレー　ヒト（賢い人、立派な人）、②エレー　ヒト（①とほとんど同義だが、この語の方をよく用いる）、③カシケー　ヒト（賢い人）、④サテー　ヒト（賢い人、あまり使わない）、⑤カンドリガエー（理解が早い、のみこみが早い）

(62)ずる賢い人

　①スッチョータレ（ずる賢い人）、②ドスッチョータレ（特にずる賢い人）、③コシー　ヒト（ずる賢いヒト、①よりもよく使う）、④ズリー　ヤ

ツ（ずるい奴、賢いという意味あいはさほど強くない）、⑤スッチョーナ　ヒト（③よりもこの語の方をよく用いる）、⑥スッチョーナ（ずる賢い）、⑦ドスッチョーナ（ずる賢い、⑥よりも程度が大）、⑧コシー（ずる賢い）、⑨ハシカイー（ずる賢い、⑧の方をよく用いる）

(63) 見識の広い人

①ショケンガ　ヒレー　ヒト（世間が広い人、見識に富んだ人）、②シェケンガ　ヒレー　ヒト（①とほとんど同義だが、あまり使わない）、③ショケンガ　ヒレー（見識が広い）、④モノシリ（世の中のことをよく知っている人）

(64) 馬鹿者・愚かな人

①アンゴー[13]（馬鹿者、よく用いる）、②アンゴータレ（馬鹿者、①よりも卑罵意識が強い）、③アホー（阿呆）、④アホタレ（阿呆、③よりも卑罵意識が強い）、⑤アホータレ（阿呆、④とほとんど同義だが、③ほど用いない）、⑥バカ（馬鹿、共通語という意識が強い）、⑦バカタレ（馬鹿者、⑥よりも卑罵意識が強い）、⑧ヌケサク（馬鹿者、抜けている人）、⑨ボンクラ（馬鹿者）、⑩ボヤスケ（ぼやっとしている愚か者）、⑪ボケナス（⑩とほぼ同義だが、やや程度が強い）、⑫ホーケモン（ぼやっとしている人、愚か者）、⑬ボンスー（愚か者）、⑭オッツァン[14]（愚かな人、少し抜けている人）、⑮アンヤン（愚かな人）、⑯ネーヤン（愚かな人、⑭に比べて程度がやや小）、⑰モトーラズヤ（少し足りない人、うまく整理して話せない人）、⑱スドナシ（もの忘れのひどい人）、⑲ヒョーロクダマ（うすのろ、うつけもの）、⑳モトーラン　ヒト（少し足りない人）、㉑タラン　ヒト（少し足りない人）、㉒カンドリガ　ワリー（のみこみが悪い、理解が悪い）

(65) 世間知らず・非社交家

①デブショーモン（非社交家）、②シェケンガ　セバェー（世間が狭い、世間知らず）、③ショケンガ　セバェー（②とほとんど同義だが、この語の方をよく用いる）、④モノーシラン　ヒト（ものを知らない人、世の中

のことをよく知らない人)、⑤デブショーナ（出不精だ、非社交的だ）

3 c．人柄の善悪に関するもの

(66) 人柄の良い人

　①ジョーニン（上人間、人柄の良い人）、②エー　ヒト（人柄の良い人）、③エー　シト（②とほとんど同義だが、あまり使わない）、④ヨーデケタ　ヒト（よく出来た人）、⑤オンコーナ　ヒト（温厚な人）、⑥ヒトヨシ（よく出来た人）

(67) あっさりした人・お人好し

　①アッサリモン（あっさりした人、よく使う）、②タンパク（あっさりした人、この語形で人を表す）、③タンパクナ　ヒト（あっさりした人）、④キヨシ（お人好し）、⑤キノエー　ヒト（お人好し）

(68) 誠実な人

　①ジマタナ　ヒト（誠実な人、よく使う）、②カタギナ　ヒト（物事を責任を持ってきちんと処理していく誠実な人）、③オントーナ　ヒト（誠実な人、よく用いる）、④マジメナ　ヒト（真面目で、誠実な人、共通語という意識が強い）、⑤ジマタナ（いかにも誠実な様子だ）、⑥カタギナ（物事を責任を持って処理していく様）、⑦スギー（誠実だ、素直だ）

(69) ひねくれもの・不親切な人

　①ヒネクレ（ひねくれもの、この語形で人を表す）、②ヒネクレモノ（①とほとんど同義だが、この語の方をよく用いる）、③ネジレ（性格がねじまがっている人、この語形で人を表す）、④ネジレモノ（ねじれもの）、⑤ネジレモン（性格がねじまがっている人、この語を最もよく用いる）、⑥ネジクレモノ（性格がねじまがっている人、⑤よりも程度が大）、⑦ネジクレモン（⑥とほとんど同義）、⑧アマンジャク（あまのじゃく）、⑨スネル（ひねくれる）、⑩ヒネクレル（ひねくれる）、⑪ヤネケー（ひねくれていて扱いにくい）

(70) 性悪な人・意地悪な人

①シネ15)(性悪、性悪な人、この語形で人を表すことがある)、②シネワル(性悪な人、よく使う)、③シネクソ(性悪な人、卑罵意識が強い)、④シネッタレ(性悪な人、③よりもやや卑罵意識が弱い)、⑤ワル(性悪な人、意地悪な人)、⑥ワルター(性悪な人、意地悪な人、揶揄する気持ちを伴う)、⑦ワルッター(性悪な人、意地悪な人)、⑧コンジョーワル(根性の悪い人)、⑨イジワル(意地悪)、⑩イジワルモン(意地悪者)、⑪コンジョーガ ワリー(根性が悪い)、⑫シネガ ワリー(性根が悪い)、⑬シネッタレガ ワリー(性根が悪い)、⑭シネクソガ ワリー(性根が悪い、卑罵意識が最も強い)、⑮コジネガ ワリー(なんとなく意地が悪い)、⑯シネオ ハル(意地悪をする)、⑰コジネオ ハル(なんとなく意地悪をする)

(71) やけになる人

①ヒヤケノナスビ(やけになる人)

(72) しつこい人

①ネダレモン(しつこい人)、②ヒツケー ヒト(しつこい人)、③シツケー ヒト(しつこい人、②の方をよく用いる)、④ネツイ ヒト(しつこい人、この意にも用いる)、⑤ネダレル(しつこくする)、⑥シブテー(あまりにもしつこい)、⑦ネチー(しつこい)

(73) 厚かましい人・図々しい人

①オーチャクモン(図々しい人)、②オードーモン(ひどく図々しい人)、③ノフーゾーモン(図々しい人)、④アツカマシー ヒト(厚かましい人)、⑤ズーズーシー ヒト(図々しい人、あまり使わない)、⑥ノフーゾーナ(図々しい様子だ)

(74) 気難しい人・偏屈な人

①コクレモノ(気難しい人)、②コクレモン(①とほとんど同義だが、この語の方をよく用いる)、③キムズカシヤ(気難しい人)、④ムズカシー ヒト(気難しい人)

(75) 他人のあげ足をとる人

①ヒチュートル　ヒト̄（他人のあげ足をとる人）、②ヒチュー　トル（他人のあげ足をとる）

(76) 情知らずの人

①オン̄シラズ（恩知らず）、②ドーヨクナ　ヒト̄（情知らずの人）、③コ̄クナ（情知らずの様子だ）

注

1）この語は、広島県下においては、主に備後地方に行われるものであり、山地部において、特に盛んに用いられている。山陰においては、鳥取県全域に盛んであり、また、島根県の出雲地方全域にもよく行われる。

2）「マェーガ　ハヤェー」は、接頭辞の「コ」がついて「コマェーガ　ハヤェー」となり、「コマェー」の/m/が/b/に転じて、「コバェーガ　ハヤェー」となったと考えられる。広島県比婆郡比和町においては、「コバェーガ　ハヤェー」とともに「コバエガ　ハヤェー」「コバイガ　ハヤェー」の言い方も認められる。こうなると、「コバエ」「コバイ」の語源が分からなくなり、「ハヤイ」との関係から、「勾配」を類推し、「コーバェーガ　ハヤェー」の言い方を作り出したものと考えられる。三原市においては、「コーバェーガ　ハヤェー」の慣用句だけが行われている。広島県安芸地方では、「コーバイガ　ハヤー」、島根県石見地方においても同様に「コーバイガ　ハヤー」の慣用句が盛んである。

3）「ダラズ」は、山陰では、石見地方を除いて、「馬鹿者・愚かな人」の意に用いる。当該方言においては、「仕事をしない怠け者」の意に用いており、「馬鹿者」の意に用いることはない。この点では、山陽方言の特色を示している。

4）この語は、岡山県下に盛んで、広島県の安芸地方では、「ビッタレ」「シビッタレ」の語形を用いる。また、山口県周防地方では、「ビッタレ」以外に「ビッタリ」「ベッタレ」の語形を用いる。この語の語源が、オノマトペ出自のものか、それとも「引きたれ」などを語源とするものか、いまのところよく分からない。

5）「ショートギモ」の「ショート」は、鳥の「頬白」を意味するものであり、メタファーである。頬白を「ショート」と言うのは、島根県石見地方でも同様であり、「ショートギモ」とともに「ジョートギモ」の語形も認められる。

6) 土地人の語源意識によると、「からだに生まれつきワルサがついている」と捉えている。/zu/>/cu/の音変化は考えにくいので、今は、民間語源を尊重したい。
7) 当該方言には、「ヒョーゲモン」の語形は認められず、すべて無声の「ヒョーケモン」である。
8) 現在も75歳以上の古老は、ときどきこの語を用いるという。
9) 当該方言においては、この語が「物見高い人」の意と「出しゃばり」の意の両方に用いられている。山口県周防地方では、「出しゃばり」の意だけを表す。
10)「太鼓」に喩えたメタファー。安芸地方では聞かれない。
11)「トッパー」「オートッパー」の語形は、広島県の備後地方山地部に盛んだが、鳥取県全域にわたって、きわめてよく行われている。民間語源は、「突放」である。
12) この意味項目がマイナス評価を表し、そのような性向を有する人を好まないというところにも、地方人の人間観、価値観の一端が認められるとしてよかろう。
13)「アンゴー」「アンゴータレ」とも、かつては広島県下に広く行われていたと考えられる。島根県の石見地方にも盛んで、「アンゴーオ　ハル」という慣用句さえも認められる。
14) 広島県の備後地方山地部には、「オッツァン」「アンヤン」「アネヤン」以外に「オジヤン」も認められる。
15)「シネ」の語源意識は、「心根」であり、「シンネ」＞「シネ」と変化したと説明する。ただし、当該方言に「ボニ」(盆)のように、/boN/の語末に/i/を添加して開音節化する現象が認められるので、「シネ」も/siN/(心)の語末に/e/が添加されて成立した語形かも知れない。なお、「シネ」はすでに早く『日葡辞書』に「Xine. シネ(しね)　心、あるいは、性情. ¶Xine varui fito. (しね悪い人)悪い性質の人.」(『邦訳日葡辞書』769ページ)のように見える。

【付記】

　本論の中で、該当方言の性向語彙について言及した箇所が何個所かある。そこに提示した資料は、上記の資料を採録した後に補足調査を実施し、新たに得られた語彙も含むものである。したがって、上記の資料と一致しない箇所があることをお断わりしておく。

あとがき

　筆者は1970年代の後半から、主に中国・四国地方と九州地方の一部をフィールドとして、方言性向語彙の研究を断続的に進めてきた。その研究成果の一部は、すでに『生活語彙の基礎的研究』(1987、和泉書院)、『生活語彙の構造と地域文化—文化言語学序説』(1998、和泉書院)、『中国地方方言の性向語彙研究序説』(『広島大学文学部紀要』第39巻、特輯号1、1979、後に、井上史雄他編『日本列島方言叢書18　中国方言考①—中国一般・岡山県』1997、ゆまに書房に転載) の中で報告している。

　研究の初発の段階では、筆者は方言性向語彙を、村落社会における生活者が個々の成員の性向を評価の観点から捉えて表現する多くの語のまとまりと理解していた。すなわち、「対人評価語彙」として理解していたのである。したがって、性向語彙のカテゴリーを明確化し、その構造を多角的な観点から分析すれば、地域生活者が伝統的に保持してきた「理想的な人間像」を客観的に解明することができ、ひいては「世間体」といういささかファジーな概念に明確な実体性を付与することも可能になろうかと密かに考えていた。「性向語彙の研究」が後に、地域社会における秩序構成の原理——「ヨコ」性の原理——や日本人の期待される人間像といった、大きな問題性に発展することなど、夢寐にも浮かびはしなかったのである。

　また、マイナス性向を表現する語彙が、どの村落社会においても顕著な卓越性を示す事実に関しても、人は誰しも、自分を他者よりもすぐれた存在と認め、少しでも上位に位置づけたいという思い、そのような認識の方向性によって結果されたものであろうといった程度の判断しか持っていなかったのである。

　しかし、調査、研究を進める過程において、どの村落社会にも700語以上の性向語彙が見出され、一々の要素が単に他者を評価することにのみ機能す

るものではなく、他者の眼差しとしても機能するという双方向的な機能を担っていること、また性向語彙が、村落社会における伝統的な＜行動モラル＞と＜人間関係の円滑な設定と維持＞のための記号システムであることが分かってきた。さらに、得られたデータの分析を深め、地域生活者との対話を深めることによって、性向語彙のシソーラスをようやくにして構成することができた。その中で「仕事に対する態度」に関する語彙カテゴリーが特立され、その構造が基本的には、村落社会が共同労働を背景として要請する「人なみ」の労働を＜指向価値＞として措定し、それに及ばない労働と「人なみ」を超える労働とをそれぞれ＜過小価値＞＜過剰価値＞としてともに否定することによって、成員の関心を＜指向価値＞に一元化する、「ヨコ」性の原理（強固な平準化の原理・平等主義）によって貫かれていることが明確に見えてきたのである。しかも、この＜負＞性の排除による「ヨコ」性の原理は、「仕事に対する態度」を表す性向語彙だけでなく、「性向語彙」の全体を貫く最も重要な原理であることを客観的な手法で検証することができた。

　また、＜人間関係の円滑な設定＞を形成・維持するために、100近くもの性向を弁別していることから、かつての村落社会の成員が極めて濃密な人間関係の中で生き、それだけに相互の＜つきあい＞にいかに細心の注意を払って行動してきたかということも実感することができたのである。それを実感することができたのは、筆者の中に村落社会の生活感覚がいまだ喪失されずに息づいていたからであろう。

　このような分析、考察のプロセスをたどることによって、筆者に鮮明な形で見えてきたことは、方言性向語彙は決して「対人評価語彙」ではなく、村落社会が個々の成員に要請してきた＜社会的規範＞としての労働秩序や人間的秩序の秩序構成の記号システムであり、メカニズムである、ということであった。それは、まさに、地域生活者が生きるミクロ社会を維持、継承するための＜書かれざる公準＞である。方言性向語彙のシステムと運用のメカニズムは、その意味で、ついに明文化されることのなかった＜労働秩序＞や＜つきあい秩序＞に関する＜社会的公準＞（不分律）にほかならなかった、と

も言ってよかろう。前近代から戦前の長きにわたって、極めて多くの村落社会が崩壊することもなく維持、存続し得たのは、成員が村落社会に行われてきた方言性向語彙を共有化することによって、限られた土地と富の中で、「ヨコ」性の原理（平準化の原理）を事前了解し、村落社会の存続を至上価値として生きてきたからにほかならないであろう。

　現存の日本の農村について、たしかな実証性をもつ記述と分析をなしとげた守田志郎の『日本の村』（1978、朝日選書）の中に、次のような一文を見出すことができる。

　　　部落が約束するものは、最大多数の最大幸福ではなく、全員の中位の幸福なのである。部落は非民主主義である。それを新民主主義と言ってもみたい。（126ページ）

　筆者が性向語彙の構造分析を通して明かるみに出した「ヨコ」性の原理は、守田が言う「全員の中位の幸福」を、成員が日常の労働とつきあいの中で主体的に実現するための言語的手段であった、と言うこともできるであろう。本書の題目を迷いに迷った末、『「ヨコ」社会の構造と意味―方言性向語彙に見る―』と名づけたのは、それゆえである。

　こうして、方言性向語彙は、次のように定義し直されることになる。

　　　方言性向語彙は、地域社会（村落社会）の成員が自らが生きる社会環境（自然環境・生業環境も含む）にいかに適応すればよいかを具体的に示す、＜労働秩序＞と＜人間的秩序＞の言語的表象の全体的システムであり、また適応のメカニズムの具体的な指標である。言い換えれば、地域社会の秩序の安定と維持を絶対的な＜善＞とする、日常的思考の論理（≒活知）が下す厳しい社会的統御の記号システムとメカニズムである。それゆえ、方言性向語彙は、村落社会の願望するような形で構成されているのである。

この定義を基盤として、本論の中で明らかにした「理想的人間像」（期待される人間像）の複合概念をはじめとするさまざまの問題に関して、ここで再度繰り返すことはしない。ただ、次の点についてだけは言及しておくことにしたい。

　本書は、日本の地域社会における伝統的な文化が、村落社会の評価に行動の規範を置く共同体の人々の行動類型を基盤とするものであり、徹底した「ヨコ」性の原理を基軸とする共同社会性の文化であることを、方言性向語彙の多角的な構造分析を通して客観的に検証したものである。また、伝統的な「理想的人間像」という複合概念も、「ヨコ」性の原理を基盤とするものであり、強固な集団主義もまた、「ヨコ」性の原理に貫徹されるものであり、そのような「ヨコ」性の原理が極めて長期にわたって維持、継承されてきた決定的要因が「土地と富の有限化」に根ざす成員の＜平等主義＞に対する共通認識にあったことを明らかにしたものである。その意味で、すでに発見されていた日本文化の特性を科学的な手法で再発見したに過ぎない、という評価を受けるかも知れない。

　しかし、ここで改めて強調しておきたいことは、印象判断的に語られてきた従来の日本文化論に、性向語彙を対象とする科学的分析を通して、ミクロレベルからマクロレベルにわたって、明確な実体性を付与したことである。また、性向語彙のシソーラスを構築することによって、労働価値や人間的価値を中心とする文化の多元性を客観的に定性化するための尺度を提示したことである。さらに、性向語彙の展開構造を環境との相関において、形態と意味の拡張の両面から検証し、現時点における変容の実態と方向性を解明したことである。

　さて、本書は、筆者が提唱する「文化言語学」の最初の実践営為である。「文化言語学」の台座については、『生活語彙の構造と地域文化―文化言語学序説―』において、そのあらましを示すことができた。これに対して、畏友野林正路氏は、「肝心の実践が欠落したままになっている。」との厳しい批判

を寄せられた。同様の批判は、さらに何人かの方々からいただいている。

　筆者は、日本という地域社会をフィールドとする「文化言語学」が明らかにすべき文化的価値は、「日本人とは何か」「日本文化の根源性とは何か」という問いに、日本語とりわけ、地域社会に行われている伝統的な生活語彙（の意味の網目）の解析と地域生活者が生きる環境との関係性を通して客観的に答えることにある、とかねがね考えていた。そこで、方言性向語彙の分析に着手したのであるが、仕事を進める過程において、「日本人とは何か」「日本文化の根源性とは何か」という問いに答えるためには、歴史を背景とする地域社会の構造と展開を詳しく見ていかなければ、どうにもならないことを痛感するようになった。そのため、近世農村史、農村社会学、文化社会学、社会人類学、民俗学、日本文化論などの研究成果の海を彷徨することになった。しかし、その多くは、筆者にとって全く専門外の研究領域なので、少なからぬ誤りを犯しているものと思われる。読者から多くの御教示を得て、正していきたいと思っている。

　参照した、専門外の研究領域における研究成果の大半は、本書の本論や注に引用しているが、なかでも『岩波講座　現代の社会学』（岩波書店）、『リーディングス　日本の社会学』（東京大学出版会）、木村礎『近世の村』（1980、教育社）、田中圭一『百姓の江戸時代』（2000、ちくま新書）、網野善彦『「日本」とは何か』（2000、講談社）、網野善彦他編『日本歴史民俗論集』（1993、吉川弘文館）、青木保『「日本文化論」の変容』（1990、中央公論社）、中根千枝『タテ社会の人間関係——単一社会の理論』（1967、講談社現代新書）、濱口惠俊『「日本らしさ」の再発見』（1977、日本経済出版社）、同『間人主義の社会　日本』（1982、東洋経済新報社）、井上忠司『「世間体」の構造——社会心理史への試み』（1977、NHKブックス）、木村敏『人と人との間——精神病理学的日本論』（1972、弘文堂）、南博『日本人論の系譜』（1980、講談社現代新書）、山崎正和『柔らかい個人主義の誕生』（1985、中央公論社）、サミュエル・ハンチントン『文明の衝突と21世紀の日本』（2000、集英社新書）、宮本常一『忘れられた日本人』（1984、岩波文庫）、『岩波講座　文

化人類学』(岩波書店)、天野正子『「生活者」とはだれか――自律的市民像の系譜』(1996、中公新書)小松和彦『憑霊信仰論』(1994、講談社学術文庫)などから、実に多くの教示と示唆を得ることができた。このことを明記して、深甚なる謝意を表したい。

　「方言性向語彙の研究」は、「方言性向語彙」というメタ言語とともに、藤原与一先生から御示唆をいただいたものである。先生のお考えから大きく逸脱した内容のものになっていはしまいかと畏れるが、かなり長い時間にわたる知的彷徨の結果をとにもかくにもまとめ上げることによって、先生とのお約束をなんとか果たすことができ、肩の荷を下ろしたような思いでいる。

　筆者がこの研究をまがりなりにもここまで進めることができたのは、広島大学在任中、常に回りにいて方言性向語彙の研究に関心を寄せ、筆者をことあるごとに励ましてくれた若い研究者の存在である。一々お名前を記すことはしないが、改めて心から感謝の意を表したい。また、フィールドで生きた多くのデータを提供し、豊かな生活知を語って下さった皆さんにも深甚なる謝意を表したい。

　なお、本書のあらあらの構想は、すでに3年近く前(野林氏から御批判をいただいた半年後)に立てていたが、問題があまりにも大きいため、どこから手をつけたらよいかためらい、いたずらに時をやり過ごすことになった。幸い、昨年の秋、広島大学国語国文学会で構想の一端を発表する機会が与えられ、本書のおおよその台座をまとめることができた。発表の機会を与えて下さった学会の関係者、とりわけ当時、学会の代表委員を務めておられた松本光隆氏および発表資料の作成に御尽力いただいた山崎真克氏に感謝申し上げる。その発表原稿をもとに、新たに勤めることになった大学で「現代文化学部」に身を置くことになったのを機に、勇を鼓して一気に書き下ろした。書き下ろすに当たっては、学界だけを視野に入れず地域社会への還元や一般読者のニーズに応え得るものになることを考えた。フィールド・ワークを基盤とし、地域生活者の生活知に深く根ざす言語経験に学ぶわれわれには、研究成果を地域社会に還元する責務があり、地域における伝統的な文化の変容

や消滅によって、アイデンティティの根拠性を喪失しつつある多くの人々に、「生活語彙の開く世界」を語り、アイデンティティの再獲得へと誘う義務が課せられているのではなかろうか。そのような思いが、ここ数年来筆者の頭を去来していたので、あえて、研究書として閉じることを避けたのである。そのため、研究書として見た場合、なお多くの課題を積み残すことになったが、すべて後日を期したいと思う。

ところで、拙著の最後に添えた「付章」と「資料」は、廣橋研三氏の誘掖によるものである。方言性向語彙のシソーラスは、本論の第3章に示したように、最上位のレベルは三つの意味的カテゴリー、最下位のレベルは106の意味項目に分節され、全体が4段階からなる階層構造として構成されるものである。

だが、106の意味項目の一々には、それぞれかなり多くの語彙が認められ、その一々の意味項目の語彙は、弁別的意味特徴の複雑な関係性によって、一定の意味システムを形成している。その意味システムを構築することによってはじめて、個々の意味項目によって指示される「性向」（たとえば、「怠け者」「世話好き」「嘘つき」「性根悪」など）について、地域生活者が伝統的に継承し、共有してきた＜認知特徴＞の複雑な実体が、生活史を背景として明確に顕在化することになる。「付章」はその一つの実践例である（『生活語彙の構造と地域文化―文化言語学序説―』の第1部第4章にも、同様の試みを示している）。

「付章」で行ったような分析を106のすべての意味項目について実践し、それを上昇的統合の方法によって最上位の三つの意味的カテゴリーに総合的に収斂することができれば、性向語彙の重層的な意味構造を構築することが可能となる。しかし、それを拙著で実践するとなると、極めて多くの紙数を要することになり、またその全体像を平面に示すことはとうてい不可能である。そのため、筆者が現在までに行ってきた分析の一例を、一地方言について例示するにとどめた。

また、本論においては、特定の方言社会に行われる性向語彙の全体を明示

していないので、単に、性向語彙のシソーラスと語彙量の多さからだけでは、読者に性向語彙の全像を明確に認識してもらうことが困難ではなかろうかと考えて添えたのが「資料」である。しかし、この「資料」は106の意味項目のすべてをカバーするものではなく、しかもある特定の個人について調査した結果なので、社会語彙としての性格がやや希薄である。だが、106の意味項目のすべてを尽くし、しかも多くの教示者を対象として採録されたデータを示すとなると、当然、性差や個人差に言及することが必要となり、これまた多くの紙数を要することになる。それゆえ、拙著では、この「資料」を挙げるにとどめた。

　このように、なお多くの問題を残す拙著であるにもかかわらず、鶴見俊輔、国広哲弥、青木保、前田富祺、松井健の諸先生方からは、極めて御多忙であるにもかかわらず、拙著の校正原稿に詳しくお目通しいただき、身に余る御推薦の辞と多くの御教示を賜ることができた。諸先生方から賜った御厚情を大いなる励ましの力として、これからも一歩の前進を重ね、方言性向語彙に関する総合的研究（社会言語学的アプローチと文化言語学的アプローチの両者を含む）をいつの日か上梓したいものと思う。

　最後に、結婚40周年を迎える荊妻が目をしょぼつかせながら校正を助け、最初の読者になってくれたことを、感謝の念をもって記しておきたい。

　　2000年11月

　　　　　　　　　　　　　　　枯葉舞う八本松にて　　室　山　敏　昭

＜著者略歴＞
室山敏昭（むろやま としあき）
昭和11年鳥取県倉吉市生まれ。
昭和39年広島大学大学院文学研究科博士課程を単位修得の上、退学。
現在、比治山大学現代文化学部教授。広島大学名誉教授。
主著：『方言副詞語彙の基礎的研究』（たたら書房、昭和51年）、『地方人の発想法―くらしと方言』（文化評論出版、昭和55年）、『表現類語辞典』（東京堂出版、昭和60年）、『生活語彙の基礎的研究』（和泉書院、昭和62年）、『生活語彙の構造と地域文化―文化言語学序説』（和泉書院、平成10年）。
編著：『瀬戸内海圏　環境言語学』（武蔵野書院、平成11年）、『方言語彙論の方法』（和泉書院、平成12年）。
現住所　〒739-0144　東広島市八本松南2-5-29

「ヨコ」社会の構造と意味
――方言性向語彙に見る――

［いずみ 昴(すばる) そうしょ 1］

2001年5月10日　初版第1刷発行

著　者――室　山　敏　昭

発行者――廣　橋　研　三

発行所――和　泉　書　院
〒543-0002　大阪市天王寺区上汐5-3-8
電話　06-6771-1467
振替　00970-8-15043

印刷・製本――亜細亜印刷
装訂――倉本　修

ISBN4-7576-0108-5　C1313
定価はカバーに表示